责任的力量

The power of responsibility

甄 琦◎著

中华工商联合出版社

图书在版编目(CIP)数据

责任的力量 / 甄琦著. —北京:中华工商联合出版社,2013.10(2024.1重印)

ISBN 978-7-5158-0720-1

Ⅰ.①责… Ⅱ.①甄… Ⅲ.①企业-职工-责任感 Ⅳ.①F272.92

中国版本图书馆CIP数据核字(2013)第207587号

责任的力量

作　　者：甄　琦
责任编辑：郑承运　吕　莺
装帧设计：金　曦　孙正福
责任审读：郭敬梅
责任印制：迈致红
出版发行：中华工商联合出版社有限责任公司
印　　刷：河北浩润印刷有限公司
版　　次：2013年10月第1版
印　　次：2024年1月第2次印刷
开　　本：710mm×1000mm　1/16
字　　数：290千字
印　　张：16.5
书　　号：ISBN 978-7-5158-0720-1
定　　价：68.00元

服务热线：010-58301130
销售热线：010-58302813
地址邮编：北京市西城区西环广场A座
　　　　　19-20层,100044
http://www.chgslcbs.cn
E-mail:cicap1202@sina.com(营销中心)
E-mail:gslzbs@sina.com(总编室)

凡本社图书出现印装质量问题,请与印务部联系。
联系电话:010-58302915

序 言

说到责任,我们会如数家珍般地说出很多格言"一个人若是没有热情,他将一事无成,而热情的基点正是责任心。""一个人能承担多大的责任,就能取得多大的成功!"……我们热衷于背诵和引用圣人的名言、语录,却未能体会其中的道理,原因是我们惯于引经据典,奉行"拿来主义",如此一来语出有典,话出有根便能无错无畏,所以不用承担任何责任。这种做法本身就是一种缺乏责任感的表现,久而久之便把自己培养成了人云亦云、暮气沉沉的形象,对与自己毫不相关的人所遭受的苦难避之不及,最后成了丧失责任心的人。他们缺乏个体和社会责任感,更不会明白作为社会个体应该对国家和社会应承担怎样的责任。

我们要成为一个有责任感的人,就要了解什么是责任。责任是人类一种独特的、与生俱来的神圣使命,而责任是每个人都必须承担的分内之事。在责任的内在力量驱使下,我们常常会油然而生一种崇高的使命感和归属感。有人说,假如你非常热爱工作,那你的生活就是天堂;假如你非常讨厌工作,你的生活就是地狱。在每个人的生活当中,有大部分的时间都是与工作联系在一起的。放弃了对社会的责任,就背弃了对自己所负使命的忠诚和信守。责任就是对工作出色的完成,责任就是忘我的坚守,责任就是人性的升华。

当然,履行责任也需要具备履行责任的能力。一个优秀的人,应该全面提高自己的素质和能力,让自己成为一个擅长于履行责任的人。

现代的单位或企业,在用人时非常强调个人的知识和技能。事实上,只有责任与能力兼备的人,才是企业真正需要的人才。要始终坚信:没有做不好的工作,只有不负责任的人。一个有责任感的人,才会给别人信任感,吸引更多的人与自己合作。责任同时还保证了服务、保证了敬业、保证了创造……可以说,"责任保证了一切",正是这一切,才保证了较强的竞争力,也真正代表了一个员工的责任感和忠诚度。

当一个人从内心深处渴望承担应负的责任时,会认识到责任不仅是对单位或者是企业负责,同时也是对自己负责。并在承担这份责任时感受到自身的价值,以及自己所获得的尊重和认同,进而获得心理与精神上的满足。承担自己该承担的责任,全心全意地努力工作,对自己而言,更多的不是压力,而是一种快乐和幸福;对单位或者企业而言,你将会成为真正的、无可替代的优秀员工。

责任胜于能力,能力由责任来承载。责任与能力是一个统一事物的两个方面,只有相辅相成才能相得益彰。工作必须具备责任,责任在先、能力在后;能力必须有责任来引导,责任必须靠能力来实施。任何一项职业,不管是平凡还是伟大,不管是简单还是复杂,它们的背后,必然存在着无形的精神力量,隐藏着无限的发展空间和职业升华的机会。

一个人是不是人才固然很关键,但最关键的还在于这个人才是不是对单位或者企业真正意义上负责任的员工。责任胜于能力,并不是对能力的否定,更重要的是对能力的肯定。以责任为驱动,总有一天,我们必将收获成功,从平凡走向卓越。

最后,对于中华工商联合出版社对本书出版的大力支持,以及为本书的出版工作付出辛勤劳动的责任编辑郑承运,在此一并致以真诚的谢意!

是为序。

2013 年 9 月　于北京

Contents

一、责任高于一切 ·· 1

面对责任，不同的人会做出不同的选择。有人以邻为壑，有人责无旁贷；有人背信弃义，有人义无反顾；有人退避三舍，有人勇挑重担。责任对于我们来说，不仅仅是一种任务，更是一种使命。

二、责任胜于能力 ·· 29

只有充分地意识到自己的责任，勇敢地承担起自己的责任，你的人生才会因此而拥有更多的精彩。一个人若想成就大事，没有一点能力是万万不行的。假如仅仅是能力很强，而工作却缺少责任感的话，也终将一事无成。在很多情景下责任比能力更重要。

三、责任激发潜能 ………………………………… 54

挖掘员工潜能的利器,莫过于提高员工的责任感。在每一个人的身上,都隐藏着惊人的潜能。无论是在工作中,还是生活中,所有的人都应当积极主动地负责做事。

四、责任产生动力 ………………………………… 82

很多人信奉"宁做小老板,不做大职员"的工作哲学,这种哲学催生了无数个失败的小老板,也葬送了许多优秀员工的大好前程。事实上,如果你能把工作当成事业去做,就会产生源源不绝的工作动力,就能以高度的责任心把普通的工作做成一个大有可为的事业。

五、责任就是机遇 ………………………………… 105

每个人都应该把该做的工作当做不可推卸的责任，全身心地投入其中。只有具备了"在其位，谋其政；尽其责，成其事"的高度责任感，才能把不喜欢的工作做好，和不喜欢的人共事，才能取得连自己都不敢相信的成功。

六、责任体现忠诚 ………………………………… 132

责任感源于忠诚，没有忠诚，责任感也就无从说起。没有责任感，人会在引诱面前掌控不住自己。这样，你的事业和感情就会土崩瓦解，最终在一片废墟中独自哀叹。而背叛"忠诚"的最大受害者，将是背叛者自己。

七、责任提升绩效 ………………………………… 160

管理学大师彼得·德鲁克说过:"责任保证绩效。"这句话揭示了企业要想提升绩效,关键就在于责任。责任是忘我的坚守,是人性的升华。一个团队要力求高效,必然要有一批责任心极强的成员。

八、责任提升自我 ………………………………… 185

林肯说:"人所能负的责任,我必能负;人所不能负的责任,我亦能负。如此,才能磨炼自己。"人生在世,既然我们回避不了那必须的责任,倒不如直接面对,勇敢地承担责任,认真地履行责任。责任是一种承诺,更是一种历练和提升。

九、成功源于责任 ·············· 210

世界华人成功学第一人陈安之说:"要想感动别人,先感动自己;要想征服困难,先征服自己;只有把自己发自内心喜爱的东西送给别人,才会物超所值,才叫负责任!"负有强烈的责任感,有积极的态度,并且毫无抱怨地去面对困难,克服困难,就有望获得成功。

十、责任成就卓越 ·············· 231

美国著名励志作家阿尔伯特·哈伯德曾说:"所有成功者的标志,就是他们对自己所说的和所做的一切负全部责任。"可见,责任不仅是一种可贵的职业精神,更是成就卓越事业的原动力。

【二】 责任高于一切

面对责任,不同的人会做出不同的选择。有人以邻为壑,有人责无旁贷;有人背信弃义,有人义无反顾;有人退避三舍,有人勇挑重担。责任对于我们来说,不仅仅是一种任务,更是一种使命。只有秉持着责任高于一切的信念,我们的生活才会更加有条理,我们的人格魅力才能得以提升。

责任是生命赋予的天职

责任就是上天赋予我们的职责，它伴随着每一个生命的始终。从根本上讲，任何一项事业的背后，必然存在着一种无形的精神力量，这种力量使得我们敢于承担责任。

因为责任沉淀在我们每个人的生命里，是它让我们对自己的使命忠诚和信守到底。当一个人以虔诚的态度，去对待生活和工作时，他能够感受到承担、履行责任是天赋的职责。

从前有个国王叫狄奥尼西奥斯，他统治着西西里最富庶的城市西提库斯。他住在一座美丽的宫殿里，里面有无数价值连城的宝贝，一大群侍从恭候两旁，随时等候吩咐。

狄奥尼西奥斯拥有如此多的财富、如此大的权力，自然很多人都羡慕他的好运。达摩克利斯就是其中之一，他可以说是狄奥尼西奥斯最好的朋友。达摩克利斯常对狄奥尼西奥斯说："你多幸运呀，你拥有人们想要的一切，你一定是世界上最幸福的人。"

而狄奥尼西奥斯却听厌了这样的话，有一天，他问达摩克利斯："你真的认为我比其他人都要幸福吗？"

"当然是的，"达摩克利斯回答道，"看你拥有的巨大财富，握有的巨大权力，你根本一点烦恼都没有。生活还有什么比这更幸福的呢？"

"你愿意跟我换换位置试试看吗？"狄奥尼西奥斯说。

"噢，我从没想过。"达摩克利斯说，"但是只要有一天让我拥有你的财富和幸福，我就别无他求了。"

"好吧,我就跟你换一天,也许到时候你就知道了。"

就这样,达摩克利斯被领到了王宫,所有的仆人都被引见到达摩克利斯跟前,听他使唤。他们给他穿上皇袍,戴上金制的王冠。达摩克利斯坐在宴会厅的桌边,桌上摆满了美味佳肴,美酒、鲜花、昂贵的香水、动人的乐曲,一切应有尽有。他坐在松软的垫子上,感到自己成了世上最幸福的人。

"噢,这才是生活。"达摩克利斯对着坐在桌子那边的狄奥尼西奥斯感叹道,"我从来没有这么高兴过。"

他举起酒杯的时候,抬眼望了一下天花板,头上悬挂的是什么东西?尖端几乎要触到自己的头了!达摩克利斯的身体突然僵住了,笑容从唇边慢慢消失,脸色变得煞白,双手在颤抖。他不再想吃,也不再想喝,更不想听音乐了。他只想尽快地逃出王宫,越远越好,随便哪儿都行。原来,他头顶正悬着一把利剑,仅用一根马鬃系着,锋利的剑尖正对准他的双眉之间。他想跳起来跑掉,可还是忍住了,怕突然一动会震断细线,使剑掉落下来。他只好僵硬地坐在椅子上,一动不动。

"怎么啦,朋友?"狄奥尼西奥斯问,"你这会儿好像没胃口了?"

"那把剑!剑!"达摩克利斯小声说,"难道你没看见吗?"

"我当然看见了,"狄奥尼西奥斯说,"我天天都看着它,因为它一直悬在我的头上,说不定什么时候、什么人或事就会斩断那根细线。也许是哪个大臣垂涎我的权力,欲将我杀死,抑或有人散布谣言让百姓反对我,或者是邻国的国王派兵来夺取我的王位,又或者是我的决策失误使我退位,等等。如果你想做统治者,就必须承担到自己应尽的责任,因为责任与权力同在,这你应该知道的。"

"是的,我知道了。"达摩克利斯说,"我现在终于明白我错了。除了财富、荣誉,你还有很多忧虑。请回到你的宝座上去吧,让我回到我自己的家。"

从此,达摩克利斯在有生之年,都非常珍惜自己的生活。他再也不想与国王换位了,哪怕是短暂的一刻钟。

这虽然是一个很古老的故事,但是它却很好地提醒了我们:如果我们渴望享受成功的快乐,那就必须做好准备,承担随之而来的责任。因为,并不是每一个人,都敢于承担自己应尽的责任,任何人都有胆怯的时候。但是,请不要忘记,那是上天赋予你的使命,是你的权利,更是你的义务。

我们总是羡慕那些成功而又享受着优越生活的人们,而又有谁知道他们成功背后付出的汗水、泪水,乃至血水呢。同样的人在做同样的事情,为什么有的人成功了而有的人却一文不名,关键答案就是他们赢在了表面,输在了背后。

有个寓言故事,说从前有两个卖米的商人,一个人的生意很火,而另一个人的生意却很冷清。也许有人说生意好的那个人的米价便宜,但实际上两家米的价格是一样的;又有人说生意好的米分量给的够,但生意冷清的人也不缺斤短两,这就令大家产生了疑问。后来人们仔细观察发现,每当夜幕降临时,一家的老板坐在屋子里悠闲地喝着茶,而另一家的老板却坐在屋子里一点一点地拣着米里的沙子,他家的米淘一遍就可以下锅,而另一家的米没个三五八遍的下不了锅。

其实,这就是输赢的关键所在。天下难事必作于易,人世间没有一学就会的东西,也没有学不会的东西,心在哪里收获就在哪里。活在人世间,我们每个人都有自己应有的责任,如果不能肩负起责任,又何必计较于一撇一捺间呢。

就像学生以学习为己任,军人以服从命令为天职一样。每件事情的发生,都有其发生的原因、结果及其收获。责任永远不能推卸,责任也推卸不掉。

2005年春晚上的千手观音,可以说震惊了当时中国所有的观众。她们是一个特殊的群体,仅靠着团结与凝聚力,完成了正常人都难以完成的动作,更何况里面还有男性。所以,当大家在人生不如意的时候想想他们,就会重拾自信,勇挑重担的。人的一生,简单来说,只有三天:昨天、明天、今天。昨天早已过去,明天不知我们是否还能等到,唯独今天才可期待,因为在今天我们肩负着责任。

在这个世界上,每个人都扮演着不同的角色,每一种角色又都承担着不同的责任。从某种程度上来说,对角色饰演的最大成功,就是完成自己应尽的责任。正是因为有了责任,才让我们在困难大的时候能够坚持下来,让我们在成功的时候保持着冷静,让我们在绝望的时候懂得不放弃。因为,我们的努力和坚持不仅仅只为了自己,也为了别人,这是社会的法则、道德的法则,更是心灵的法则。

美国著名的社会学家K·戴维斯曾说:"放弃了自己对社会的责任,就意味着放弃了自身在这个社会中更好地生存的机会。"放弃责任,或者轻视自身的责任,就等于在可以自由通行的路上自设路障,摔跤绊倒的也只能是自己。

总之,责任就是做好社会赋予你的任何有意义的事情。我们的社会需要责任,因为责任能够让社会快速、稳健地发展;我们的企业需要责任,因为责任让企业更有凝聚力、战斗力和竞争力;我们的家庭需要责任,因为责任让家庭充满了爱。因为,责任是天赋予我们的使命。

责任是一种使命

责任从本质上说,是一种与生俱来的使命。从出生到离开这个世界,我们每时每刻都要履行自己的责任:对家庭的责任、对工作的责任、对社会的责任。一个缺乏责任感的人,或者一个不负责任的人,会失去自己的信誉和尊严,失去别人对自己的信任与尊重,甚至失去社会对自己的认可。责任是永恒的职业精神。如果说智慧和能力像金子一样珍贵,那么勇于负责的精神则更为可贵。一个民族缺少勇于负责的精神,这个民族就没有希望;一个组织缺少勇于负责的精神,这个组织就难以让人信任;一个人缺少勇于负责的精神,这个人就会被人轻视。

爱默生说过:"责任具有至高无上的价值,它是一种伟大的品格,在所有的价值中它处于最高的位置。"科尔顿也说过:"人生中只有一种追求,一种至高无上的追求——就是对责任的追求。"

只要清醒地意识到自己的责任,并勇敢地扛起它,无论对于自己还是对于社会都将是问心无愧的。人可以不伟大,也可以清贫,但我们不可以没有责任。任何时候,我们都不能放弃肩上的责任,扛着它,就是扛着自己生命的信念。

肩负责任,可以让我们变得更加坚强、更加勇敢,责任也让我们知道关怀和理解。因为当我们对别人负有责任的同时,别人也在为我们承担责任。无论你所做的是什么样的工作,只要你能认真地、勇敢地担负起自己的责任,你所做的一切就是有价值的,你就会获得尊重和敬意。有的责任担当起来很难,有的却很容易,无论难还是易,不在于工作的类别,只在于做事的人。只要你想、你愿意,你就会做得很好。

这个世界上所有的人都是"相依为命"的,经过所有人的共同努力,郑重地担当起自己的责任,才会有生活的宁静和美好。无论是哪一个人懈怠了自己的责任,都会给别人带来不便和麻烦,甚至是生命的威胁。

有一个叫"责任者"的游戏。游戏的规则是两个人一组,两个人之间相距一米远的距离。而且整个游戏必须在黑暗中进行,一个人向另一个人的正面平躺倒下去,另一个人站在原地不动,只是用手接着对方的肩膀,并说:"放心吧,我是责任者。"接人者要确保能够扶住倒下的人。游戏的寓意就是让每个人意识到承担责任的重要性,让每个人都以一个责任者的姿态做事。

那责任究竟是什么呢?

责任就是对自己所负使命的忠诚和信守,责任就是对自己工作出色的完成,责任就是忘我的坚守,责任就是人性的升华,责任就是一种使命。实际上,当一个人怀着信仰宗教一般的虔诚,对待生活和工作时,是能够很好地感受到责任所带来的力量的。

古希腊的雕刻家菲迪亚斯,曾被委任雕刻一座雕像,当菲迪亚斯完成雕像后要求支付薪酬时,雅典市的会计官,以任何人都没看见他的工作过程为由,拒绝向他支付薪水。菲迪亚斯却反驳说:"你错了,上帝看见了!上帝在把这项工作委派给我的时候,就一直在旁边注视着我的灵魂!上帝知道我是如何一点一滴地完成这座雕像的。"

在每个人心中都有一个上帝,菲迪亚斯相信自己的努力上帝看见了,同时他还坚信自己的雕像是一件完美的作品。因为曾有人挑剔地说,他这件作品前面和后面一样完美,这哪是人力所能及的。不过,事实也证明了菲迪亚斯的伟大,这座雕像在2400年后的今天,仍然伫立在神殿的屋顶上,成为受人敬仰的艺术杰作。

在菲迪亚斯看来,雕刻雕像是神赋予他的伟大使命,他不仅出色地完成了这个使命,而且还把使命的意义向人们传达了出来。使命这个词来自于拉丁语,它的意思是呼唤。它触及了工作的实质——向你发出了呼唤,可以表达出你是谁,你想对世界说什么。

在斯特拉·特福为克里米亚战争举办的晚宴上,在场的人们做了一个游戏,军官们被要求,在各自的卡片上秘密地写下一个人的名字,这个人要与这场战争有关,并且还要认为此人是在这场战争中最有可能流芳百世的人。结果每一张卡片上都写着同一个名字:"南丁格尔"。她成了那场战争中,赢得最高名声的妇女。下面就来介绍一段关于南丁格尔的故事:

在这场战争中有约50万人死亡,英军的损失最高。大多数士兵不是阵亡,而是因饥饿、营养不良、卫生和野战医院的条件差而死。而此时弗洛伦斯·南丁格尔率领38名护士奔赴前线开始了护理工作。在几个小时内,成百上千的伤员从巴拉克战役的战场上被运了回来,而南丁格尔的任务就是要在这个痛苦嘈杂的环境中,把事情弄得井井有条。不一会儿,还会有更多的伤员从印克曼战场上被运回来。

假如什么事情都没有准备好,那么一切就需要从头安排。而当各种事务都在有序地进行着时,南丁格尔就会去处理其他更危险、更严重的事情。在她负责的第一个星期里,有时她要连续站立20多个小时来分派任务。

一位和她一起工作过的外科医生说:"南丁格尔的感觉系统非常敏锐,我曾经和她一起做过很多非常重大的手术,她可以在做事的过程中,把事情做到非常精准的程度……特别是在救护垂死的重伤员时,常可以看见她穿着制服出现在那个伤员面前,俯下身子凝视着他,用尽她全部的力量,使用各种方法来减轻他的疼痛。"

一位士兵回忆道:"她和一个又一个的伤员说话,向更多的伤员点头微笑,我们每个人都可以看到她那亲切的身影,最后满意地将自己的脑袋放回到枕头上安睡。"另外一个士兵也说:"在她到来之前,我们那里总是乱糟糟的,但在她来过之后,那儿圣洁得如同一座教堂一般。"因此,南丁格尔被人们誉为"护理学之母",是她创立了真正意义上的现代护理学,使护理工作成为一种受尊敬的社会职业。

而她的故事也告诉我们,一个人来到世界上并不是为了享受,而是为了完成自己的使命。南丁格尔正是在她所热爱的护理工作的强烈使命感的驱使下,才在短短3个月的时间内,就使伤员的死亡率从42%迅速下降到了2%,创造了当时战场上的奇迹。

在1968年的墨西哥奥运会上,最后一位跑完马拉松长跑的选手,是来自坦桑尼亚的约翰亚卡威。虽然他在长跑中不慎跌倒,但仍拖着摔伤流血的腿,一拐一拐地坚持向前跑。当所有选手都跑完全程很久,已经是晚上7:30了,约翰才最后一个人跑进体育场,到达终点。而此时看台上仍然有1000名观众,当他跑完全程的时候,全体观众起立为他鼓掌欢呼。之后有记者问他:"当时你为何不放弃比赛呢?"他回答道:"国家派我由非洲绕行了3000多公里,来此参加比赛,不仅仅是为了起跑而已——而是要完成整个赛程!"

是的,他肩负着国家赋予的责任来参加比赛,虽然他没有拿到冠军,但是强烈的使命感使他不允许自己当逃兵。因为,责任就是做好你被赋予的任何有意义的事情,责任就是使命。

责任体现出伟大人格

责任是一种伟大人格的体现,一个人最有魅力的时刻,莫过于在他承担责任的那一瞬间。意大利哲学家马志尼曾说过:"我们必须找到一项比任何理论都优越的教育法则,用它指导人们向美好的方向发展,教育他们树立坚贞不渝的自我牺牲精神,这个法则就是责任,这种责任应当是他们终生的责任!"

所有成功的人,都有一个共同的品质——责任感。责任可以说是一个人品格和能力的承载,是一个人走向成功必不可少的素养。聪明、才智、学识、机缘等,固然是促成一个人成功的必要因素,但是只要缺乏了责任感,仍是难以成功的。

一个具有责任心的人,可以塑造出自己完美的人格。其实责任心就是指个人对自己、家庭、集体、国家以及对社会所担负的责任感。责任心与自尊心、自信心、进取心、事业心、同情心等相比,应该排在首位,是它们的"核心"。责任感是一种朴素但又十分可贵的品质,是一个人应当具备的品质。而要做到这一点,并不是遥不可及的,因为它在我们日常的学习和生活中就能得到体现。只要我们相信,经过我们的努力,我们都会成为也一定能够成为有责任感的人。每个成年人,都有自己的社会角色。私事姑且不论,你是子女、父母、丈夫或妻子等,都有特定的必须由你承担的责任。从公事来说,你的职业决定了你的社会责任度。可以说,没有责任的人,在社会中是不能独立生存的,因为人人都有自己的责任。如果说你没有了社会责任,要么是你的生命终止了,要么是你丧失了正常的意识。

既然我们有了责任,那么我们就应当尽职,切实履行自己的职责,哪怕是不起眼的小事情也要做得认真。人的责任心是对自己信条的躬行践履。责任,可以说是伴随着一个人终身的,直到他的生命终结时,他的责任才能解脱。一个人的责任感不仅体现在一些重要的关头、重大的事情上,在一些小事中,也能够反映出来。我们千万不能小觑此类似乎不足挂齿的小事,要知道"细节决定成败"是被无数事实证明过的。在这种微小事情上,对责任感的削弱,有的时候就好像癌细胞一样,会蔓延、转移到其他大事情上,实在是贻害无穷。

其实,无论我们做什么工作,都不能少了责任感。例如说做财务工作,因为我们肩负着维护单位和职工利益的使命,所以我们办的每一笔业务,都关系重大。在处理问题的时候,如果没有高度的责任感,敷衍塞责了事,这样是不能够成事的。没有责任感,就很难做好工作。如果一个人处处以自我为中心,对周围的人和事漠不关心,那么他就缺乏最基本的责任感。一个有责任感的人,应该能做到明辨是非,懂得什么是该做的、怎么做才是对的。责任感能够磨炼人的意志,培养人克服困难的毅力,只要有了责任心,做任何事情都会非常认真,做事自然就容易取得成功。

也许在我们年少的时候,曾无数次谈论并提及"责任",如今,再次谈论这个话题不免百感交集。它是作为一个人,一个有作为之人最基本的定义。它在不同的领域里存在并蕴含不同的定义,每个人都以不同的方式去承担"我"——作为主人公应当承担的责任。

责任在小范围内委身于个人的时候,你必须为你的一举一动,甚至你的一句承诺负起责任。在家庭中,你必须尽你的义务为你的家人负责。而人的社会责任感定义比较广泛,光是它的实例就已经不胜枚举。例如,在5·12大地震中,奋不顾身奋战在第一线的人民子弟兵,就是责任表现的最高境界。在此时,它不再是一种简单的社会责任感,同时还是大无畏的民族精神。

武文斌,26岁,济南军区铁军某师炮指连士官学员。当他倒在抗震救灾的第一线上时,上万民众为他哭别。所有参加吊唁的人都与武文斌素昧平生,他们只听说:有一位解放军战士,在抗震救灾过程中活活累死了!仅这一句话,就已经让人们泪流满面了。13万子弟兵在抗震救灾中舍生忘死的表现,留给人们太多太多的感动……

早在5月13日,当武文斌所在的部队接到急赴灾区的命令时,武文斌被告知留守。此时,一向脾气温和的他急了眼,坚决要求上前线。还对战友们说:"我们一定要多救人,才能对得起身上的这身军装。"在他参与抗震救灾的32个日夜里,他总是找活干、抢活干,干完分内的事,就去帮着其他班排干,别人拦也拦不住。他身上的迷彩服总是湿了又干,干了又湿。战友们说,他的心里装的全是灾区的群众。

在6月17日那天晚上,他和战友们冒着大雨将8车50吨重的活动板房建材全部卸载完后,他累得瘫倒在泥水地上。就在这个夜晚,他也因劳累过度,引起肺部大出血而停止了年轻的生命。虽然他只是一名士官学员,还没有建立功勋,但在汶川的土地上却永远珍存着他的汗渍、体温和灵魂。

　　在山崩地裂之时,绿色的迷彩撑起了生命的希望,竖起了旗帜,而他自己却悄然倒下,在那灾难的黑色背景下,26岁的青春,是最亮的那束光。"牺牲"在今天的语境中已经有些陌生,但武文斌却是一个英雄主义渐行渐远时代下真正的英雄。这就是责任,强烈的责任感塑造了武文斌高尚的人格。

　　有很多人在追究责任的价值所在,当我们看到人民战士,无论经历多少痛苦和磨难或者严峻的考验,也无论处于何种位置何种境地,他们都会为能服务于伟大的祖国以及众多的同胞,而心甘情愿地献出自己毕生的精力和才智,甚至为国家、为人民献出自己宝贵生命时,我们会说:"这就是责任的价值所在!" 当英雄们义无反顾地去拯救生命的时候,在那一刻,他们想到的只是他们的责任!那种责任感是自发的,无需任何监督、任何指令……

　　责任感是成就事业的基础,也是搞好工作的前提。试想一个对工作没有一点责任感的人,除了他自己眼前的利益,他还有什么?他又如何让人瞧得起?三天打鱼,两天晒网,无所事事,也只能是虚度年华而已。

　　一个人,在事业上有责任感,他才会想方设法地干好自己的本职工作。对于家庭他也担当起责任,那样才会对家庭负责!他也需要担负社会的责任,只有人人都有了责任感,我们这个社会才会更加繁荣、和谐与稳定。

　　责任,无论在什么领域,什么年代,都有它的价值。在不同的时代人物身上,演绎着不同角色的辉煌。勇于担负责任,可以体现出一个人伟大的人格魅力,是领导者让其属下心悦诚服的风范和气魄。带着强烈的责任感,路也将会走得更远、更宽阔,迎接你的将会是一个金色的人生。

责任至高无上

责任具有至高无上的价值,它是一种伟大的品格,在所有人生价值中它处于最高的位置。人生中只有一种追求,一种至高无上的追求——就是对责任的追求。在这人世间,维系人与人之间的正常关系的纽带是感情,而支撑着人们去构筑这个理想大厦的便是责任。

每个人都有属于自己的位置,从而便有了各自不同的责任:政府要员、平民百姓、父母、子女、夫妻,甚至恋人之间都有相互的责任。

感情和责任就像是一对孪生兄弟,但又是决然不同的。感情是感性的,要靠许多外在的条件加以维系。比如男人爱女人,就会要求女人年轻、温存、漂亮;大人爱孩子,一般都会附加上"成龙"的条件。但如果哪天女人病了、老了、丑了;孩子哪天残了、傻了,人们依然爱着他们,依然疼着他们,依然不会放弃,那爱才真伟大。

感情是脆弱的,而责任却更像是立于天地间的钢筋和铁柱。如果感情的大厦发生倾斜,只要还有责任在就可以"天欲堕,赖以拄其间"。责任是充满理性的,是道德和人格的化身,是没有条件的,因而也是最牢固、最可指望的。

对于此,我们可从中外一些文学名著中找到例子。

《西游记》中的孙悟空,为什么几百年来能够被人民喜爱和传颂?除了它无所畏惧,法力无边外,更在于孙悟空自接受观音菩萨的指令后,就将护送唐僧到西天取经当作了至高无上的神圣责任。为此孙悟空不畏艰辛,无论其间有多少妖魔鬼怪捣乱,被自己的师傅多次误解、赶他走、念紧箍咒等,他仍然一往无前,决不回头地完成了自己的使命。

雨果的《悲惨世界》里的冉·阿让,后半生一直处在像鹰犬一样的警察的穷凶极恶的追捕中,都是为了一个女人的承诺,为了担负起对那女人的女儿的责任,他拼搏到了最后一口气。就是这种责任的崇高和圣洁打动了一代又一代人。

还有数不胜数的现实中的事例:钢铁战士麦贤得,为什么在脑浆迸裂时还能创造出填炮弹的奇迹?那是因为一个战士对国家的责任;多年前龙梅、玉荣为什么能够在特大的风雪里,保证羊羔不损伤一只?那是因为她们心里有一团火——少先队员对集体财产的责任。

责任,可以使平凡的人伟大,文学作品中是这样,生活中也是这样,对待工作更需要这样。只有充满责任感的人,才能创造生活以及工作中的奇迹。

千百年来,爱情是文学的永恒主题,歌颂、描绘爱情的著作浩如烟海。《茶花女》的经久不衰,决不是因为一个贵公子爱上了一个妓女,而是因为这个妓女为了她对阿芒父亲的承诺,为了保住阿芒的前途所作出的牺牲。因为有了这种责任,才令她担起了屈辱、误解,并作出了巨大的牺牲,使她舍弃了至爱,舍弃了健康和快乐,也舍弃了生命!

担负责任,就一定会付出代价、作出牺牲的。无论谁懂得了这一点,都可以得到安宁和幸福,赢得他人的尊敬和爱戴!感情是珍贵的,而责任更是至高无上的。

在现实生活中,可以见到父母抛弃儿女,年老病弱的人被儿女遗弃,这是因为他们缺失了人性、感情,更是抛弃了自己的责任。与此同时,生活中又有多少老人被毫无关系的人赡养,又有多少孩子被素不相识的人收留,这些又是人类心底的良知和责任的驱动。

工作也需要这样的责任来制造动力。有这么一个例子,说是一位女中专毕业生,当时在上卫校的时候,胆子最小,而且体质又弱,就像林黛玉一样。可是过了十几年以后,谁也没有想到,她竟然成了一名经常和尸体打交道的解剖学老师。她以前的同学问她何以如此,她的回答却很简单:"总得有人去干,学生还需要人教呢!"为了这种责任,她早已发生了蜕变。

人间有多少忠于职守、重视责任的人们:那些明知时刻都有生命危险的干警们;那些明知要吸收放射线物质的大夫们;以及那些成年累月在深山老林里的地质队员们……难道他们只是为了个人的利益,才去选择做那种工作的吗?不是,因为他们有支撑着他们的行为和信仰的责任感,这责任感就像一根最坚实的柱石,做他们坚强的后盾。

责任是人一生中最沉重、最有分量,也是最有价值的东西,只有真正大气的人才能承受。

有一次,一个士兵给拿破仑送信。尽管敌人在前面设有重重关卡,而且他的腿又受了伤,但是,他中途硬是没有休息,三天三夜滴水未沾,加快速度提前把信送到了拿破仑的手中。当赶到拿破仑面前时,由于过度的劳累,士兵骑的马跌倒在地,一命呜呼了,士兵也晕倒在了地上。当他醒来后,就立即把信交到了拿破仑的手中,拿破仑看完后又起草了一封信,并让他转送回去,并吩咐他骑上自己的战马,快速把信送到。

当士兵看到那匹装饰得无比华丽的骏马时,他便对拿破仑说:"将军,这样不行,我只是一个普通的士兵,实在不配骑这匹华丽而又强壮的骏马。"

拿破仑却回答他道:"世界上没有一样东西,是充满责任感的法兰西战士不配享有的。从此以后,这匹骏马就永远属于你了。"最后,拿破仑还是坚持把自己那匹心爱的坐骑,送给了这名士兵。这位士兵骑上骏马,在众人尊敬的目光中,又一次出发了。

一名士兵既然可以用自己的生命去坚守自己的职责,同样,一名负责任的员工也应当时刻牢记自己的责任。无论何时都要提醒自己:责任至高无上,不要忘记和懈怠自己的责任。

责任可以给一个人带来至高无上的尊严和荣誉。有很多人自以为自己的地位低微,所有的成就都不属于自己,种种荣誉自己也不能得到。正是在这种观念的驱动下,才令他们失掉了本应有的责任感。

责任应该是至高无上的,无论一个人的职务大小、地位高低,都应时刻牢记自己的责任。可以想象得到,只要能够在自己的位置上,真正领会到"责任的至高无上",领会到责任的重要性,充分尽职地完成自己的工作,这样的职员或早或晚都会得到应有的回报。

责任既是一种崇高的职业道德,也是一项重要的心灵法则。一旦肩负起责任,就会立刻成为性格的组成部分,就会具有稳定性,让人能自觉、主动、积极地尽职尽责。当一个人尽到自己的责任时,就会产生满意的、愉快的情感;而没有尽到自己的责任,则会深感内疚和不安。可以说,有了责任心,个人的价值才能得到充分、合理的体现。因为,责任高于一切!

责任体现个人价值

一个有理想、有抱负的人,总是希望能够将自己的才华,完全地展示出来,实现自我的价值。但并非一切具有才华的人,都能够真正地实现自我的价值,因为他们不知道实现自我价值需要有一个的前提,而这个前提就是责任!

有些人总是在抱怨,环境没有给他提供良好的支持、别人是如何不公正地对待他,而不反思自己是不是缺少了什么!实际上,缺乏责任的才华就像一架失控的战车,它强有力但却可能会伤害到其所接近的人和事!只有强烈的责任感才能使得政治家、科学家们将令人恐怖的核能用于和平发电,造福于人类,从而也让自己名垂青史!强烈的责任感使得企业家将更多的财产,捐献给慈善事业和相关的社会公益事业,从而让自己也成为社会的标杆!强烈的责任感使得不少中国企业家,不计报酬的掌控那些已经危在旦夕的国有企业,例如当年的海尔、困境中的伊利,也使他们自己成就了个人的抱负!

当伊利的董事长兼总裁潘刚,在危机之中掌控伊利奶业轮舵,并通过两年多的时间,将伊利重新打造成一个富有竞争力的企业时,记者问他:"在短短的两年中,是什么让伊利从崩溃的边缘走了出来,还令品牌的价值得到了很大的提升,伊利品牌建设的最大秘密是什么?"潘刚只是轻轻而坚定地说了两个字:"责任。"

无独有偶,在20世纪90年代初的美国,也有类似有趣的一幕:

当时,IBM面临着空前的困境,机构设置臃肿、人浮于事,造成产品滞销,亏损非常严重。董事会经考虑研究决定,外聘高手以解决难题,经过猎头公司的推荐,董事会最终相中了咨询顾问出身、曾经在两家大型公司担任过CEO、现已赋闲在家的郭士纳。猎头公司的高级官员、IBM的董事,分别找到郭士纳,希望他能够出任IBM的CEO。郭士纳在此之前从没有管理过任何与计算机同类或相近的企业,而且通过与朋友交流,他也了解到了IBM目前的处境非常艰难。有位朋友劝他"IBM已经是一头即将倒下的大象,你可千万别毁自己的一世英名"。郭士纳经过再三思考,觉得自己也没有管理计算机类公司的经验,于是拒绝了这份邀请。后来,IBM创始人之一的小沃尔森,与郭士纳进行了面对面的交流,也表露了邀请他出山的愿望,可郭士纳还是觉得把握不大,婉言谢绝了!

郭士纳以为这件事就这样过去了。有一天,他被邀请去参加总统克林顿的私人宴会,在宴会进行中,克林顿来到郭士纳的身边,问起了他关于IBM的问题。当郭士纳表示已经拒绝了他们邀请的时候,克林顿只是说了一句意味深长的话："IBM是美国的IBM，代表着美国！希望您能够重新考虑！因为IBM需要你！"

郭士纳被这句话激起了内心深处的雄心，将个人可能的得失全放在了脑后，一种振兴美国科技巨头的责任感，让他接过了IBM董事会送来的聘书！

只有勇于负起责任，才能够负起更大的责任，才会有实现自我价值的机会！《阿甘正传》这部电影里面，有个镜头，不知道大家是否还记得：

阿甘所在的连队，在搜查中发现了一个山洞，里面极有可能潜藏着敌人，当连长问谁敢冲在前面到洞中搜查的时候，所有的人都犹豫了，因为他们都知道里面的风险巨大。只有阿甘在大家都静悄悄不敢应答的时候，接受了连长的命令，率先冲进洞中，消灭了敌人，因而立了大功，并得到了上级的嘉奖。那些聪明的战友们，看起来是很"聪明"地避开了危险，并早早平淡地退了役，而阿甘则总是"笨笨"地执行那些别人不愿执行的任务，结果却是军衔一直在不断地上升！

很多人，包括他直接的上司，都不太服气这个"幸运"的笨家伙：这种人怎么能成为将军呢！这是因为，他们都忘记了一个简单的事实：只有敢于承担责任，而不是比他人更聪明，这才是晋升的依据！

那些在关键时刻敢于承担责任的人，看起来总是傻傻的！关键的时刻往往是最危险的时候，也是需要付出最大的时候！一个"聪明人"往往会在这个时候找不着身影，因为经济学家告诉过我们这样一个道理：人们都是趋利避害的！后来经济学家发现这种说法不够全面，于是就修正为：理性的人们都是趋利避害的！也就是说，那些不理性的"傻瓜"可能会做出"傻事"来！

然而，在现实中，一个人往往会超出人们的理性预期。只有敢于付出理性之外能量的人，在应该付出的时候承担起责任，才有能够获得成就自我的可能性！否则，他最多只能是经济学家口中所说的"理性"的正常人而已!

美国著名管理学家玛丽·弗洛特说过这么一句话:"责任是人类能力的伟大开发者。"这句话既真实又贴切,可以说是一语道破了责任的天机。

曾有人说过:放弃了自己应该承担的那份责任,就意味着放弃了自身在这个社会中更好的生存机会。放弃承担责任或者蔑视自身的责任,这就等于在可以自由通行的路上自设障碍,摔跤绊倒的也只能是他自己。如此可以得出一个结论:无论是个人还是组织,要想走向成功,必须坚持培育责任价值观而不是其他。

有位成功的企业家对"责任"进行的诠释是:"责任即价值。"

在他看来,责任与价值有着三层的具体含义:第一,只有承担责任,才有可能创造价值。无论价值的大小,都是因为有人承担了责任才产生的。第二,承担责任,是对自身价值的一种证明。你承担的责任越大,表明你的价值越大,社会和企业就越是需要你。第三,责任是回报的前提,首先不是在想自己能够得到什么,而应当想想自己承担了什么责任。

这是一位成功人士对我们的现身说法,更是他的人生经历和企业经验的沉淀与结晶,对人们的启发深刻。而在今日的个人职场中,若想在组织中成长,是否具有和培育责任的价值观,早已经成为个体和组织生存状态的分水岭。

对个人而言,要培育责任成才的价值观。只有勇于承担责任,才会被欣赏重用。人总是要做一些事情的,更要承担一些责任。无论在哪里,成长最快的人都是承担责任最大的人。有这么一个朴素的道理,即经验来自于经历。但是,却有很多人在实践中,没能很好地悟出这条真理的意义。当你属于一个组织或社会阶层时,尤其是作为一个年轻的追梦者时,要知道看不见的经验比看得见的薪水更重要。被老板重用,不只意味着更高的职位和更丰富的收益,还意味着要承担起更重的责任。

勇于承担责任,才会有机会被垂青。只要选择了一份工作,就要用心做好它。或许你在工作之初会有些不适应，而喜欢不喜欢这份工作是一回事，应不应该做好这份工作才是重要的。若想成就一番事业，就要从做好本职工作开始。

对组织而言，首先就要塑造责任第一的人才价值观。无论学识、能力与经验的高低，只要有"责任能力"和"责任心"，就能够有效地承担起责任岗位，就是组织里的人才。这是责任型企业组织评价其所需人才的观念。对于责任型的企业组织来说，人才不是学历、也不是知识，更不是年龄甚至不是经验，而是"责任能力"！如果一个初中毕业的、流水线上的员工，能够一直保质保量的、百分之百地完成和实现自己的岗位责任和任务，那他就是企业组织里的人才。如果某个高学历的中层管理者，总"善于"站在企业之外，对自己的企业指手画脚，因而"忽略"了自己的岗位责任，无论他的才华是多么的横溢，对于企业责任的有效运营来说，他只是个"破坏者"，早晚会被公司淘汰掉的。

责任保证一切

在市场经济体制下的今天，人们似乎对"责任"二字已经淡漠和遗忘，尤其是出现了对责任的错误理解。经常可以听见人们这样说，"只要我的劳动对得起自己就行，其他事情我不愿多管"。这是一种不负责任的说法，试问这样的员工你敢要吗？他能给你带来什么？你能保证他能对公司有什么贡献？什么都不能，没有责任心，一切都将不会有所保证。

无论任何人做任何事情，都需要有一定的责任心，那样在做事的时候才会全力以赴，出色完成工作任务。有责任心不仅能弥补能力方面的不足，还可以逐步提高自身的能力。如果一个人有能力，却没有责任心，也是很难把事情做得很好的。当然,光靠有责任心也是不行的。但是没有责任心的人,就不能算是有能力的人!责任是对自己所负使命的忠诚和信守,责任是对自己工作的出色完成,责任是忘我的坚守,责任是人性的代价,责任是一种使命,责任是一切的源泉。

一个缺乏责任感的人,或者是一个不负责任的人,首先失去的是社会对自己的基本认可,其次就会失去别人对自己的信任与尊重,甚至还会失去自身的信誉和尊严。责任与生命息息相关,它是成就事业的可靠途径。责任可以产生勇气、智慧以及力量。有了责任心,再危险的工作也能够化险为夷;没有责任心,再安全的岗位也会出现险情。有责任心再大的困难也可以克服;责任心差,很小的问题也可能酿成大祸。只有那些能够勇于承担责任的人,才能被赋予更多的使命,才有资格获得更大的荣誉。

一位伟人曾说过:"人生所有的履历都必须排在勇于负责的精神之后。"在责任的内在力量驱使下,常常会令我们产生一种崇高的使命感和归属感。有位企业管理者说:"如果你能真正钉好一枚纽扣,这应该比你缝制出一件粗制滥造的衣服更有价值。"

尽职尽责地对待自己的工作,无论自己的工作是什么,重要的是你是否真正做好了你的工作。在每个人的生活当中,有大部分的时间是和工作联系在一起的。放弃了对社会的责任,也就背弃了对自己所负使命的忠诚和信守。

当然,履行责任也需要具备履行责任的能力。一个优秀的人才应该全面提高自己的素质和能力,让自己成为一个擅长于履行责任的人。一个有责任感的人才会给别人更多的信任感,会吸引更多的人与自己合作。责任保证了服务,保证了敬业,保证了创造……可以说,责任保证了一切。正是这一切,才保证了企业的竞争力,也真正代表了一个员工对企业的责任感和忠诚度。

缺乏责任的意识,其他的能力也就会失去用武之地。所以,在企业里,责任保证了能力的实现。无论你有多么优秀的能力,还是要通过尽职尽责的工作,才能完美地展现出来。不知道用奋斗担负起自己责任的员工,即使工作一辈子也不会有出色的业绩。

最优秀的人才总是希望进入最优秀的企业。而每一个优秀的企业,都在解释、创造、奉行和实践着自己的企业文化、职业精神和价值观念。

海尔的一名员工这样说过:"我会随时把我听到的和看到的关于海尔的意见记下来,哪怕我是在朋友的聚会中,或是走在街上听陌生人讲话。作为一名员工,我有责任让我们的产品更好,我有责任让我们的企业更成熟、更完善。"如果每个员工,都具有高度的责任感和优秀的个人能力,那么他就会乐观地迎接挑战,乐意担负起工作的重任。

在完善和提升个人素质时,每个人都应当记住:"责任保证一切"!服务于企业的每一位员工都应该铭记自己的责任。当然,对履行职责的最大回报就是,这位员工将被赋予更大的责任和使命。因为,只有这样的员工才真正值得信任,才能真正担当起企业赋予他的责任。

责任能够让一位员工具有最佳的精神状态,精力旺盛地投入工作,并将自己的潜能发挥到极致。

责任是最基本的职业精神和商业精神,它可以让一个人在所有的员工中脱颖而出。一个人的成功,与一个企业和公司的成功一样,都来自于他们追求卓越的精神和不断超越自身的努力。造就优秀企业和员工的最根本的准则到底是什么呢?是什么决定着企业的发展,而又是什么使得优秀的企业能拥有优秀的员工呢?答案很简单,就是责任。

几乎每一个优秀的企业,都非常强调责任的力量。

在微软,"履行我们的使命需要具有睿智创新、积极进取的员工,他们需要具有下列价值观念:诚实、正直,对顾客、同伴以及技术充满热情。能对他人彬彬有礼,并以他人的幸福作为自己的快乐。以积极的心态面对困难,勇于战胜失败和挫折,具有自我批判精神,不断提高自身素质,对顾客、股东、同伴及老板承担起自己的责任和义务。富有创新精神,具有很强责任感的领导者,增强决策的创新性,努力使客户和同伴受益。总之,就是要时刻保证自己的责任心,用责任保证质量。"

在惠普,他们始终坚持下列信念:"惠普的成绩源自员工不断地受到激励;员工的忠诚是最为关键的因素。信任员工会做出正确善良的事情,坚信他们在企业发展中具有重要的作用。每个人都在作出自己的贡献:不论职位、水平的高低,不论任职的长短。一个富有情趣、富有激励性的工作环境对于创新发明是至关重要的。多样的责任形式,能增强自己的竞争能力,员工应当具有强烈的责任意识。"

在宝洁,宝洁就是他的员工赖以生存的价值观。他们一直坚信,宝洁的广大员工一直是最为宝贵的财富。每个人在所负责的领域内都是领导者,都有责任和义务提高自己的领导成绩。承担起自己的职责以适应公司的需要,改善体制,帮助他人提高工作效率。每位员工都像主人一样行动,对待公司的财产就像对待自己的财产一样,将公司的长远业绩牢记在自己的心中。

在新华人寿保险股份有限公司,他们认为,"没有责任,就没有速度,就没有效益,就没有全面、统筹、健康的发展"。

同样,清华同方在它们上市的时候,就提出"责任、承担、探索、超越、忠诚、价值"这样的十二字文化。他们把这十二个字作为同方这个企业对自己的一种追求,并以此为指导。其公司的管理文化是"忠诚、责任与价值等同"的做人与做事原则。

针对企业和公司对其企业文化、职业精神与价值观念的建设和实践的需求,通过提炼和归纳,得出一条最基本的准则:责任——每一个员工都不能推卸责任,推卸责任就意味着失去了实现自己价值的机会。责任保证着个人生存的价值、生活的意义,完美的人生离不开责任,因为责任保证了一切。

你也是企业的一名员工,你做到了吗?有些事情并不是需要很费力才能完成的。因为做与不做之间的差距就在于——责任。

为自己的未来负责

作为一名员工,你要时刻记得,你不仅在为公司做事,更是在为自己工作,更是在为自己的未来负责。

有个老木匠准备退休,老板问他是否可以帮忙再建一座房子。老木匠虽然答应了,但他的心却早已不在工作上了,用料也不那么严格,做出的活也全无往日的水准。总之,他的敬业精神已不复存在。

当这座歪歪扭扭的房子建好以后,老板并没有说什么,只是把钥匙交给了老木匠。"这是你的房子,"老板说,"也是我送给你的礼物。"老木匠一生盖了无数好房子,最后却为自己建了这样一座粗制滥造的房子。

这只不过是一个小故事,但是却生动地说明了你所做的努力,并不完全是为了你的老板,归根结底而是为了自己的未来工作。

大多数人并没有意识到自己在为他人工作的同时,也是在为自己工作……你不仅为自己赚到养家糊口的薪水,还为自己积累了工作经验,工作带给你的东西,往往是远远超过薪水的。从某种意义上来说,工作真正是为了自己。只有时刻站在事业的高度,对待自己目前的工作,并把它当成事业的起点,你才能真正走上成功之路。

齐瓦勃十五岁那年,家中可以说是一贫如洗,只受过短暂学校教育的他,到了一个山村做了马夫。尽管如此,齐瓦勃并没有自暴自弃,还无时无刻不在寻找着发展的机遇。三年后,齐瓦勃来到钢铁大王卡内基所属的一个建筑工地打工。刚踏进建筑工地，齐瓦勃就决定了要做同事中最优秀的人。当其他员工在抱怨工作辛苦、薪水低而怠工的时候，齐瓦勃却默默地积累着工作经验，并自学建筑知识。

一天晚上，同伴们都聚在一起闲聊，唯独齐瓦勃躲在角落里看书。那天恰巧公司经理到工地检查工作，经理看了看齐瓦勃手中的书，又翻开他的笔记本，什么也没说就走了。第二天，公司经理就把齐瓦勃叫到了办公室，问他："你学那些东西干什么？"齐瓦勃说："我想我们公司并不缺少打工者，缺少的只是既有工作经验又有专业知识的技术人员或管理者。"经理点了点头，没有再说什么。

没过多久，齐瓦勃就被升任为技师。在打工者当中，有些人讽刺挖苦齐瓦勃，他只是回答说："我不光是在为老板打工，更不单纯为了赚钱，我是在为自己的梦想打工，为自己的远大前途打工。但是，现在我只能在业绩中提升自己。我要使自己的工作所产生的价值，远远超过所得的薪水，只有这样我才能得到重用，才能获得机遇！"抱着这样的信念，齐瓦勃一步步升到了总工程师的职位上。二十五岁那年，齐瓦勃做了这家建筑公司的总经理。

当时在卡内基的钢铁公司里，有一个天才的工程师兼合伙人琼斯正在准备筹建公司最大的布拉德钢铁厂，他发现了齐瓦勃超人的工作热情和管理才能。当时身为总经理的齐瓦勃，每天都是最早来到建筑工地，当琼斯问齐瓦勃为什么总来这么早的时候，他回答说："只有这样，当有什么急事的时候，才不至于被耽搁。"工厂建好后，琼斯推荐齐瓦勃做了自己的副手，主管全厂事务。

两年后，琼斯在一次事故中丧生，齐瓦勃便接任了厂长一职。因为齐瓦勃的天才管理艺术及工作态度，布拉德钢铁厂成了卡内基钢铁公司的灵魂。正是因为有了这个工厂，卡内基才敢说："什么时候我想占领市场，市场就是我的。因为我能造出既便宜又好的钢材。"几年后，齐瓦勃被卡内基任命为钢铁公司的董事长。

到了齐瓦勃担任董事长的第七年，当时控制着美国铁路命脉的大财阀摩根，提出与卡内基联合经营钢铁。刚开始的时候卡内基并没有理会他，于是摩根放出风声，说如果卡内基拒绝，他就找当时位居美国钢铁业第二位的贝斯列赫姆钢铁公司联合。这下卡内基慌了，他知道贝斯列赫姆若与摩根联合，就会对自己的发展构成威胁。

一天，卡内基递给齐瓦勃一份清单说："按上面的条件，你去与摩根谈联合的事宜。"齐瓦勃接过来看了看，此时对摩根和贝斯列赫姆公司的情况了如指掌的他，微笑着对卡内基说："你有最后的决定权，但我想要告诉你的是，按这些条件去谈判，摩根肯定会乐于接受，但是你将会损失一大笔钱。看来你对这件事还没有我调查得详细。"后来经过分析，卡内基承认的确是自己高估了摩根。

于是卡内基就全权委托齐瓦勃与摩根谈判，取得了对卡内基有绝对优势的联合条件。摩根感到自己吃了亏，就对齐瓦勃说："既然这样，那就请卡内基明天到我的办公室来签字吧。"齐瓦勃第二天一早就来到了摩根的办公室，向他转达了卡内基的话："从第51号街到华尔街的距离，与从华尔街到第51号街的距离是一样的。"摩根沉吟了半晌说："那我过去好了！"摩根从未屈就到过别人的办公室，但是这次他遇到的却是全身心投入的齐瓦勃，所以只好低下自己高傲的头颅。

后来，齐瓦勃终于建立了大型的伯利恒钢铁公司，并创下非凡的业绩，真正完成了从一个打工者到创业者的飞跃。

用对待事业的态度，对待工作中的每一件事，并把它们当成使命，你就能发掘出自己特有的能力。即使是烦闷、枯燥的工作，你也能从中感受到价值，在完成使命的同时，你的工作也会真正变成一项事业。

一对老夫妇，省吃俭用地将他们的4个孩子抚养长大。在他们结婚50周年之际，为了报答他们的养育之恩，4个孩子决定送给父母最豪华的爱之船旅游航程，好让老两口尽情地徜徉于大海的旖旎风情之中。

当老夫妇带着头等舱的船票登上豪华游轮时，可以容纳数千人的大船令他们赞叹不已。而船上更有游泳池、豪华夜总会、电影院、赌场、浴室等，令他们目不暇接、惊喜无限。

然而美中不足的是，各项豪华设备的费用都十分昂贵，一生节俭惯了的老夫妇，盘算着自己不多的旅费，实在舍不得轻易去消费。他们只得在头等舱中安享五星级的套房设备，或流连在甲板上，欣赏海面上的风光。

还好的是，他们怕船上伙食不合口味，就随身带了一箱方便面。既然吃不起船上豪华的精致餐饮，只好以泡面充饥，如想变换口味吃吃西餐，便到船上的商店买些西点面包、牛奶果腹。

到了航程的最后一夜，丈夫想想，若回到家后，亲友邻居问起船上餐饮如何，而自己竟答不上来，也是说不过去的。于是在和太太经过商量之后，他就狠下心来，决定在晚餐时间到船上的餐厅去用餐，反正也是最后一顿，挥霍一次又何妨。

在音乐及烛光的烘托下，欢度金婚纪念的老夫妇恍若回到初恋时的快乐。在举杯畅饮的笑声中，用餐时间已近尾声，丈夫意犹未尽地招来侍者结账。

侍者很有礼貌地问："能不能让我看一看您的船票？"

丈夫生气地说："我又不是偷渡上船的，难道吃顿饭还得看船票？"然后极不情愿地将船票扔到了桌子上。

只见侍者接过船票，拿出笔来，在船票背面的许多空格中，划去了一格。同时惊讶地问："老先生，您上船以后，从未消费过吗？"

这时老先生更是生气了："我消不消费，关你什么事？"

侍者耐心地解释道："这是头等舱的船票，航程中船上所有的消费项目，包括餐饮、夜总会以及赌场的筹码，都已经包括在船票售价内。您每次消费时，只需要出示船票，由我们在背后的空格内注销一次即可。老先生您……"

这对老夫妇想起航程中每天所吃的泡面,而明天就要下船了,不禁相对默然。

其实在每个人出生的那一刻,上天早就已经将最好的头等舱船票交给了你。只要你愿意出示你的船票,就可以在物质上、心灵上享有最豪华的礼遇。

千万不要浪费了你的头等舱船票,过着借泡面充饥一般的生活。其实,你的工作就是上天赐予你的头等舱船票,趁现在还没有下船,就好好地享受一番工作的乐趣吧!这样做不是为了别的,只是为自己的未来负责而已。

【三】

责任胜于能力

只有充分地意识到自己的责任，勇敢地承担起自己的责任，你的人生才会因此而拥有更多的精彩。一个人若想成就大事，没有一点能力是万万不行的。假如仅仅是能力很强，而工作却缺少责任感的话，也将会一事无成，责任有时比能力更重要。

责任心决定能力的大小

美国学者、思想家门肯曾说过，人一旦受到责任感的驱使，就能创造出奇迹来。在工作中也是如此，一个人拥有多强的能力并不重要，重要的是他能否将这些能力充分地发挥出来。一个拥有强烈责任感的人，才能够充分激发自身的潜能，并将自己的能力充分发挥在最有价值的地方，为企业创造财富，为自己赢得发展的机会。

许振超是青岛港的一名吊车司机，他虽然只有初中文凭，但他却凭借自己强烈的责任感，在平凡的岗位上挖掘出了自己无尽的潜能。

在1974年，许振超初中毕业后就到青岛港当了一名码头工人。他所操作的是当时最先进的起重机械——门机。许振超通过勤学苦练，仅用了7天就学会了操作，成为在一起学习的工人中第一个能独立操作的工人。

到了2000年，队里的6台轮吊发动机需要大修。许振超就找到公司的领导，主动请求揽下这个项目，由他组织的技术骨干来完成，一是用来锻炼队伍，二来也可以节约资金。面对复杂的维修工艺，他与攻关小组一起边琢磨边实践，加班加点，终于提前完成了轮吊发动机的大修。几年下来，经他主持修理过的项目，累计为青岛港节约800多万元。

2001年，青岛市和青岛港集团实施外贸集装箱西移战略，并启动了前湾集装箱码头的建设。然而，由于种种原因，直到11月下旬，桥吊安装仍然没有取得大的进展。就在这个关键时刻，青岛港集团总裁常德传于现场发布了任命：由许振超任桥吊安装总指挥，年底前完成桥吊安装。

接下任务后,许振超办了两件事:一是打电话告诉爱人,从现在到年底这之间的一个多月内不能回去,让她放心;二是买了10箱方便面,往现场一扔。

经过40多天的艰苦奋战,重1300吨、长150米、高达75米的超大型桥吊,终于矗立在了前湾宽阔的码头上。许振超和工友们当时就激动得流下了热泪。而许振超的风湿病却加重了,走起路来,左腿不敢使劲,每天晚上睡觉时,都得穿上厚厚的毛袜子。随着港口西移战略的顺利推进,一个念头也在许振超脑海里越来越强烈:提高装卸效率,创造集装箱装卸船世界纪录!

2003年4月27日,青岛港的新码头上灯火通明,许振超和他的工友们在"地中海阿莱西亚"轮上,开始了向世界装卸纪录的冲刺。晚上8:20,320米长的巨轮边,8台桥吊一字排开。几乎就在同时,船上的8个集装箱被桥吊轻轻抓起放上了拖车,大型拖车载着集装箱在码头上穿梭奔跑。安装在桥吊上的大钟,记录了这个激动人心的时刻。4月28日凌晨2:47,经过几个小时的艰苦奋战,全船3400个集装箱全部装卸完毕。许振超和他的工友们打破了世界装卸的纪录!

许振超在工作中遇到难题时,没有选择逃避,而是主动地去解决。他本是一名普普通通的吊车司机,可是这并不能阻挡他去创造奇迹。因为有了责任心,他会想方设法干好自己的本职工作,不会在遇到问题时打退堂鼓;因为有了责任心,他会把圆满地完成工作当成自己的义务,并为完成工作而努力,包括努力学习新知识、总结工作经验,这在无形中帮助他挖掘了他自身的潜能。许振超从一个只有初中文凭的人,成长为桥吊领域的专家,不能不说是责任心"提拔"的结果。

责任可以说是能力的核心与统帅,责任感越强,提升的空间就会越大。有了责任感,我们的能力才会有用武之地;有了责任感,我们才会有正确的努力方向。因此,无论在什么岗位,都要牢记自己的责任,认识自己所处位置的重要性。只有这样,我们才能够在责任心的引导和驱使下,将自己的能力发挥到极致;我们所在的企业也会因为这份责任感,而变得更加辉煌和强大,而我们的人生也会因此而更加精彩。因为责任心在很大程度上决定着个人能力的大小。

责任本身是一种能力

能力永远由责任承载,而责任本身,其实就是一种能力。

曾任中国外交学院副院长的任小萍说,在她的职业生涯中,她走的每一步都是组织上给她安排的,自己并没有什么自主权;但是在每一个岗位上,她都有自己的选择,那就是要比别人做得更好。

在她大学毕业那年,她被分到了英国大使馆做接线员。在很多人看来,接线员是一个很没出息的工作,但是她却在这个普通的工作岗位上,做出了不平凡的业绩。她把使馆内所有人的名字、电话、工作范围甚至连他们家属的名字都背得滚瓜烂熟。当有人打电话不知道该找谁时,她就会多问一点,尽量帮他(她)准确地找到其所想要找的人。慢慢地,使馆的人员有事外出时并不告诉他们的翻译,只是给她打个电话,告诉她谁会来电话,请转告什么等。就这样过了不久,有很多公事、私事都开始委托她通知,让她成了全面负责的留言点、大秘书。

一天,使馆大使竟然跑到电话间,笑眯眯地表扬起了她,这可是破天荒的一件事。之后没多久,她就因为工作出色而被破格调去给英国某大报记者处做翻译。该报的首席记者是个老太太,名气很大,曾得过战地勋章,授过勋爵,本事大、脾气大,还把前任翻译给撵跑了。任小萍刚去的时候,她也不接受,嫌她资历低,看不上她,到后来也是勉强同意一试。结果，一年后，老太太逢人就说："我的翻译比你的好上10倍。"不久，任小萍因为工作出色，又被破例调往美国驻华联络处，在那里她干得同样出色，不久即获外交部嘉奖。

当你在为公司工作时，无论被老板安排在哪个位置上，都要重视自己的工作，担负起工作的责任来。在工作中总是推三阻四、埋怨环境、寻找各种借口为自己开脱的人，往往是职场的被动者，即使让他们工作一辈子也不会有出色的业绩，因为他们不知道如何用奋斗来担负起自己的责任。其实，自身的能力只有通过尽职尽责的工作才能够完美地展现，因为责任本身就是一种能力。

丽莎想当一名护士，因为她对在地方医院担任夜间领班护士的邻居羡慕不已。这位护士由于工作勤奋，认真地完成自己的本职工作，还曾多次获得过荣誉称号，丽莎十分渴望能够像这位邻居一样做出成绩。于是，丽莎决定向她理想中的目标迈出第一步，即穿上护士制服，到医院里去担任服务工作。丽莎坚信自己最适合干护士工作，因为在她看来，穿上护士制服是那么的有趣。她总是跟伙伴们一起叽叽喳喳地谈天，在公共食堂里休息，而在履行自己的职责时，却显得拖拖沓沓。病人经常抱怨说，由于她贪看病房里的电视，病人想喝水也不得不长时间地等待。她由于受到院方的警告，不久就退出了服务活动。丽莎在医院的表现状况不是太好，这对她日后进入护士学校也是个不小的障碍。为了证明她有能力担负起自己的职责，她不得不比其他人做出更大的努力才行。

护士的工作需要极强的责任感和使命感，这是丽莎所没有意识到的。她只是把护士工作作为一种理想，而没有运用实际的行动去实现这个理想。丽莎的故事告诉我们，履行职责是最大的能力，责任即能力！

有一位在公司担任人力资源总监的廖先生，讲述了这样一件事情：

　　2002年10月，公司的营销部经理带领一支队伍参加某国际产品展销会。在开展之前有很多事情要做，包括展位设计和布置、产品组装、资料整理和分装等，需要加班加点地工作才能完成。可营销部经理带去的那一帮安装工人中的大多数人，却和平日在公司时一样，根本就不肯多干一分钟，一到下班时间，就都溜回宾馆，或者逛大街去了。经理要求他们干活，他们竟然说："没加班工资，凭什么干啊。"更有甚者还说："你也是打工仔，只不过是职位比我们高一点而已，何必那么卖命呢？"

　　在开展的前一天晚上，公司老板亲自来到展场，检查展场的准备情况。等到达展场时，已经是凌晨一点多。让老板感动的是，营销部经理和一个安装工人正在挥汗如雨地趴在地上，细心地擦着装修时粘在地板上的涂料。而让老板吃惊的是，其他人一个也见不到。见到老板，营销部经理站了起来对老总说："我失职了，我没有能够让所有人都来参加工作。"老板拍拍他的肩膀，并没有责怪他，而是指着那个工人问："他是在你的要求下才留下来工作的吗？"

　　经理把情况叙述了一遍。这个工人是主动留下来工作的，在他说要留下来的时候，其他工人还一个劲地嘲笑他是个傻瓜："你卖什么命啊，老板又不在这里，你累死老板也不会看到啊！还不如回宾馆美美地睡上一觉呢！"老板听了叙述，也没有做出任何的表示，只是招呼他的秘书和其他几名随行人员，一起加入到了工作中去。

　　在参展结束后，一回到公司，老板就将那天晚上没有参加劳动的所有工人和工作人员开除了，同时，又将与营销部经理一同打扫卫生的那名普通工人，提拔为安装分厂的厂长。

　　廖先生是人力资源总监，那帮被开除的人很不服气，去找他理论："我们不就是多睡了几个小时的觉吗，凭什么处罚这么重？而他只不过是多干了几个小时的活，凭什么能当上厂长？"他们说的"他"就是那个被提拔的工人。

　　廖先生就对他们说："用前途去换取几个小时的懒觉，是你们的主动行为，没有人逼迫你们那么做，怪不得谁。而且，我还可以通过这件事情推断，你们在平时的工作里偷了很多懒。他虽然只是多干了几个小时的活，但据我们考察，他一直都是一个积极主动的人，他在平日里默默地奉献了许多，比你们多干了许多活，提拔他，是对他过去默默工作的回报！"

这是多么生动的事例啊！在这里，多一分的责任感，就多一分的回报，对于那个主动留下来的工人来说，虽然他只是一个普通职工，可他表现出来的强烈的责任感，却远远胜过其他更有能力的员工。

能力可以有很多种，但是责任却是固定的。把责任心或责任感视为一种能力，是人力资源开发与管理学的一个新观点。这个新观点可以说是知识创造向自我管理倾斜的产物。本来，自我的责任感算不上是新概念，岗位责任制早已被管理学家提了出来，一个机构的成员，必须在其职责范围内尽到自己的责任，完成自身的任务。但在今天看来，知识社会已显示出信息交流的重要性，而对信息的迅速反应与创新更是日显重要。基于此，事业的成功与发展，就更依赖于成员的责任感和主动精神，这样才能以保持一个机构或团队强大的应变能力与竞争力。

责任比能力更重要

就算一个人本领再大、能力再强，如果他不愿意付出努力，也不会为企业创造价值。而一个愿意为企业全身心付出的员工，即使能力稍逊一筹，也能够出色地完成企业交付的任务。

这里所说的"责任比能力更重要"，并不是对能力的否定，而是意在强调，在能力相同或大致相同的情况下，责任心对工作的结果往往能够起到决定性的作用。责任需要用业绩来证明,而业绩则是要靠能力去创造。责任能够令一个人具有最佳的精神状态,精力充沛地投入到工作中去,并能最大限度地发挥自己的潜能。

罗伊是某国际著名化妆品公司花重金聘请来的副总经理,虽然很有才能,但遗憾的是,自他来到这家公司一年多以来,却几乎未创造出任何价值。

罗伊确实是一个人才,从他的履历中完全能够看得出这一点。他是哈佛大学的毕业生,在来到这家企业以前,曾在3家公司出任高层总监。他对资本的运作十分擅长,曾带领一个5人团队,用了3年时间把一家不足100人的小公司发展成为拥有1000多名员工、年营业额达5亿多美元的中型企业,创造了让同行称道的"罗伊速度"。在1998年到2000年之间,他更是叱咤华尔街,掀起了一阵"罗伊旋风"。试想,这么优秀的人才怎么可能创造不了价值呢?

公司的总经理费舍尔说:"对于他的个人能力,我毫不怀疑。"但让他困惑的是,罗伊为什么就不能为公司创造应有的价值呢?

一位人力资源部的咨询师问费舍尔:"你了解他具备什么能力吗?"费拉尔回答:"当然了解,在聘请他来以前,我是极为慎重的,我曾请专业的猎头公司,对他进行过全面的能力测试,测试结果让我十分满意。"他还详细列举了罗伊具备的种种能力,并列举了罗伊过去工作中的许多成功的例子来证明。

经过深入的沟通,咨询师发现,罗伊是一个勇于接受挑战的人,工作的难度愈大,愈能激起他奋斗的欲望,他时刻都有一种准备冲锋陷阵的冲动。可以说,这种人才是企业的宝贵财富。不过,罗伊也说出了自己内心的想法:在刚进入公司的时候,罗伊也是充满了激情,下定决心想大干一番事业,但是后来他却发现,一切都不是他想象中的那样,令他越来越觉得没意思,对公司逐渐失去了认同,对自己的工作也失去了认同。他说："希望有一个可以放开手脚大干一场的工作环境,而不喜欢有太多的束缚。"

真相终于大白了。原来,罗伊的老板费舍尔先生,有两个致命的弱点:一是他对聘用的人不放心,担心他人挖自己公司的墙脚;二是喜欢自己亲自行动,不愿放权,常常越级指挥。在许多事情上,让罗伊觉得自己就是一个摆设。罗伊最需要的,应当是需求层次中的"自我实现的需求",能够用业绩来证明自己,才是他的人生追求的最大乐趣。

咨询师在找到了问题所在之后,将费舍尔与罗伊请到了一起,为他们分析了企业的授权与指挥系统方面的问题,明确了董事长兼总经理费舍尔的职权范围,以及副总经理罗伊的职权范围,一起制定了企业的授权制度与团队的指挥原则。通过二人的共同努力,公司的情形发生了极大的变化。罗伊就好像变了一个人,不但做出了让业内惊羡的业绩,还与费舍尔成了密不可分的好朋友。

通过这个故事,是否可以从中得到一些有益的启迪?在罗伊发生转变之后,充分发挥出了他本身的杰出才能。而促使他转变的重要原因,就是因为制度的改变,重新唤起了他对企业的责任感。

其实,罗伊是个非常富有责任感的人,当然他的能力也是一流的。先前他在费舍尔先生的企业中的无所作为以及后来的成功表现,就很好地证明了责任胜于能力的道理。但令人遗憾的是,在现实生活与工作中,人们往往忽视责任的重要性,总是片面地强调能力。

确实,个人能力强,在战场上能够直接打击敌人,也能在商场上直接为企业创造利润,而责任却好像没起到直接打击敌人与创造利润的作用。也许正是因为这一点,人们才会比较注重能力而忽略了责任。

在日常生活和工作中,我们经常会听到有人这样说:"用中级的人才,可以办成高级的事情,而用高级的人才,却不一定能够办成中级的事情。"尽管一个人的才能非常重要,可最重要的还是这个人是不是这家公司真正意义上负责任的员工。

　　事实上,对一家公司而言,员工的能力与责任都是动态的变量。下面的故事就是很好的例证。

　　美国一家钢铁公司的董事长就非常懂得调动员工的积极性。在他的公司旗下,有一家工厂的工人总是完不成定额,为此他撤换了好几任厂长,却总是无法奏效。于是,他就决定亲自处理这件事。

　　一天,这位董事长来到工厂厂长的办公室,责问道:"事情到底是怎么回事? 那个目标并不难完成啊?""我也不知道是怎么回事。"厂长为难地说,"我向那些人说尽好话,又发誓又赌咒的,但就是不管用。我甚至还威胁他们,如果完不成就开除他们,可是却没有一点效果,还是完不成定额。"

　　"那请你领我到厂里去看看吧。"董事长说。

　　当他们来到工人作业的地方时,正值白班的工人刚好要下班,夜班工人即将来接班。他就问一个白班的工人:"请问你们今天一共炼了几炉钢?"

　　"一共6炉。"工人回答。

　　听完后,这位聪明的董事长就拿起一支粉笔,在一块小黑板上写了一个大大的阿拉伯数字"6",然后就一声不吭地离开了。

　　夜班工人上班了,当他们看到黑板上有一个"6"字时,都十分好奇,忙问白班的工人那是什么意思。"董事长今天到这里来了,"那位上白班的工人说,"他问我们今天一共炼了几炉钢,我们说6炉,他就在黑板上写下了这个数字。"

　　第二天一大早,这位老板又来到了工厂。他看了看黑板,见夜班工人把"6"换成了"7",就微笑着离开了。

　　等到白班工人上班时,都看到了那个"7"。一位白班工人激动地大叫道:"什么意思嘛! 这分明就是在说,我们上白班的工人不如他们上夜班的工人干得多,我们倒要让他们看看到底谁比谁强! 大家说是不是?"白班工人们都大声附和着。

就这样,白班工人为了向夜班工人显示自己的能力,都加紧工作,当他们晚上交班时,黑板上居然出现了一个巨大的"10"字。

于是,两班工人互相挑战,展开了激烈的竞争。很快,这家产量一直落后的工厂,成了所有工厂中业绩最好的一个。

这位聪明的老板仅仅用了一个小小的"6"字就改变了工厂的面貌,解决了打骂甚至开除威胁都办不到的问题。他的高明之处,就在于唤起了工人们的责任感,责任感又激发了他们的竞争意识。那家工厂的工人,做事原本都是拖拖拉拉、毫不起劲的,可当竞争压力突然出现的时候,他们的士气就会被激发出来,充分发挥出他们应有的能力,进而创造出骄人的业绩。

当你并没有担起全部责任,而又庆幸自己因此没有受到任何责罚时,那么,可以对你作出以下几点评价:第一,你是一个不想担负责任的人;第二,你拒绝了提升自己的能力,甚至是超越自己的机会;第三,你辜负了他人对你的期望,同时也辜负了你自己。能力永远是由责任来承载、因为责任才得到体现的,所以你不承担责任,你和成功的距离就是南辕北辙,将会渐行渐远。

因此,从某种意义上讲,成功源于责任,责任比能力更重要。

责任可以提升能力

责任感,还可以在很多方面提升个人的能力。在现实工作中,做得越多的人,总是成长得越快的人;相反,不肯负责的人,常常止步不前。人生的价值,不是以得到多少来计算的,而是以付出多少来计算的。

能力与责任在任何工作、学习中都是必须要有的。但是随着时代的进步,责任的重要性逐渐呈现,在有着良好的意识之下,通过一定量的努力,能力可以从责任中得到提升。事实也证明了勇于去承担责任的人,是可以使一个团队、一个企业的凝聚力、战斗力、竞争力得到很大提升的。因此,责任是工作中必须承担和履行的一种义务,同时也是工作中最宝贵的东西。

一个人要负责任地提升自己的业务能力,强化自己开拓创新的意识,提高自己发现问题和解决问题的能力。没有责任,能力就无法得到提高;没有能力,工作也无法正常开展;能力不强,就会影响自己工作的绩效。只有在工作中积极参加各种培训,多学习、多吸纳新知识、新信息、新观念,提高自己的业务水平,并把学到的新知识、新观念适时地运用到自己的工作中,把工作当做自己的事业来经营,才能充分地提高自己的能力。

责任有大有小、有重有轻,每个人对责任都有自己的解释,各不相同。比如,父母对孩子是有责任的;员工对老板是有责任的;同样老师对学生也是有责任的,这样的责任到处都是,也都是生活中必不可少的东西。这就要求我们认真地履行好自己的责任,好好完成这个责任,把它当成一种使命,一种必须完成的使命。

有些工作从表面看很平凡、很一般,甚至是微不足道的,但如果你深入其中,你就会认识到其非同凡响的意义,小事情蕴含着大责任。

马克曾是美国阿穆尔肥料厂的一名速记员,尽管他的上司和同事早已养成了偷懒的恶习,但是马克仍旧保持着认真做事、高度负责的良好习惯,他重视自己的每一项工作,丝毫不敢玩忽职守。一天,上司指派马克编一本有关阿穆尔前往欧洲所需要的密码电报书。马克当时并没有立即着手,因为他不想随便地编几张纸完事。经过一番思考后,他别出心裁地编出一本小巧的书,用电脑很清楚地打印了出来,然后耐心地装订好。做好之后,他的上司便将这本书交给了阿穆尔先生。

"这大概不是你做的吧?"阿穆尔先生问道。

"呃——不……是……"他的上司战战兢兢地回答道,阿穆尔先生沉默了好一会儿,并没有说什么。

几天以后,马克就代替了以前上司的职位。

马克的能力也许是真的没有自己的同事高,但是他的责任意识要比他们强许多!马克的提升也告诉我们,千万不要忽视了自己所做的每一项工作。当老板交给你的工作是一项极其平凡任务时,千万不要自怨自艾、满腹牢骚,要尝试着从工作自身的高度去理解它、审视它、看待它。当你从它平凡的表象中,洞悉到其中不平凡的本质后,你就会从消沉怠惰的情况中解脱出来,不再有劳碌辛苦的感觉,当然,厌恶的感觉也就会烟消云散。一旦你圆满完成这些"平凡而又低微"的工作,你自然就会超越其他同事,成功也就更近了一步。也只有对工作的认识达到了这一高度,才会投入足够的注意力和十二万分的热情,成功才会尾随而至,而你也将会成为老板心目中的重点培养对象。

联系一下现今的企业管理工作中,有很多琐碎繁杂的工作需要我们来做。首先,就要有一颗很强的责任心,个人的能力水平有高低,而责任意识才是最主要的,因为有没有责任心其结果是完全不一样的。

可以这么说,在每一个企业里的员工都有着强于他人的能力;但是,并不是每一个人都有很强的责任心。所以,他们之间的成就是不相同的。有些人虽说自身的能力不强,但是,他们的责任感却超乎其他人。他们可以利用自己强烈的责任感弥补自身能力的不足。

责任心决定工作的结果。有了责任,我们工作的绩效才会提高、工作才会注重细节、运用方法时才会得当,员工对公司才会更加忠诚,无愧于心。

在日常的工作中,联系自己的工作能力,虽然有不尽如人意的地方,但只要是认真负责地去做,就没人能够说你什么。正因为你的责任意识强,才加强了你做事的能力,把本来不可完成的事情完成了。当然,强调责任并不意味着可以忽视能力,空有忠诚与责任,缺乏专业的知识与业务能力,自己的水平实在是不高,同样也不能给企业创造价值,反而还会成为公司的包袱与累赘。

一个员工的责任感,只有在自身能力的展示中才会得到淋漓尽致的体现。责任与能力并存的员工才是企业真正需要的人才。

承担责任是一种付出,也是一种能力的体现,过后必定会获得丰厚的回报。工作就意味着责任,在自己的本职工作中,负责地做事,把工作当成自己的事,强化责任和结果意识,优化工作方式,一切用结果来说话。勇于负责,不惧困难,顾全大局,心中常存使命感。积极地挑战自己,全力以赴,对工作负责到底。培养尽职尽责的做事风格,关注今天,对自己不足的地方坚决改过。面对困难要学会坚持不懈;面对成功做到淡然处之;面对绝境毫不放弃,不推诿责任,自觉地去承担责任,做一个有责任意识敢于承担责任的人。也只有这样,才能弥补自身能力上的不足,才能提高自己处理事情的能力。

能力永远由责任承载

梅西应聘到一家钢铁公司工作,还不到一个月,就发现很多铁矿石没有得到完全充分的冶炼,而且,在一些矿渣中还残留着冶炼好的铁。如果这样持续下去的话,岂不是会给公司造成很大的损失?

于是,他就找到了负责这项工作的工人,向他说明了问题,而这位工人却告诉他:"如果是技术上出了问题,工程师一定会跟我说的。不过,到现在为止,还没有哪一位工程师向我说明过这个问题,这就证明现在没有问题。"

梅西没办法说服那个工人,只好去找负责这项技术的工程师,对工程师说明了他看到的问题。这位工程师却很自信地说:"我们的技术是世界上一流的,怎么可能会出现这样的问题?"工程师并没有把他说的事情,看成是一个很大的问题,还暗自认为,你一个刚刚毕业的大学生,能明白多少,不过是想博得别人的好感而自我表现罢了。

但是,在梅西看来,这却是个很大的问题,于是他就拿着没有冶炼好的矿石,找到了公司负责技术总监的总工程师,他说:"先生,我认为这是一块没有冶炼好的矿石,您认为呢?"

总工程师看了一眼,说:"没错,年轻人,你说得对。哪里来的矿石?"

梅西说:"是我们公司的。"

"不太可能吧,我们公司的技术可是一流的啊,怎么可能会有这样的问题呢?"总工程师很诧异地反问道。

"技术部的工程师也是这么说,但事实确实如此。"梅西坚持道。

"看来的确是出问题了。怎么没人来向我反映?"总工程师有些发火了。

总工程师马上召集负责技术的工程师来到车间,果然发现了一些冶炼不充分的矿石。最后,经过检查发现,原来是监测机器的一个零件出现了问题,才导致了冶炼的不充分。

公司的总经理知道了这件事之后,不但对梅西进行了奖励,而且还晋升梅西为负责技术监督的工程师。总经理不无感慨地说:"我们公司并不缺少工程师,缺少的只是负责任的工程师。在这么多工程师中,竟没有一个人发现问题,在有人提出了问题后,他们还不以为然。对于一个企业来讲,人才是重要的,但是更重要的却是真正有责任感的人才。"

梅西从一个刚刚毕业的大学生,成为负责技术监督的工程师,可以说是一个飞跃,他之所以能够获得工作之后的第一步成功,就是来自于他的责任感,正如公司总经理所说的那样,公司并不缺少工程师,并不缺乏能力出色的人才,但缺乏的是负责任的员工。从这个意义上来说,梅西正是公司最需要的人才, 他的责任感会让他的领导者认为可以对他委以重任。

比方说,现在你的领导让你去执行某个命令或者任务,但是你却发现这样做,可能会大大影响公司的利益,那么你就一定要理直气壮地提出来。不必太在意你的意见可能会让你的上司大为光火,或者因此而冲撞了你的上司。只要大胆地说出你的想法,让你的领导明白你的意思就行了。作为员工,你应该清楚,你不是在刻板地执行老板的命令,而是一直都在斟酌考虑,考虑要怎样做,才能更好地维护公司的利益和领导的利益。同样,如果你有能力为公司创造更多的效益,或者能够避免不必要的损失,也请你一定要付诸行动。因为,没有哪一个领导,会因为自己员工的责任感而批评或者责难他;相反,你的领导还会因为你的这种责任感,对你青睐有加。对于任何一种职业,只要你具有责任感,都会让你的能力得到充分的发挥, 也会被委以重任, 而且应该也不大可能会失业。

一个主管过磅称重的小职员,因为怀疑计量工具的精确性而将计量工具重新修正,从而为公司挽回了不必要的损失。尽管计量工具的精确性属于总机械师的职责范围,但他还是做了,这就是责任感的驱使。正是因为有了这种责任感,才会使他得到别人的刮目相看,或许这也正是他脱颖而出的一个绝好机会。相反,如果你缺乏这种责任意识,也就不会有这样的机会。成功,在某种程度上说,就是来自于责任。

一家人力资源部的主管正在对应聘者进行面试。除了专业知识方面的问题之外,还有一道在很多应聘者看来似乎是小儿科的问题。不过正是这个问题,将很多人拒之于公司的大门之外。题目是这样的:

假如在你的面前有两种选择:第一种选择是,担两担水上山给山上的树浇水,你有这个能力完成,但会很费劲;另一种选择是,担一担水上山,你会轻松自如,而且你还会有时间回家睡一觉。你会选择哪一个?

很多人都选择了第二种。

当人力资源部主管问他们:"如果担一担水上山,你有没有想到,这会让你的树苗因缺水而死掉呢?"遗憾的是,很多人都没想到这个问题。

有一个小伙子选了第一种做法,当人力资源部主管问他为什么选这个的时候,他回答道:"担两担水虽然很辛苦,但这是我能做到的,既然是我能做到的事为什么不去做呢?何况,让树苗多喝一些水,它们就会长得很好。为什么不这么做呢?"

最后,这个小伙子被留了下来。而其他的人,只能后悔自己的选择。

人力资源部主管是这么解释的:"一个人有能力或者通过一些努力就会有能力承担两份责任,但他却不愿意这么做,而只选择承担一份责任,因为这样可以不必努力,而且很轻松。这样的人,我们可以认为他是一个责任感较差的人。作为公司,我们需要责任感强烈的员工,只有那样才能为我们的公司创造利润。"

上面的例子告诉我们,当你通过自己的努力,能够承担两份责任时,你所得到的收获可能就是一片绿荫。相反,看起来你也想去做事,可是由于没有全身心地投入,你所获得的可能就是满目的荒芜。这就是责任感上不同的差距。

这个题目看似非常简单,但是里面却蕴含着丰富的内容,往往越是简单的问题,越能看到一个人最本质的那一面。因为简单,就会不加考虑,这样就更容易得到内心的真实答案,就越能检验出一个人真实的品性。

假如你有能力承担更多的责任,那就不要为只承担一份责任而感到庆幸。因为,你应该知道这样做的确会很轻松,但更得知道你将会为此而失去更多的东西。

责任永远承载着能力。如果你有能力承担更多的责任,而你只庆幸自己承担了一份,那么,你首先就是一个不愿意承担责任的人。其次,就是你拒绝让自己的能力有更大的进步，甚至是对自己的再次超越。因为，你先放弃了自己，然后放弃了能够承担更多责任的义务。到最后，你只会辜负别人的期望，也辜负了自己。因为你不明白能力是由责任来承载的，更因责任而得到展现，你与成功的距离不是在接近，而是在一天天拉远。

责任让能力展现出最大价值

像康师傅水源、三鹿奶粉等事件层出不穷，在全社会引发了一场声势浩大的讨论。从对一个品牌的否定，进而发展到对整个行业的质疑，令人们对责任的思考不断地延伸和深入。究竟应当具备什么样的素质，才能将能力的价值完全体现呢？答案很明确，就是责任感。

一个人的能力想要有所体现，必须借助于一定的条件才能实现自己应有的价值。而这个条件就是要勇于担起责任，唯有这样的人，才会在公司最需要的时候挺身而出。为了公司的利益出谋划策，帮助企业实现最大的利润效益。与此同时，还可以实现自己人生的飞跃，将自己的能力完美地展现出来，从而创造出最大的价值利益。

20世纪70年代中期，日本的索尼彩电在其国内已经很有名气了，但是在美国却不被顾客所接受，因而索尼电器在美国的市场销售相当惨淡。为了改变这种局面，索尼派出了一位又一位负责人前往美国芝加哥。当时的日本，在国际上的地位还远不如今天这么高，其商品的竞争力也比较弱。在美国人看来，日本货就是劣质货的代名词。所以，当时索尼被派出去的负责人，一个又一个空手而回，而且还找出一大堆的借口，为自己的美国之行辩解。

但索尼公司并没有因此而放弃美国市场。后来，卯木肇担任了索尼的国外部部长。他上任不久就被派往了芝加哥。当卯木肇风尘仆仆地来到芝加哥市时，令他吃惊不已的是，索尼公司的彩电在当地的寄卖商店里竟然蒙尘垢面，无人问津。卯木肇百思不得其解，为什么在日本国内畅销不已的优质产品，在进入美国市场后竟会落得如此下场？

经过一番调查，他知道了其中的原因。原来，以前来美国的负责人不仅没有努力做出业绩，还一直糟蹋着公司的形象。他们曾多次在当地的媒体上，发布减价销售索尼彩电的广告，使得索尼彩电在当地消费者的心目中，留下了"低贱"、"次品"的糟糕印象，索尼的销量当然会受到严重的打击。在这种情况下，卯木肇完全可以回国述职了，并且还可以带回新的借口：他的前任们把市场破坏了，这并不是我的责任！

但是，他却没有那么做，他首先想到的是要如何做，才能挽救这个局面。要如何才能改变这种既成的印象，改变销售的现状？

经过几天的苦苦思索，卯木肇最后受到"带头牛"效应的启发，他决定找一家实力雄厚的电器公司做突破口，彻底打开索尼电器的销售局面。

卯木肇最先想到的是马歇尔公司——芝加哥市最大的一家电器零售商。他为了能够尽快地见到马歇尔公司的总经理，第二天一早就去求见，但他递进去的名片却被退了回来，原因是经理不在。第三天，他又特意选了一个估计总经理比较闲的时间去求见，但得到的回答却是"总经理外出了"。等到他第三次登门，总经理终于被他的耐心所感动，会见了他，但是却拒绝贩卖索尼的产品。总经理认为，索尼的产品降价拍卖，造成了太差的形象。卯木肇非常恭敬地听着经理的意见，并一再地表示，会立即着手改变商品的形象问题。

等他回去后，就立即从寄卖店中取回了货品，取消降价销售，并在当地报纸上重新刊登了大页面的广告，重塑了索尼的形象。

当做完了这一切后,卯木肇再次叩响了马歇尔公司总经理的门。这次,他听到的是索尼的售后服务太差,无法销售。卯木肇立即召集人手,成立了索尼特约维修部,全面负责产品的售后服务工作。并重新刊登了广告,还附上了特约维修部的电话和地址,24小时为顾客服务。

在屡次遭到拒绝后,卯木肇还是痴心不改。他规定,每个员工每天要拨五次电话,向马歇尔公司询购索尼彩电。马歇尔公司被接二连三的求购电话搞得晕头转向,以致有些员工误将索尼彩电列入了"待交货名单",这令经理大为光火,这一次与以往不同,总经理主动召见了卯木肇,一见面就大骂卯木肇扰乱了他公司的正常工作秩序。卯木肇却是笑逐颜开,等经理发完火之后,他才动之以情、晓之以利地对经理说:"我前几次来见您,一方面是为了我们公司的利益,但同时也是为了贵公司的利益。在我们国内最畅销的索尼彩电,我想也一定会成为马歇尔公司的摇钱树。"在卯木肇的巧言善辩下,经理终于同意试销两台。不过,他给出的条件是:如果一周之内卖不出去,立马搬走,合作之事免谈。

为了有个好的开头,卯木肇亲自挑选了两名得力干将,把几百万美金订货单的重任交给了他们,并要求他们破釜沉舟,如果一周之内没将这两台彩电卖出去,也就不要再返回公司了……

这两人果然不负众望,于当天下午4点钟,就送来了好消息——马歇尔公司又要求追加2台。至此,索尼彩电终于挤进了芝加哥的"带头牛"商店。随后,进入了家电的销售旺季,在短短的一个月内,竟卖出了700多台。索尼和马歇尔公司从中获得了双赢。

有了马歇尔这只"带头牛"的开路,芝加哥市其他的100多家商店,都对索尼彩电群起而销之,没出3年,索尼彩电在芝加哥的市场占有率就已经达到了30%。

在执行任务遇到困难时,逃避责任的人会对自己或同伴说"算了,这太困难了,到时老板过问起来,我们就说条件太缺乏";或者干脆就说"不去做了,到时就对老板说人手不够"。这样的员工,多么令人失望啊,他们不仅是在逃避责任,更是在对自己的能力进行践踏,对自己的开拓精神进行扼杀。逃避责任的人,也许可以得到暂时的"清闲",但却失去了重要的成长机会。什么事情都不做,到哪里去学习技能,又到哪里去积累经验呢?

然而,更令人失望的是,在很多企业里,业务员早上在公司报了到,然后就跑出去喝咖啡、洗桑拿去了。更有甚者还会进赌场,在下午下班前再回公司"汇报"一下工作了事。上司若是问他要找的客户找到没有,他就会说"客户不在"、"客户没空,约好了明天再见"或者是"今天走访的客户太多,还没来得及去",等等。试问有这样的员工,怎能令公司发展壮大呢?

只有富有责任感的员工,才会富有开拓和创新的精神。只有富有责任感的员工,才不会在没有努力的情况下,就事先找好借口推脱。因为,他会想尽一切办法,完成公司交给的任务。条件不具备,他们会创造条件;人手不够,他知道要多做一些、多付出一些精力和时间。不管他们被派向哪里,都不会无功而返,都会在不同的岗位上,让自己能力展现出最大的价值。

七分责任,三分能力

责任无处不在,责任存在于工作中的每一个岗位。最渺小的人与最伟大的人,都同样有着自己的岗位和责任。上进心不够强,对自己要求不够严格,也不太自信,不太敢于承担责任,这样的人怎能做好事情呢。再者,不善于发现和解决问题,缺乏开拓创新的意识,在工作中缺乏积极主动性和做事的毅力、恒心,只会服从工作任务的安排和布置,不会对工作进行创新和发挥,就会容易导致做事死板。面对工作中的问题和困难,不想尽办法去解决,有比较大的畏难情绪,这就是责任感不强的表现。另外,就是做事不够细致周到,考虑问题不够周全,尤其是当工作繁忙时,心情就容易烦躁,做事时也会顾此失彼、无视细节,最终导致自己的疏忽大意、敷衍了事,这样就会出现很多漏洞和失误。这也是责任感不强的表现。

针对自己在工作中存在的问题和不足,要吸取教训,积极进取。可以通过转变观念来强化自己的责任意识。工作无小事,我们必须负责任地做好每一件小事、抓好每一个细节。对于每一次任务,我们都要认真地去对待,这样我们的前途才会坦荡,公司的发展才会蒸蒸日上。

为自己制定一个工作目标,明确自己的责任,强化结果意识,优化自己的工作方式,力求提高自己的工作效果。只有制定清晰明确的目标,把自己的工作安排得井井有条,才能真正做到有的放矢,才不至于在工作中太匆忙,才能真正地把工作做好,才能真正提高自己的工作绩效。面对问题和困难时,要有恒心和毅力。从一定意义上讲,一个人的责任是坚持出来的,面对问题和困难,应千方百计地坚持寻找解决的方法。"问题止于责任",在问题和困难面前临阵脱逃,就是不负责任的表现。

强烈的责任意识是做好工作、成就事业的精神支撑和力量源泉。"无论一个人担任何种职务,做着什么样的工作,他都会对他人负有不可推卸的责任,这是社会的基本规律,也是道德的基本要求,更是心灵的自然选择"。我们的工作不仅要对公司负责,更要对自己负责。

有很多人一辈子都没有任何成就,其主要原因就是,他们在自己的思想与认识中,并没有理解和树立勇于负责的精神。如果说智慧和勤奋像金子一样珍贵的话,那么还有一种东西则比金子更为珍贵,那就是勇于负责的精神。曾有一位伟人说过:"人生所有的履历都必须排在勇于负责的精神之后。"

从古至今,具有这种勇于负责精神的人们,都是人们喜欢的对象。任何一位平凡的员工,只要他具备了勇于负责的精神,他的能力就能够得到充分的发挥,潜力就能够得到最大限度的挖掘,因而就能为企业创造出巨大的效益。与此同时,他本人的事业也能够得到很好的发展。

当今社会,处处都为人们提供了发展自己事业的机遇。不过,受社会潮流的影响,不少人身上都滋生出了自由懒散、不受约束、不负责任的坏习惯。在这些人看来,这样一个时代,谋求自我实现、自我发展、自己创业当老板才是一件很正常的事情。然而,他们却忘了,只有责任感才能实现自己的价值,也唯有具备勇于负责精神的人,才会受到他人的器重与提拔。

一天中午,整个公司的人都去食堂吃饭了,只有凯瑟琳自己还留在办公室中收拾东西。这个时候,公司的一位董事经过他们的部门停了下来,因为他想让凯瑟琳帮忙找一些信件。但是,这并非凯瑟琳职责内的工作,因为她只是一个普通的打字员而已,可凯瑟琳仍旧回答道:"虽然我对这些信件一点也不了解,不过,我会尽快帮您找到它们,然后送到您的办公室。"当凯瑟琳把找到的信件放到董事的办公桌上时,后者显得非常高兴。

这样过了一个月,有一个部门领导突然辞职了,公司为此召开了一次管理会议。当总经理征求这位董事的建议时,他的脑子里突然出现了那位极负责的女孩——凯瑟琳。在董事的推荐下,凯瑟琳连升了两级,做到了主管。

这个故事没有告诉大家凯瑟琳的能力有多强,可以说完全没有提到她的能力,主要在讲她的负责。她之所以能够连升两级,完全在于她个人对工作积极认真负责的态度,能力至多占了三分而已。

也可以说,勇于负责就是一种积极进取的精神。一个人若想实现自己心中的梦想,决定改变自己的生活现状与人生境遇,首先就需要改变自己的思想与认识。只有学会从责任的角度着手,对自己所从事的事业保持一个清醒的认识,努力培养自己勇于负责的精神,才会取得成功。

古语有云:"不积跬步,无以至千里;不积小流,无以成江海。"每个伟大的工程,都需要一砖一瓦的堆积,每个耀眼的成功人士,也都是从一点一滴中累积而成的。聚沙成塔、集腋成裘,在成功以前,你所做的所有琐碎工作,都极为容易使人厌倦。不过,这一砖一瓦的积累,都离不开你用勇于负责的精神去一点一滴地将它完成。

人们常处于对自己危害极大的误区中,在内心轻视岗位制度与企业纪律,对所有组织与机构中的岗位制度都持有抵触情绪与怀疑态度。在平时的工作与生活中,动不动就以潇洒为理由,表现出一副玩世不恭的态度,以此对待自己的工作与职责,对自己所在的机构或者企业的工作报以嘲讽的态度,一不顺心就离职。这些人在老板或者领导稍不注意的时候,就会自我懈怠、自甘堕落。在集体工作中,他们若没有别人的监督,便很难完成工作。他们对自己的工作推诿塞责、故步自封。他们从不认真地对待自己的工作,以致虚度青春,一事无成。谈不上谋求自我发展,更别说提升自己的人生境界、改变自己的人生境遇、实现自己的人生梦想了,那简直就是痴人说梦。

其实,就算一个人生来就是老板,非常幸运地拥有了自己的事业,但也要对自己的事业认真负责,唯如此才能令公司发展壮大,创造自己的一番成就。因此,只要你还是企业中的一员,就应当抛弃一切借口,清除脑子里的消极散漫思想,全身心地投入到自己的工作当中,以勇于负责的精神去面对自己的工作,时时处处为企业考虑,这才是最值得令人尊敬和欣赏的。如此,才会被企业视为栋梁,得到重要的职位,从而可以面对更广阔的工作舞台。此时,实现自己的事业和理想也就指日可待了。

无论任何人,只要对这个社会有所付出,就会得到社会的回报。不管是荣誉也好、财富也罢,前提就是一定要你转变自己的思想与认识,努力培养自己负责的工作精神。也只有具备了对工作负责的精神,才会拥有改变一切的力量。

　　在残酷的社会现实中，之所以有很多人一辈子都没有任何成就，其主要原因就是，他们在自己的思想与认识中，没有充分认识到责任的重要性。但我们不能说他们没有一点儿能力，只能怪他们常以自由享乐、消极懒散、不负责任、不受约束的态度，对待自己的工作与生活。其结果自然是无奈地沦落为人生中的失败者。因此说，责任很重要，一个人的事业成功与否，在很大程度上依赖于责任，简单来说就是：七分责任，三分能力。

【三】

责任激发潜能

挖掘员工潜能的利器，莫过于提高员工的责任感。在每一个人的身上，都隐藏着惊人的潜能。无论是在工作中，还是生活中，所有的人都应当积极主动地负责做事。唯有如此，才能不断地挖掘出自身的潜力，最终一步步地走向自己的职业理想和人生目标。

责任感能够有效地激发潜能

如果在工作中,不管事情的大小,你都能够比其他人做得好,这就说明你已经把责任感植根于自己的内心深处了,而你的能力也会因此而提高到另一个高度。

童话《绿野仙踪》所讲述的一段故事是:桃乐丝、狮子、机器人以及稻草人一起去翡翠城里寻找一位名叫奥芝的大法师,因为他们希望能够从法师那儿得到解决困难与实现梦想所需要的勇气、决心和智慧。但是到了最后,法师只告诉他们一个很简单的法则:"实际上,达成所追求目标的力量就在你们自己身上。"任何一个人都能够利用自己的力量去解决困难,法师是不能帮上任何忙的。这就是能够为自己开启新生命的、神奇的奥芝法则。

事实上,要想解决问题,并着手完成与达成自己的目的,还需要方法、决心、勇气、智慧以及技巧。而这些能力都潜藏在我们自己身上,需要我们通过不懈的努力,将潜藏于自身的能力充分地挖掘出来才行。

不过,要如何做才能够将潜藏在自己身上的能力挖掘出来呢?这首先就需要我们对工作树立责任感。

比方说,一个人想要改善自己的生活状况,让自己的事业取得更大的成就,那么他就要在工作与生活中对自己的行为切实地负起责任。在日常工作中,不仅要做好那些上司安排自己去做的事,还要积极主动地去做一些应当做的事。无论是公司的需要,还是客户的要求,都应当充分发挥自己的主观能动性,尽自己最大的努力做好工作。

只要有了这种想法,在过去你觉得极为平凡的工作,也会逐渐变得有趣起来。一个人愈是认真负责地专注于自己的工作，从中学到的东西也就会愈多。不过，要想树立责任感，通常不是那么容易就能做到的，需要从许许多多的小事中慢慢积累起来。因此，在工作中，如果不管多么小的事情，你都能够做得比其他人好，就说明你已经把责任感根植在自己的内心深处了，你的能力也会因此而得到开发和提高。在工作与生活当中，只有具备责任感的员工，才会表现得更加出色和卓越。

阿基勃特刚开始只是美国标准石油公司的一名普通的职员，但他无论在什么场合中签名时，都不忘附加上公司的一句宣传语"每桶4美元的标准石油"，在书信及收据上也不例外，签了名之后，也一定写上这几个字。时间一长，同事、朋友们就干脆给他取了个"每桶4美元"的外号，他的真名反而没人叫了。

公司董事长洛克菲勒听说了此事，就将阿基勃特叫了过来，问他："别人用'每桶4美元'的外号叫你，你为什么不生气？"阿基勃特答道："'每桶4美元'不正是我们公司的宣传语吗？别人叫我一次，就相当于为我们公司免费做了一次宣传，我为什么要生气呢？"洛克菲勒感叹道："你时时处处都不忘为我们公司做宣传，正是我们公司需要的职员呀！"于是，洛克菲勒邀请阿基勃特共进晚餐。

五年之后，洛克菲勒从董事长的位子上退了下来，阿基勃特就顺理成章地成了标准石油公司的第二任董事长。他得到升迁的重要原因就是他时时不忘为公司做宣传。你可能会认为，在签名时写上"每桶4美元的标准石油"，这的确并非一件什么大事。严格来讲，这件很小的事情根本就不在阿基勃特的工作职责之内，可他还是坚持这样做了，他将"责任"这个词的含义演绎到了极致。洛克菲勒也曾对自己的手下说过："我成功，就是因为我关注了别人忽视的小事情。"因此，不要因没有什么惊天动地的事情让自己去完成而沮丧，只要积极地对待你所遇到的每一件小事，或许以后的成功就会由此而起。

这的确是件小事,小到每个人只需要多写几个字而已,但是真正去做的却只有阿基勃特一个人,而且还坚定不移去做,乐此不疲。在所有嘲笑他的人之中,肯定有不少人的才华和能力都远在他之上,可是到了最后,只有他成了董事长,这才是最重要的。

我们不妨再看一则故事:

有两个小伙子,同时到一家公司参加面试,他们的表现可以说都是非常的优秀,很难分出高低,然而公司却只能录取其中一个。作为面试官的总经理就说:"这样吧,我交给你们一个任务,你们去非洲的一个小岛上,将我们公司这次生产的皮鞋销售给那里的人,回来以后,我想看看你们的业绩如何。"

于是,这两个年轻人同时出发去了非洲。一个月之后,他们回来了,第一个人说:"不是我卖不出去皮鞋,可重要的是,生活在那里的人根本就不穿鞋,我们怎么会有市场呢?去那儿推销皮鞋,根本就是在浪费精力。您若是早点告诉我那里的人都不穿鞋的话,我就不会去那里了。我认为,一个聪明的人应当到一个适合自己的地方去工作,而少走或者是不去走弯路,这就是我的答案。"

到了第二个年轻人,他则显得十分高兴。他对总经理说:"那里有广阔的市场前景,完全出乎了我的预料。原来那里的人根本就不知道穿鞋的好处,刚开始我先让他们试穿一下,感觉好了就买,感觉不好也没有关系,还可以退回来。但是令我想不到的却是,当他们穿上鞋子以后,就不想再脱下来了。我们这次生产的皮鞋,全部都被他们给订购了。而且,我还带回来了一笔非常大的订单。"第二个人用自己的实际行动,给了总经理一个满意的答案。

此时结果已经是非常明显了。总经理总结性地说道:"真正的人才,绝对不是自封的,而是确实能创造出个人价值的。第二个青年用他自己的实际行动告诉我,他值得被重用,因为他能正视现实,努力做好自己的工作,并能够成功地完成任务。这就是他的责任与能力之所在,也正是由于他对工作的责任感,才让他的能力表现得这样卓越。"

相信无论是哪位老板,都会喜欢第二个年轻人的,他确实值得被重用,因为他是一个能对工作负责到底的人。也是由于负责的态度,才让他最终获得了器重。

其实,任何一个人都有自己所要担负的责任。对工作、家庭以及亲朋好友,每个人都有特定的责任,绝对不要自以为是,而忘了自己的责任所在。对于这样的人,巴顿将军有一句名言说得好:"自以为了不起的人一文不值。只要让我遇到这种军官,我会马上调换他的职务。每个人都必须是心甘情愿地为完成任务而献身。一个人一旦自以为了不起,就会想着远离前线。这种人就是地道的胆小鬼。"巴顿将军所强调的就是,在战场上,任何人都应该学会付出,到最需要你的地方去,做你该做的事情,而不能忘了自己的责任。

在每个人的身上,都隐藏着一种惊人的潜能。在工作中,所有的人都应当积极主动负责地做事。唯有如此,才能不断地将自身的潜力一点点地发掘出来,进而一步步地实现自己的职业理想和人生目标。

在人生的漫漫旅途中,前路总是充满着坎坷和挫折的。面对不如意的现实,我们唯有勇敢地承担起责任,积蓄着自己的力量,充分地发挥自己的潜能,才会拥有更加光明灿烂的未来。

承担责任,磨炼能力

福特汽车创始人亨利·福特曾经说过:真正有意义的工作,从来都不是轻松容易的,你所承担的责任越重,你的工作也就越难做。

但凡有大成就的人,他们都存在着一个共同的特点,那就是强烈的责任感。正是因为有了这种责任感,他们的能力才会不断地提高,平台也不断扩大。具备担当意识和责任感的人,必然能够在工作中获得更多的发展机会。

在心理学上,有一个关于心理暗示的概念,我们平时对待工作的态度,就是一种很强的心理暗示,这种心理暗示会在潜移默化中影响我们的行动,左右我们的成败。逃避责任是一种消极的心态,承担责任则是积极的心态。勇于承担责任的人,能力会在责任的承担中不断增强;而逃避责任的人,其能力则会在逃避和推脱中日渐"萎缩"。因此,我们可以得出这样的一个结论:承担责任,可以令弱者变成强者,强者变得更强;而逃避责任,会令强者变成弱者,弱者则越变越弱。

有这样一个故事:

某天线公司生产的产品质量不错,可是有一年的销量不佳,眼看员工们就要领不到工资了,老板对此事很是头疼。于是,他来到营销部,让大伙儿针对天线的营销工作各抒己见,畅所欲言。

营销部的经理叹息地说道:"人家的天线隔个几天就在电视上打广告,而我们公司的产品却毫无知名度,我看这库存的天线就够呛。"营销部里的其他人也随声附和着。

老板扫视了一圈后,把目光停在了刚进公司不久的一位年轻人身上。老板走到他面前,让他说说自己对公司营销工作的看法。

这位年轻人告诉老板,在他的家乡有十几家天线生产企业,唯有001的天线在全国的知名度最高,品牌最响,其余的都是几十人或上百人的小规模企业,但却无一例外都有自己的品牌,有两家小公司甚至还把大幅的广告,做到001集团的对面墙壁上,敢与知名品牌竞争。

老板静静地听着,并挥挥手示意年轻人继续讲下去。

年轻人接着说:"我们公司生产的天线今不如昔,原因也有很多,但归结起来主要还是我们的销售定位和市场策略不对。"

这时候,营销部经理很生气地说:"你只会纸上谈兵,尽讲些空道理。现在全国都在普及有线电视,天线的滞销是由大环境造成的。公司在甘肃那边还有5000多套库存,你有本事就推销出去,营销部经理的位置我让给你坐。"

年轻人提高嗓门朗声地说道:"现在全国都在搞西部的开发建设,我就不信我们质优价廉的产品连人家的小天线厂也不如,在偌大的甘肃,难道我连区区5000多套天线也推销不出去?"

几天之后,年轻人就风尘仆仆地赶到了甘肃,他跑遍了兰州几个规模较大的商场,但是几天下来却毫无建树。

可是他没有放弃,而是走访附近的居民,倾听他们的意见。终于,让他得到一个消息:"一个农场由于地理位置关系,买的彩电都成了摆设。"

听到这则消息,年轻人如获至宝,他当即带上十来套样品天线就去了那里。当地人告诉他说,这里夏季雷电较多,以前常有彩电被雷电击毁的事件发生,不少天线生产厂家也派人来查过,他们也知道问题都出在天线上,可查来查去都没有眉目,使得这里的几百户人家再也不敢安装天线了。

于是,年轻人就拆了几套被雷击的天线,发现自己公司的天线与他们的一样。年轻人做了很多试验,最后终于弄明白,原来是天线放大器的集成电路板上少装了一个电感应元件。这种元件在任何型号的天线上都是不需要的,它本身对信号的放大不起任何作用,但是没有这个元件就等于使天线成了一个引雷装置,它可以直接将雷电引向电视机,导致线毁机亡。

找到了问题的症结所在,一切问题自然就迎刃而解了。不久,年轻人将从商厦里拉回的天线放大器上,全部加装了这种电感应元件,并将此天线先送给农场的场长试用了半个多月。期间曾经雷电交加,但农场场长的电视机依旧安然无恙。此后,仅这个农场就订了500多套天线。热心的场长还把年轻人的天线推荐给附近5个农场,又销出2000多套天线。

一石激起千层浪,短短半个月,一些商场的老总主动向年轻人要货,连一些偏远县市的商场采购员也闻风而动,原先库存的5000多套天线当即售罄。

一个月后,年轻人返回公司,公司就如同迎接凯旋的英雄一样,披红挂彩夹道欢迎。营销部的经理也已主动辞职,公司正式任命年轻人为营销部经理。

这个年轻人,虽然只是一个普通的员工,但是他所表现出的强烈的责任感,才是他胜过原营销部经理的真正原因。

责任感最能激发个人自身潜在的能力、克服困难的能力和创造事业的才能,使人不断地承受压力、挑战自我,创造性地开展工作,出色地完成各项工作任务。

当然,承担责任、做强者都是需要付出代价的,但相对于今后辉煌的人生来说,对这些"负重前行"的成本的投入是绝对值得的,它是令你成长为强者的基础。

有许多企业的领导,都非常羡慕联想的柳传志,因为他有两个很好地接班人——杨元庆、郭为。但是很多人却不知道,柳传志为了培养这两个人,前后"折腾"了他们多年。柳传志的用意只有一个:只有勇于承担责任,才会让人变得更强。

1988年,24岁的杨元庆进入联想工作,公司给他安排的第一份工作是做销售业务员。多年以后,杨元庆还清楚记得当时他骑着一辆破旧的自行车,穿行在北京的大街小巷,去推销联想产品时的情景。

虽然刚开始杨元庆并不喜欢销售的工作,但他觉得那是自己的责任,干得非常认真,并且卓有成效。正是有了销售工作的历练,杨元庆后来才能够在面对诸多困难时而毫不退缩。也正是杨元庆敏锐的市场眼光和出色的客户服务,才引起了柳传志的注意。

1992年4月,联想集团任命杨元庆为计算机辅助设备(CAD)部总经理。杨元庆在这个位置上依旧尽职尽责,不仅创造出了很好的业绩,而且还带出一支十分优秀的营销队伍。

1994年,柳传志任命杨元庆为联想微机事业部总经理,把从研发到物流的所有权力都交给了杨元庆。

为了磨一磨杨元庆倔犟的脾气,在1996年的一个晚上,柳传志在会议室里当着大家的面,狠狠地骂了他一顿:"不要以为你所得到的一切都是理所当然的,你这个舞台是我们顶着巨大的压力给你搭起来的……你不能只顾往前冲,什么事都来找我柳传志讲公不公平,你不妥协,要我如何做?"一点都没有给杨元庆面子。柳传志在杨元庆被骂哭后的第二天给杨元庆写了一封信:只有把自己锻炼成火鸡那么大,小鸡才肯承认你比它大;当你真像火鸡那么大时,小鸡才会心服。

杨元庆回忆起当时的情景说:"如果当初只有我年轻气盛的做法,没有柳总的妥协,联想就可能没有今天了。"

2001年4月,37岁的杨元庆正式出任联想的老板兼CEO。柳传志在给他的一份新的责任时,也给了他一份新的机遇。而杨元庆在承担起这份责任时,恰恰也抓住了这个机遇,在磨炼中让自己得以不断成长。

经过不断地"折腾",杨元庆最终被练成了一块好钢。柳传志就是让他们在不断的锤炼中成长,让他们承担起责任,使他们的能力在承担责任的过程中不断提升。

能力永远需要责任来承载,只有主动承担责任,我们的才华才能够更完美地展现,我们的能力才能更快地提升,才能为自己赢取更多的发展机会。

承担多大责任，获得多大成功

英国前首相温斯顿·丘吉尔曾说过："伟大的代价就是责任。"可以说，一个人担当的责任愈大，取得的成功也就会愈大。

不用调查也知道，很多人都羡慕当总统的人。作为一个国家的最高领导人，总统外出时有车队相随，威风八面；发表演讲时名流云集，一呼百应，场面甚是宏大壮观；出国访问任何一个国家，都会受到最高规格的礼遇，享尽无限风光……这些，差不多所有的人都会向往。不过，若再仔细想一想总统身上担负的责任：国家安危、经济发展、民生劳苦……此时，你还会羡慕吗？

也许你会说，总统距离我们太遥远了，羡慕也是不现实的。那你是否羡慕你身边的人呢？比如你的老板？通常而言，作为一名老板，都会拥有一份自己的事业，对于所有在职场中摸爬滚打的人来说，最有吸引力的还是老板拥有自己的公司。如果想保持企业持续、健康的发展，老板一定要想尽各种办法做好战略规划，一旦战略有误，或许就会令企业陷入破产的困境。如果老板不愿意聘用职业经理人，那么他还要参与企业的具体管理，严格把关每一项运营计划，并追踪计划的执行情况，甚至参与到执行的细节当中。此时也许你就会发现，做老板其实也很不容易。在老板风光的背后，是一份更沉重的责任。而你没有像他一样取得成功，就是因为你担负的责任远比你的老板小得多。

在艾柯卡担任福特汽车公司总裁期间，因为他功高盖主，被董事长小福特当做威胁家族事业的眼中钉。因此，小福特解除了艾柯卡总裁的职务,还故意使他难堪,让他做了一名普通的员工,在一间脏乱不堪的库房内工作。而此时,艾柯卡则跌入了人生的最低谷:"我不知道自己将要干什么,可我知道我明天绝对不会再到这里来上班了!"这就是艾柯卡当时的内心独白。

恰好当时的克莱斯勒汽车公司背负着巨大的债务,濒临倒闭。于是,艾柯卡索性接受了这家公司的总裁职务。此前,他并不十分了解该公司的情况,进入以后才发现,实际情况比他想象中的要困难得多。艾柯卡坐在一间既简陋又冷清的办公室里,他有点后悔了。他甚至想,要是早知道这些情况,自己就不会来了。不过,他是一个具有强烈责任感的经理人,既然来了,他就下定决心担负起自己的责任,背水一战。

随后,艾柯卡进行了一些初步调查,了解到公司的管理层是由35位自以为是、自命不凡,而又并非真正喜爱汽车行业的人组成的,谁也不干涉谁,谁也管不住谁,这也正是这家公司的问题所在。为此,艾柯卡决定利用3年的时间来改变公司的面貌。

首先,艾柯卡决定来一次"大换血"。平均一个月解雇一位高层管理者,先后共革职了33位总监级别的人物,只保留了经营与财务两位副总裁;坚决地将一些无所事事的员工开除,同时还将被埋没的人才提升,招聘有进取心、有经验又勤快的新员工进厂。仅第一年,他就辞退了1000多人,首选对象就是那些没有经验、被老领导惯坏了的大学生。

其次,高薪聘请了一些在汽车行业里有策略、有头脑的退休"老将"担任公司顾问,认真地听取他们的建议。

第三,改变企业的形象、作风以及习惯。实现"全员管理,人人有责",为降低成本、提高质量而共同努力,改变懒散的风气。

第四,用竞争对手汽车的价格、质量、设计来挑战员工,激发员工的斗志。

第五,艾柯卡用1.5亿美元的巨额费用,大打广告,这让用户感到震惊,更令对手们愤怒。

第六,艾柯卡还向客户做出惊人的承诺:汽车售出之后,先试用3个月,依旧想购买其他公司汽车的客户,除退还一切费用以外,还赠送50美元。结果,仅有0.2%的人退车,而汽车销售厅内买车的人则是拥挤不堪。

最后,他规定:管理层每人每月只拿一美元薪水,同时还要拼命地工作。艾柯卡说:"我不进地狱,谁进地狱?"从而带动全体员工自动减薪,同舟共济,以求渡过难关。

两年后,克莱斯勒公司终于实现盈利。艾柯卡立即召开新闻发布会,其目的在于为公司赢得声誉、赢得信心。到了第5年,该公司的股价急剧上涨,2600万增发股票也被迅速抢购一空,总共融资4.3亿美元,这在美国股市上也是史无前例的。接着他又召开第二次新闻发布会,宣布克莱斯勒公司开始再次腾飞。艾柯卡成功了!此时,甚至有很多美国人都想选举艾柯卡担任美国总统。

很明显,要是艾柯卡在知道克莱斯勒公司所面临的困难后,不愿意担负拯救克莱斯勒的重大责任,而是寻找借口退出这家公司,那他也就不会取得这么大的成就,更不会得到美国人的尊重。正是他敢于担当重任,才成就了艾柯卡传奇般的人生。好好反思一下自己,看看自己在企业中的地位,你会有什么感触?对于任何一项工作,你都得认真地对待,并担负起相应的责任。特别是在面对那些既复杂、难度又大,而且充满风险的工作,你是迎难而上还是寻找各种借口逃避呢?若是前者,你今天肯定比那些不敢或不愿担负责任的"逃兵"更成功。经过锻炼,你的能力也会得到很大的提升,能够解决很多他人解决不了的工作困难,尤其是你敢于担负重任的精神,会让你的上司认为不管将多么重要的任务交给你,他都很放心。所以,你也一定会得到上司的欣赏,在地位与经济收入得到相应提升的同时,你也将实现更大的自我价值。

当然,一个人担负的责任愈大,其付出也就会愈多。这也是许多人不愿意担负重大责任的主要原因。他们不愿意将工作的时间全部投入到工作当中,更不想在下班以后还要考虑工作,因为那样会影响到自己的休闲生活。毫无疑问,这样的人是不会取得很大成就的。也有一些员工,他们因为对自己的能力不自信,担心自己担负不了重任而陷入麻烦当中。事实上,所有人身上都有未发挥出来的巨大潜能。美国学者詹姆斯指出,一般人只发挥了自己所蕴藏潜力的十分之一,和应该获得的成就相比,只是发挥了一小部分能量而已,利用了身心资源的极小一部分而已。只要你决定担负起责任,并努力去做好自己的工作,一些令你害怕不能完成的任务,常常也是能够圆满完成的。

　　一天,在一家大银行担任部门主管的比尔,被人力资源部的经理叫进了办公室。原来有位部门主管突然辞职了,留下了许多需要紧急处理的工作。人力资源部经理已与其他两位部门主管谈论过这件事,想让他们暂时接管那个部门的工作,可他们都以手中的工作非常忙为由,委婉地推辞掉了。人力资源部经理问比尔是否能够暂时接管这一工作。其实,比尔也十分为难,因为他也非常忙,而且无法确定自己是否能够同时胜任这两份工作。不过,在他看来,既然人力资源部经理信任自己,自己就应该尽力而为。因此,他当即答应接管了那个部门的工作,而且保证尽力去完成。

　　整整一天下来,比尔都忙得没有歇口气。下班之后等他冷静下来,就开始认真思考应当如何提高工作的效率,如何在同一时间内做好两份工作。为此,比尔快速制定出了方案,第二天就采取了实际行动。例如,他和秘书约好,将下级的汇报工作都安排于同一个时间段,将一切拜访活动都集中安排于某一个时间,凡不是紧急且重要的电话,都安排于一个固定时间回复,将普通会议从原来的30分钟缩短至10分钟,每天对秘书的口授也都集中于同一个时间内。如此一来,他的工作效率就得到了明显的提高,两份工作也都处理得非常好。

　　两个月之后,银行决定将这两个部门合二为一,一切工作由比尔负责,而且还大幅提升了他的工资。

其实,每个人都应当时常问自己:"我还能承担什么责任?"而非因循守旧地重复着没有挑战性的工作。多考虑一下,除了做好手中的工作以外,自己还能为企业做些什么,就算每天多做一点点,工作也会得到改观,整个计划也会得到促进。

赶快承担起自己的责任吧,并且你应该以自己所承担的重任为荣。唯有具备了责任感,唯有承担了比别人更大的责任,才会成为企业的顶梁柱,才会获得更大的成功。

责任使人吸取经验

不知道大家是否知道,美国成功学演说家金·洛恩曾说过的一句话:成功不是靠追求得来的,而是被改变后的自己主动吸引而来的。

也有人说:"如果环境更好一些,我的成就可能会更高。"一个好的环境,的确有助于造就一个成功的人生,但是好的环境却是可遇而不可求的。对于我们大部分人而言,好的环境始终是不可控的因素。在我们难以改变的环境面前,我们还能改变什么?我们有能力改变吗?

曾有一位父亲极爱酗酒、吸毒、盗窃、抢劫,无所不为,穷凶极恶,最后死在了狱中。他有两个儿子,大儿子步其后尘,堕落成为罪犯,将在铁窗内度过一生;而次子却成了一位著名的律师,拥有极佳的口碑和美满的婚姻。如此的反差,引来了人们的关注。于是,记者对他们分别进行了采访。当问及他们何以能够走上今天的道路时,兄弟俩的理由竟然完全地一致:"有这样的父亲,我还能有什么办法呢?"

同样一个家庭,同样的环境,兄弟俩的差别竟然如此之大。那么,又是什么导致了这两个大相径庭的人生呢?是环境吗?似乎是,又似乎不是。因为环境只是影响其成败的众多原因中的一个因素,但绝不是决定性的因素。

影响我们成功的因素,可以概括为客观因素和主观因素两大类。客观因素就是我们身处的外部大环境,例如社会环境、学习条件、企业用人需求、人脉资源、个人机遇等,这些构成了我们成功所需要的"外部环境"。与此对应,个人的能力、品格、心态、责任感等主观因素,就构成了我们成功所需要的"内在环境",其中责任感是这些内在主观因素的核心。一个有责任感的人,自然会有脚踏实地的心态,这样的人即便能力平平,也会比其他人拥有更多的成功机会。因为只有在承担了更多的责任后,自己才能够从中吸取到更多的经验,促使自己去探寻成功。

韩国电视剧《大长今》里有这样一段剧情:长今为了帮助朋友,私自出宫犯了戒律,被发配到多栽轩种药草。根据往日的经验,凡被赶出宫的人,肯定是再也没有机会回到宫中了,长今当时也很绝望。但更让人绝望的是,多栽轩从长官到普通宫女,整天不干正事,除了喝酒,就是睡觉,他们对自己的生活已经失去了希望。那是一个可怕的环境,足以消磨人的斗志和信念,几乎所有来这里的人都已变得麻木和无所作为。

但是,长今就是处于这样一种恶劣的环境下,人们都认为她可能下辈子还待在这个鬼地方时,事情却在长今强烈责任感的感召下,出现了转机。

多栽轩的长官告诉她,有一种很珍贵的药材,在这里从来没有人种植成功过,所以非常昂贵。贫穷百姓买不起,只能放弃使用,导致病情加剧。长今在听到这件事情后,马上意识到了自己能够做什么了,并且明确了自己在多栽轩的责任。

于是,长今决心种植这种药材。她挖开一条垄沟,播下了种子,在浇水几天之后依然不见发芽的迹象。有时候种子还没等到发芽便腐烂了。除了撒播方式，长今还试了条播、点播等方式。她试过浇少量的水，也试过充足的水分给养，还试过连续几天不给浇水。全部肥料也都试过了一遍，甚至浇过自己的尿液，然而这一切努力，始终都没有效果。历经了多次失败以后，长今就开始翻阅所有关于这方面的书。经过不懈地努力，终于让她成功地种植出了这种珍贵的药材，多栽轩轰动了，所有的人都来帮助长今种植这种稀有的药材。

多栽轩恶劣的环境并没有改变长今的意志，而长今却影响了多栽轩所有的人。在很多时候，我们没有办法选择自己生存的环境，唯一能做的就是在多变的环境里保持自我，明确自己的责任。如果我们能够像长今一样，勇于用责任去改变自己的"内在环境"，一切都是可以做到的。只有先改变自己，才能彻底改变自己的命运。正所谓"责任制造环境，环境孕育成功"，这句话还是有一定道理的。

唯物辩证法认为，"内因是决定性因素，外因通过内因而起作用"。内因就是内部环境，外因就是外部环境。我们无法改变外部环境，但我们可以承担更多的责任，改善自己的内部环境，不断的优化提升自己的能力，时刻升级自己的"软件"。当硬件(外部环境条件)具备的时候，我们就能够像下文案例中的王女士一样，顺利地取得成功。

王女士原是北京一家工厂的挡车工。下岗以后，她也尝试过去找工作，但是因为自己的学历低，她最后只能在北京的贵宾楼饭店当一名保洁员。

贵宾楼对保洁员的要求极为严格，8小时的工作时间内要不停地进行擦拭和清扫。一天忙碌下来，常常令王女士疲惫不堪，饭都不想吃，只想休息。没过多长时间，和她一起来的几个同伴都因承受不了保洁工作的劳苦而辞职了。家里人也劝王女士不要在那受罪了。不过，她却想：自己作为一名下岗女工，自身也没有其他的技能，选择工作的机会不多，干一行就要爱一行,既然已经干了这一行,就要把它干好。由于她对工作的认真负责,得到了领导和客人的一致好评,不久便由保洁员上调到了商品部当销售员。为了适应新的工作,她努力学习商品的销售知识、销售技巧以及商业英语等。而且她还热心地对待每一位顾客,销售额逐月上升,多次受到领导的奖励。不久,她又得到了提拔,成为销售部的副主任。

王女士由一名将近不惑之年的下岗女工,本着"少抱怨他人和社会,多改造自己"的人生理念,对自己的工作尽职尽责,用责任心为事业铺路,终于成长为企业的管理人员。

中国儒家自古就有修身、齐家、治国平天下的主张,讲的就是先从改变自己的"内在环境"入手,穷则独善其身,达则兼济天下。事实上,当我们试着去培养自己的责任心,在工作和生活中主动承担更多的责任时,成功的机会很快就会降临在自己头上。

正如《彷徨少年时》的作者赫塞所说:"生命究竟有没有意义并非我的责任,但是怎样安排此生却是我的责任。"责任是一种选择,责任伴随着每一个生命的始终。无论何时、无论何地、无论何种原因,你唯一能改变的就是提升自己,改善自己的"内部环境"。如果连自己都改变不了,那么你更不可能改受任何人或事。因为,承担责任,会让我们汲取到更多的经验,得到更快的成长机会。

责任激发热情,赢得成功

无论是谁都不愿意整天和一个无精打采的人在一起,也没有哪家企业的老板会提升一个在工作中没有活力的员工。因为一个人在工作的时候缺少活力,不仅会降低他个人的工作能力,还会将这种不良的精神状态传染给其他人。

在职场中,如果一个人对自己的工作充满了激情,不管他是在哪家企业上班,他都会觉得自己所做的事情是全世界上最神圣、最崇高的一项职业。即使工作难度再大,或者质量要求再高,他始终都会认认真真、不急不躁地将它做好。

其实,只要拥有了激情,就意味着受到了鼓舞,而鼓舞恰恰又为激情提供了必要的能量。赋予你所从事的工作以重要性,激情就会自然而然地得以产生。就算你的工作没有吸引力,但只要善于从中寻找到独特的意义与目的,也就会有激情的。

一旦人们对自己的工作充满了激情,那么,他就会尽自己最大的努力做好这项工作。此时,他的自发性、创造性及专注精神等,都会在工作的过程中体现出来。

很多年来,雅诗·兰黛一直都是《财富》和《福布斯》等杂志富商榜上的传奇人物。这位当代的"化妆品工业皇后"白手起家,靠着自己的智慧与对工作以及事业的高度热情,成为全球著名的市场销售专才。她独自创办的雅诗兰黛化妆品公司,是第一家推出买化妆品赠送礼物的公司,并很快脱颖而出,走在了同行的前列。她之所以能够创造出这样辉煌的成就,并非完全靠世袭,而是靠自己对待工作与事业的激情得来的。在她80岁之前,每天都能够斗志昂扬、精神饱满地工作10多个小时,她对待工作的态度与旺盛的精力的确让人惊讶。现在的兰黛,在名义上已经退休了,但她却依然精神抖擞地游走在名门贵客之间,为自己的企业做着无形的广告。

有很多人对自己的工作始终都不能产生足够的激情和动力,原因就是他根本就不知道自己为什么需要这份工作。

其实,能够拥有一份工作是幸福的。美国汽车大王亨利·福特曾经说过:"工作是你可以依靠的东西，是个可以终身信赖且永远不会背弃你的朋友。"拥有亿万财富的汽车业巨子，尚且如此地热爱工作，那么像我们这样的凡人，似乎也难以找出不热爱工作的理由吧。

从热爱工作到对工作产生热情，是一个了解并渐渐深入工作的过程。随着工作的深入，热情可以转化成激情。

在工作中，激情是你最好的朋友，是否具备这种古老的狂热精神，决定了你能否得到期望的工作，能否拿到订单，更加关键的是，这还决定着能否保住你的工作。

可以说，激情是高水平的兴趣，是积极的能量、感情与动机。在你的心目中，你所想的就决定着你的工作成果。当一个人真正拥有了工作的激情时，就会发现自己浑身都有感染力，目光闪烁、反应灵敏。这种神奇的力量，会让自己以完全不同的态度对待其他人、工作以及整个世界。

伟大的人物对人生的使命、热情可以谱写历史；而对工作充满热情，则可以改变一名普通员工的人生道路。下面故事中的威尔斯正是依靠自己对工作的高度热情，创造了无数奇迹。

刚转入职业棒球界没有多长时间，威尔斯就遭受到了有生以来的最大一次打击，他被约翰斯顿球队解雇了。球队的经理认为，他的动作无力，所以让他卷铺盖走人，并且对他说:"你这么慢吞吞的，根本就不适合在棒球场上打球。威尔斯，假如你在离开这儿以后，不管到什么地方做任何事，如果再提不起精神来，你就永远不会有出路。"

而就威尔斯个人来说，除去打球外可以说是一无所长，无可奈何之下，他只好去了宾夕法尼亚州的切斯特球队。随后参加的是大西洋联赛，一个级别非常低的棒球联赛。与约翰斯顿队的175美元相比，每月只有25美元的工资令他找不到一点工作的激情，可是他想:"我必须做到激情四射，因为我还要活命。"

来到这个球队的第三天，威尔斯就认识了一个老球员丹尼。丹尼劝他不要参加这种低级别的联赛。威尔斯非常沮丧地说："在我还没找到更好的工作以前,我什么都愿意做。"

一周以后,在丹尼的引荐之下,威尔斯顺利地加入了康涅狄格州的纽黑文球队。在这里没有人认识他,更不会有人责备他。在那一刻,威尔斯在心底暗自发誓:"我要成为整个球队中最具活力、最有激情的球员。"这一天也成为他生命中最难忘的日子。

威尔斯每天都如同一个不知道疲倦与劳累的铁人一样,在球场上来回奔跑,球技也提高得非常快,特别是投球,不仅迅速而且极为有力,有的时候竟然能够震掉接球队友的护手套。

在一次重要的比赛中,威尔斯的球队遇到了实力强劲的对手。当天的温度达到了102度华氏(约39摄氏度),球场周围就如同有一团烈火在炙烤,在这种情况下比赛,非常容易让人中暑晕倒,可威尔斯并未因此而退缩。在接近比赛结束的最后几分钟内,因为对手的接球失误,威尔斯抓住了这个千载难逢的好机会,快速攻向了对方主垒,从而赢得了决定胜负的非常关键的一分。

这种发狂一样的激情,令威尔斯有如神助,帮他起到了三重效果:第一,让他忘掉了恐惧与紧张,掷球速度比赛前预料的还要快;第二,他"疯狂"般的奔跑感染了别的队友,使他们也变得充满了活力,这让他们在气势上完全压倒了对手;第三,在这么闷热的天气中比赛,威尔斯的感觉特别好,这是在过去从未有过的。

在比赛过去之后,威尔斯的月薪就涨到了185美元,与在切斯特球队每个月的25美元相比,他的工资竟然猛然涨了7倍之多,这也让他有点不敢相信,他根本不知道还有什么能够令自己的工资涨得如此之快!当然,除了"激情"。

每一位老板,都不愿看到自己的员工在工作的时候都无精打采,也没有哪个老板会提升一个在工作中没有活力的员工。假如一个人在工作的时候缺少活力,就会大大降低其工作的效率,这还会影响到他身边的其他同事。

蓝色巨人IBM公司的人力资源部部长就曾经对记者说过："从人力资源的角度来说，我们希望招聘来的职员，都对自己的工作充满了激情。这样的人虽然对行业涉猎较浅，年纪也较轻，但是一旦他们投入到工作当中去，工作中的任何困难也就不能称作困难了，因为这种激情激发了他们身上所有的钻研细胞。此外，他身边的同事也会受其感染，从而产生出认真对待工作的激情。"

在麦当劳汉堡店里上班的员工，他们的工作非常简单，并且有着一套极为有效的生产作业流程在背后支援。同时，他们也不会受到苛刻的要求，与顾客打交道也不会面临什么困难。然而就是如此简单的工作，让员工们对此倾注了百分之百的热情。他们始终面带微笑，很有礼貌地为顾客服务。对于工作的热情让他们做事敏捷，工作的速度既快质量又好。

作为一名员工，其工作的热情就像生命一样。依靠热情，你可以将枯燥无味的工作变得生动有趣，让自己的生活充满活力，培养自己对事业的狂热追求；依靠热情，你可以感染身边的同事，让他们理解与支持你，拥有良好的人际关系；依靠热情，你可以释放出潜在的巨大能量，养成坚强的个性；依靠热情，你更可以得到老板的器重与提拔，获得珍贵的成长与发展机会。

作为一名员工，如果缺乏热情，就无法做到始终如一、高质量地完成自己的工作，更不会做出创造性的业绩。如果没有热情，你就永远无法在职场中立足与成长，永远不会拥有成功的事业和充实的人生。然而，这一切都将依赖于责任，只有勇于担负责任，才能充分激发内心的激情，工作有了激情，才能够赢得整个世界！

用责任感鞭策自己不断进取

人的能力和智慧都是随着工作中的不断努力学习得以提升的,无论现在的你处在什么职位以及哪个职业阶段,都必须坚持学习的脚步,把你所做的工作看做是最好的学习课堂。

通用电气公司(GE)首席教育官、GE发展管理学院院长鲍勃·科卡伦在《我们如何培养经理人》一文中提出:"在GE内部,一旦你进入了公司,无论你是来自哈佛大学,还是一个不起眼的学校,这一切都将不再重要。因为一旦你进入公司,就说明你现在的表现比你过去的所有经历都更重要。

"当你在从事一项新工作,做得不是太好时,这没有关系,因为我们知道你是在学习阶段,你能追上来。因为我们希望人们的表现高于一般的期望值,达到出色的标准。不过期望值并不是一成不变的,期望值会随着时间的变化而变化。假如其间你停止了学习,一段时间之内一直表现平平,同时,你的期望值因为竞争的关系、客户的需求,以及技术的进步和上升,而你却不再去学习,你就可能会被淘汰掉。要知道在企业中,老板最喜欢看到的就是,工作业绩的期望值年年都有所上升。如果你今年的销售额达到2000万美元,明年就要达到2200万美元,而在接下来的年头,你需要做得也会更多。

"一旦你停止了学习,从个人的角度看这个问题,就好像水在涨,而你就站在那里,如果你不会游泳,就会被淹死了。这对你的个人和事业来说都是一件坏事。"

对于一名优秀员工的成长历程来说,学习是十分重要的。从不懂到懂，再到成为专业的能手，就是一个不断学习实践的过程。不去学习就将会失去竞争力，好员工永远会把"学习、学习、再学习"作为自己的座右铭。在勤奋和好学的基础上，员工也自然而然会在实际工作中发现新思路、新做法，这样的员工才称得上是优秀的员工。

在当今的社会中，知识存在两大特点：一是积累较多，知识量大，多得让人眼花缭乱、目不暇接；二是增长速度快、发展快，快得瞬息万变、日新月异。这就大大加快了人力资本的折旧速度。今天，西方的白领阶层流行着这样一条关于知识的折旧定律："一年不学习，你所拥有的一切知识就会折旧80%。"也就是说你今天不懂的东西，到明天早上就过时了。现在，你个人关于这个世界的绝大部分观点，可能在两年之内就会永远地成为过去。

因此，唯有持续不断地学习，才能跟得上时代发展的步伐，也只有那样，你的工作能力才能够适应社会竞争的需要。现在的中国早已加入了世界贸易组织，贸易与国际接轨，企业若是再故步自封，就会被进入中国市场的列强挤垮，要是不清楚国际贸易的规则，不会灵活运用这种规则，就会很轻易地在贸易战中陷入被动，甚至会给公司造成巨大的损失。

基于对企业的责任，对工作的责任，作为员工应当自觉地学习新知识、新技术以及新经验。要不断地提升个人的工作能力，令自己无论在面对任何复杂与困难的局面和形势时，都能顺利地将计划或者任务完成，并且力争做到完美。否则，你随时都有可能会被淘汰出局。假如你还心存侥幸，继续吃老本，不愿意主动替自己"充电"，不管你到哪家企业，都将无法避免再次被淘汰的命运。

学习的方式方法可以有很多种。只要是你所在的公司是一个"学习型的组织"，公司就会年年为员工制订各种培训计划、组织参观学习、开设讲座等。对于每一个机会，你都要积极主动地争取。假若你不在企业培训的范围当中，那你也可以选择用自己"充电"的方式，去学习那些你急需掌握的新知识、新技能,或者将来你会用到的知识与技能。千万不要舍不得"学习的经费",或者觉得培训只是企业的事情,而放弃自己"充电"。因为你通过自主的"充电",可以更快增长自己的知识,提升自己的能力,让你在激烈的竞争中站稳脚跟,其意义是无法用金钱来衡量的。

当然,最佳的学习方式还是在工作中学习。你不妨将工作中遇到的难题当做突破口,从中学习解决问题的方法以及有关的知识,并总结经验,从而提高个人的工作能力。这种学习方法不仅非常有效,而且也是最节约成本的。

卡莉·费奥瑞纳女士是惠普公司前董事长兼首席执行官,她的职业生涯是从秘书工作开始干起的。那么她是通过怎样的方式,提升自我的价值,进而迈向成功,并最终成为"全球第一女CEO"的呢?

她的答案就是坚持不懈地在工作过程中学习。

法律、历史和哲学方面的知识她都曾经学过,可这些并不是卡莉·费奥瑞纳最终成为CEO的重要条件。她不是光靠学习技术出身的,在惠普这样一家以技术创新而实现领先的公司中,她是通过自己坚持不断的学习,才在这个属于男人的世界中脱颖而出的。

卡莉·费奥瑞纳曾说:"一个成功的CEO最起码的要素,就是要不断学习。在这里所说的不断学习,就是要不断地总结工作中的经验,对于新的环境和层出不穷的变化,要学会不断地适应,不断地总结过去的工作方法和效率,以便找出更佳的工作方法。最初,我也做过一些不起眼的工作,可是我还是以自己的兴趣为出发点,找到了最适宜自己的位置。原因就是只有我的工作与我的兴趣相符,我才能以最大的热情,在工作中最大限度地学习新的知识和经验。在惠普,并不是只有我自己需要在工作中不断地学习,整个惠普都有激励员工学习的机制,大家每过一段日子就会坐在一起,做一次相互交流学习,以此来相互了解对方和整个公司的动态,了解业界最新的动向。正是这些小事情,才保证了大家紧紧与时代共进的步伐,并在工作中找到充实自己、不断提升自身才能的方法。"

天生就具备领导能力的人是罕见的,也可以说根本就没有,一个人只有在工作中坚持学习,不断地积累实践经验,才能走向成功,成为一个真正成功的领导者。

其实,我们所说的在工作中不断学习,并非必须脱离本身的工作。如果你想要学习的话,在工作过程中学习也是一样的,只要你想学、用心刻苦努力,就肯定能够学好。假如你对自己的工作非常感兴趣,并十分地热爱它,那么值得学习的东西,随时随地都能在身边发现。学会了这些东西后,你的能力、技能都会随之提升,你的工作也将会完成得更加完美。

人的能力和智慧,都是随着工作中不断的努力学习得以提升和积累的。无论现在的你处在什么职位,以及哪个职业阶段,都必须坚持学习的脚步,把你所做的工作看做是最好的学习课堂。知识和能力,是你人生道路上非常有价值的宝库,能让你的人生多姿多彩、充实快乐。因此,你要时刻坚持不断地学习,让自己与时代的发展共同前进。

责任能激发人挑战自我

人自身的潜能是无极限的,而敢于向"不可能完成"的工作挑战的员工,就像稀有动物一样,总是供不应求,是人才市场上最紧缺的。

挺举,可以说是举重项目中难度很大的一个项目。在以前,举重运动员都迷信一种"500磅(约227公斤)瓶颈"的说法。据说以人体的承重极限来说,500磅是极难突破的瓶颈。499磅的纪录保持者巴雷里在比赛时所使用的杠铃因为工作人员的失误,其实已经超过了500磅。当这个消息发布出去以后,全球有六位举重好手,在顷刻间就举起了之前始终没能超越的500磅杠铃。

还有一位撑竿跳选手,虽然他一直都在苦练,却一直没能越过某一个高度。他很失望地对教练说:"我确实跳不过去了。"教练就问:"你心里是怎么想的呢?"他说:"每当我冲到起跳线的时候,一看到那个高度,我就感觉自己跳不过去。"教练就对他说:"你肯定能跳过去,用你的心从竿上飞过去,你的身子自然就会跟着过去了。"于是,这名运动员鼓足了勇气,撑起竿又重新跳了一次,果然就越过去了。

在工作中,你与老板之间最大的障碍是什么?并不是虎视眈眈的其他竞争者,也不是老板嫉贤妒能的昏庸品性,其实最大的障碍就是自己。只是当你面对"不可能完成"的高难度工作时,心里也觉得自己根本无法完成的消极心态。

而具有勇于挑战极限的精神,是一个人取得成功的前提和基础。在公司中、企业里,尽管有许多人才华横溢,具备各种能够为企业带来价值的能力,但是,他们也常有个致命的弱点:没有勇气向极限发出挑战,只愿意做职场中谨小慎微的"安全专家"。他们会对偶尔出现的,那些极为困难的工作,因为感觉不能做好而不敢主动发起"进攻"。结果,这种人一辈子只能做一些十分平庸的工作。其实,这既是对企业的不负责任,也是对个人前途的不负责。

在老板眼中,"职场勇士"和"职场懦夫"的地位存在着极大的差别。曾有一位老板这样描述自己心目中的理想员工:"首先是我们所急需的人才,有奋斗进取的精神,敢于向'不可能完成'的工作挑战的人。"

是的,敢于向"不可能完成"的工作挑战的员工,无论走到哪里,都会像稀有动物一样,被人紧追不放,同时,更是人才市场上最紧缺的抢手俏货。

在如今这样一个失衡的人才市场环境中,若你只愿担当一个"安全专家",不能鼓足勇气挑战自己的极限,那么在和"职场勇士"的竞争中,就永远不要奢望能够获得老板的青睐。当你极其羡慕地看着那些有着优秀表现的同事,羡慕他们深得老板赏识并被重用的时候,你必须想清楚,他们的成功绝非偶然。

假如,现在有一件大多数人都觉得"不可能完成"的艰难任务摆在了你的面前,请你一定要勇敢地接受它。不要抱着"唯恐避之不及"的态度,更不要浪费太多的时间去假想最糟糕的结局,一直重复"根本不能完成"的念头,这就等于是在预演失败。这就好比一个高尔夫球员,一直不断地叮嘱自己"千万不要将球击进水里"时,他脑海中就会出现球掉入水里时的情形。试想一下,在这样的心理状态下,击出的球将会飞向何处呢?

在工作中,你要让自己身边的人与老板都知道,自己是一个意志坚定、富有挑战力、行事迅速利落的好员工。如此一来,你就不用再担心得不到老板的认同了,因为你有能力,更重要的是你有极强的责任感。

同时,要注意的一点是,如果你想从根本上克服这种无知的障碍,走出"不可能"这一否定自我的阴影,踏入出色员工的行列中,你一定要有足够的信心。相信自己,用信心支撑自己完成这个在他人看来无法完成的工作。

但是,在充满自信的同时,你一定要弄清楚,它为何会被称作"不可能完成的工作"。针对工作中的各种"不可能",看看自己是不是具有一定的能力去挑战这些难题,如若没有,就先做好充分的准备工作,等"有了金刚钻,再揽这瓷器活儿"。自己心里一定要明白,挑战"不可能完成"的工作只会有两种结果,成功抑或失败。而你的挑战力常常会让两者只有一线之差,所以必须要谨慎行事才行。

不过,就算你对自己的能力判断有误,挑战失败的话,也不要沮丧失望。聪明、成熟的老板肯定不会只以结果谈论你的成败,他只有对你的表现进行全面的衡量之后,才会最终决定你是否应当被委以重任。可以肯定的一点是,你勇于接受挑战的工作态度,才是老板最为欣赏的。因为,他们比所有人都清楚,任何一种挑战都不简单,否则就称不上是挑战。

因此,即使失败,你仍旧是老板所欣赏的"职场勇士"。同时,你的经历和收获,更是胆怯的观望者们永远都不可能得到的,因为他们根本就没有勇气去尝试。而这所有的一切,都源自于你内心的责任感,也只有强烈的责任感,才能催发你挑战极限的动力和能量。

【四】

责任产生动力

很多人信奉"宁做小老板,不做大职员"的工作哲学,这种哲学催生了无数个失败的小老板,也葬送了许多优秀员工的大好前程。事实上,如果你能把工作当成事业去做,就会产生源源不绝的工作动力,就能以高度的责任心把普通的工作做成一个大有可为的事业。

责任是完美工作的驱动力

某年秋天,一场大洪水席卷了某地,导致了面包的短缺。由于没有接到上级的特别指示,凯瑟琳面包公司的外勤人员,照常按以前的模式,出外到各经销店送刚烘制出来的新鲜面包,并将超过期限的面包回收。

一天,一位运货员乘车从几家偏僻的商店回收了一批过期的面包。在返回的,途中他们的车停在了一个有很多人的经销店前,并马上就被一群抢购面包的人给团团围住了,提出要购买车上的面包。

运货员告诉他们这些面包已经过了期,是不能卖的。但是,运货员的言辞,反而引起了人们的误会,认为他们想囤积居奇,于是人越围越多,几个记者也加入了其中。

无奈之下,运货员只得再次解释道:"女士们、先生们,请相信我,我绝不是因想囤货投机而不肯卖,实在是我们规定得太严了。车上的面包都已经过了期,如果凯瑟琳知道我把过期的面包卖给你们,那我就会被解雇。因此还请你们能够谅解。"

由于大家急需面包,这车面包最后还是在双方的"默契"下,很快被"强买"一空。

几家媒体的新闻记者,将获得的这一新闻极力渲染,成了轰动一时的报道。凯瑟琳公司的面包新鲜、诚实无欺,给消费者留下深刻的印象。

责任是一笔无形的财富。责任感的表现形式也是很多种的,但是,只有具备了强烈的责任感,才能将工作做到完美。一车过期的面包,最后竟然赢得了"面包新鲜,诚实无欺"的一份表扬。假如工作人员不如实相告而直接销售的话,肯定会大大地损害他们公司的信誉。不同的处理方式,竟然获得了完全不同的效果,究其根本,还是内心的责任感得到放大的结果。

对待工作中的任何事情,我们都应该抱以认真、严谨、一丝不苟的态度,只有这样,你才能够获得自己需要的、最准确的答案,更好、更完美地完成手头的工作。当然,你也能赢得他人的信任,获得自己人生和事业上的成功。

对于任何事情,任何人都不可能做到非常完美,仅仅是相对的完美。但是,要想做到这一点,也并非是每一个人都能够做到的,因为责任很重要。有了责任才能更好、更努力地去完成工作,让自己的工作臻于完美。

在第二次世界大战过后,由于戴明的宣扬,日本兴起了质量管理运动,率先提出了"零缺陷"的概念。因为,传统的观念认为,质量管理的目的,就是把错误减至最少,其实,这本身就是一个错误——努力的目标应该是第一次就把事情完全做好,达到完美无缺。公司中每个人的岗位都是至关重要的,任何一个地方出了疏漏,都可能导致整个企业的"沉船",因此我们应当认真负责地做好自己的工作,杜绝任何微小错误的发生。

第二次世界大战中期,美国空军和降落伞制造商之间发生了分歧,因为降落伞的安全性能达不到。

而事实上,通过他们不懈地努力,降落伞的合格率已经提高到99.9%了,但军方要求达到100%,因为如果只达到99.9%,就意味着每1000个跳伞士兵中,就会有一个因为降落伞的质量问题而送命。

但是,降落伞商却不以为然,他们认为合格率99.9%已经够好了,世界上没有绝对的完美,也根本不可能达到100%的合格率。

军方在交涉不成功时,改变了对质量的检查办法,他们从厂商前一周交货的降落伞中随机挑出一个,让厂商负责人装备上身后,亲自从飞机上往下跳。

这时，生产厂商才意识到100%合格率的重要性。奇迹很快就出现了——降落伞的合格率一下子就达到了100%。

对于任何一件事情，无论它有多么艰难，只要你认真去做，全力以赴去做，就一定能够做到。我国神舟飞船试验的圆满成功就很好地说明了这一点。

我国于1956年10月8日建成第一个火箭、导弹研究机构。当时，周总理对我国的航天工作者，提出了"严肃认真，周到细致，稳妥可靠，万无一失"的工作要求。

神舟飞船是一个系统工程，需要我国无数科研工作者的综合努力，载人航天工程办公室统计出的一系列数据，就能很好地说明问题：

直接参与载人航天工程研制工作的研究所、基地、研究院一级的单位就有110多个，配合参与这项工程的单位则有3000多个；涉及的科研工作者有10多万人；运载火箭有20多万个零部件；火箭和飞船等上天产品有10多万个元器件；飞船系统有70多万条软件语句……

从"神舟一号"到"神舟七号"，在我国载人航天工程所创造的奇迹般的辉煌中，凝聚着亿万人的汗水和心血，这正是我国科研人员责任心、凝聚力、合作精神、创新精神的总体展示。在从研制到发射的整个过程中，我们的科学家就已经把千万种失败的可能排除在外，这就要求必须以强烈的责任心，把握好每一个细枝末节。

载人飞船，除了对各种系统、零部件有着极高的要求外，对航天员的要求也同样严格。他们不仅要有过硬的身体素质、心理素质和精神状态，还必须有细致负责的工作作风。

神舟飞船从发射升空进入轨道、变轨控制、轨道维持到返回调姿、轨返分离、打开降落伞、安全着陆，飞行程序指令就有上千条之多，而且需要航天员直接操控的就有100多项。从穿脱航天服、进行科研试验到操控各类设备仪器、启用生活料理产品,各种操作动作累计上万项,记述这些动作的飞行手册累计多达40余万字,在此过程中不能有丝毫差错,没有真正细致负责的精神,是无论如何也不能做到位的。在"神七"飞天的整个过程中,我国优秀的航天员配合得十分默契,充分体现了认真细致的工作精神。这种认真负责、确保工作万无一失的精神,在我们的工作中也是十分可贵的。

责任可以保证完美无缺的结果,可以制造出零缺陷的产品,在竞争日趋激烈的市场大潮中,产品质量关系着企业的存亡与兴衰。

因此,无论在什么岗位上,我们都应当努力对自己的工作认真地负起责任,不放过每个可能在工作中出现的错误。唯有如此,我们才会为了自己的完美工作而充满动力。

对每一份责任都保持热忱

只要一个人对自己的工作充满热忱,就会爱上自己的工作,在他工作时,就不会再觉得自己的工作枯燥无味。

美国纽约中央铁路公司前总裁弗瑞德·瑞克皮·威廉森曾说过:"我越老越感到对工作的热忱才是事业上成功的秘诀。成功的人和失败的人,他们在技术、能力和智慧上的差别通常并不是很大,但是如果两个人各个方面都差不多,而对工作充满热忱的人,将更可能会如愿以偿。一个能力不足,但是对工作却充满热忱的人,通常会胜过能力高强但是缺乏热忱的人。"

如果一个人对工作充满了热忱,不管做何种工作,他都会调动一切有利的积极因素,全身心投入,圆满地完成工作。这种人通常十分热爱自己的工作,并且认为任何工作都是一定要完成的任务,如果在他们工作中遇到困难的话,他们就会想尽各种办法去解决,力求尽善尽美地将任务完成。

要是一个人对自己的工作不能保持应有的热忱,任何工作都不会引起他们的兴趣,更无法调动他们的积极性,他们只会按部就班地工作,甚至是敷衍了事。当碰到难题的时候,他们就会感到十分沮丧,导致无法很好地完成工作。

如果一个人对自己的工作根本就没有责任感,那他就不会对工作保持热忱。因为他的责任意识淡薄,觉得工作干好干坏和自己并没有多大关系,因此也就不会尽自己最大的努力去完成工作。而当一个人对自己的工作抱有强烈的责任感时,他就会自觉地燃烧起自己的激情,令自己始终保持着工作的热忱,全身心地投入到工作中去。这就像比尔·盖茨所言:"只要在每天早晨醒来,一想到自己所从事的工作和所开发的技术,将会给人类的生活带来巨大的影响和变化,我就会无比兴奋和激动。"

实际上,只要一个人对工作时刻保持着热忱,就会爱上自己的工作,就不会觉得自己的工作枯燥无味。这会让他们在接受一项计划或者任务以后,能够始终如一地坚持执行下去。就算困难重重,他们也不会灰心丧气,依旧保持着饱满的激情与高昂的斗志,乐观地去解决问题,从而顺利地渡过难关。

微笑服务是美国"旅馆大王"希尔顿的经营理念。他要求自己的员工,即使再辛苦也要充满激情,时刻保持着对工作的热忱,一定要随时对客人保持微笑。

希尔顿的座右铭就是:"你今天对顾客微笑了吗?"几十年中,他一直都在周游世界各地,视察各家分店的营业情况,每到一个地方,他对员工说得最多的就是这句话。

责任 的力量

早在1930年时，美国的经济很不景气，80%的旅馆纷纷停业或者倒闭。希尔顿旅馆也没能躲掉这次厄运，但是希尔顿还是信念坚定地飞赴各地，鼓励自己的员工要充满激情，保持对工作的热忱，共同渡过难关，就算是借钱度过这段日子，也必须坚持"对顾客微笑"。在那段最困难的时期里，他时常向自己的员工呼吁："绝对不能将心中的愁云摆在脸上，不管遇到任何困难，'希尔顿'服务员脸上的微笑永远属于客人！"

希尔顿对事业的热忱，感染了每一位员工，他们一直以其永恒美好的微笑感动着每一位客人。没过多久，希尔顿旅馆便走出了低谷，进入经营的黄金时期，同时还增添了很多一流的设施。

当希尔顿再次巡视时，他问自己的员工："你们觉得还需要再增添点儿什么吗？"员工们都回答不出来。"记住，还要有一流的微笑！"希尔顿笑着说。

可以说，是微笑带给了希尔顿集团巨大的成功，令其发展成为在全球五大洲拥有70多家分店、资产高达几十亿美元、目前全世界规模最大的旅馆连锁企业之一。

用你对工作的热忱之情，去爱护和关怀你的客户，这是促进你执行任务极为有力的手段。现在很多企业家，正是将这种手段贯彻到执行中去，从而在事业上取得了巨大的成就。

在全球已经扩展到了209家分店、股票市值约10亿美元的康体企业创始人安妮塔·罗迪克说过："如果说我的生命有什么驱动力，那就是我时时刻刻都对自己的工作保持着热忱，我们所做的每一件事，都触及爱和关怀这两个不可分割的主题。"

有一位推销百科全书的业务员，曾经连续6年在36个国家获得销售业绩第一名的佳绩。有人问其成功秘诀，他只回答说："每次拜访顾客以前，我都会提前5分钟到，然后在洗手间里照照镜子，将两根手指伸到嘴巴内，开始扩张，等感到肌肉松弛了，就对着镜子说：'我是世界上一流的,我是世界最棒的。'"

有一次,这位业务员和一位总经理约好了在下午2点钟见面。1点55分的时候,他准时来到了洗手间,对着镜子说:"我是最棒的……"这个时候,突然有个人走了进来,但他依旧继续说着。这个人笑了笑,上完洗手间就走了。到了1点59分,业务员敲开了总经理的门,在他进去以后,两个人都有些惊讶,因为刚才他们在洗手间里已经见过面了。

总经理直接说:"小伙子,你的产品我要了。"

"能告诉我这是为什么吗?"业务员问道。

"因为你对自己的工作始终保持着热忱,正是这份力量感动了我。我以前早就听说过,你每次拜访顾客时,都要提前5分钟到,并会在洗手间里照镜子,今天是我亲眼所见,所以我相信你介绍的产品。"

热忱影响行动,热忱成就事业,因此许多知名企业都将对工作保持热忱,当成招聘员工的标准之一。例如,微软招聘会上的一位考官,曾经对记者说:"我们愿意招的'微软'人,他首先应该是一个对待工作热忱的人——对公司热爱,对技术有激情,对工作保持热忱。可能在某一个具体的岗位上,你会觉得奇怪,怎么会招来这么一个人,他在这个行业涉猎不深,年纪也不大,但是他对工作非常热爱且富有激情,所以在和他谈完之后,你也会受到感染,愿意给他一个机会。"

对工作保持热忱,可以说是一个人事业成功的内在驱动力。而对工作缺乏热忱之人,就像插在花瓶里的花朵一样,仅有瞬时的光彩,很快就会枯萎。

没有做不好,只有不负责

责任,是人类生存的一种法则。无论对于人类还是对于动物界,只要依据这个法则,就能够存活。有这样的一个故事:

某个动物园里有3只狼,是一家三口。这3只狼一直都是由动物园饲养的,为了恢复狼的野性,动物园决定将它们送到森林里,任其自然生存。首先被放回的是那只身体强壮的狼父亲,动物园的管理员认为,它的生存能力应该比母狼和剩下的幼狼强一些。

过了些日子,动物园的管理员发现,狼父亲经常徘徊在动物园的附近,而且看起来像是很饿的样子,无精打采的。但是,动物园并没有收留它,而是将幼狼也放了出去。

幼狼被放出去之后,动物园的管理者发现,狼父亲很少回来了。偶尔还会带着幼狼回来几次,它的身体好像比以前强壮多了,幼狼也不像是挨饿的样子。看来,公狼把幼狼照顾得很好,而且自己过得也很好。看来为了照顾幼狼,狼父亲必须得捕到食物,否则,幼狼就会挨饿。管理员决定把剩下的那只母狼也放出去。

这只母狼被放出去之后,这3只狼再也没有回来过。动物园的管理员想,这一家三口在森林里生活得还不错。后来,管理员解释了这3只狼为什么能重返大自然生活的原因。

"公狼有照顾幼狼的责任,尽管这只是一种本能,但是正是这种责任,才让他俩生活得更好一些。母狼在被放出去之后,公狼和母狼有共同照顾幼狼的责任,而且公狼和母狼还需要互相照顾。这3只狼只有互相照顾,才能够重回大自然,重新开始生活。"

由此看来,责任是生存的基础,无论是动物还是人。责任确保了生命在自然界中的延续,那么,责任是否也能确保一家企业在竞争中求得生存呢？答案一样也是肯定的。

管理学家认为,责任首先就是员工的一份工作宣言。在这份工作宣言里,首先表明的就是你的工作态度:你要以高度的责任感对待你的工作,不懈怠你的工作,对于工作中出现的问题能敢于承担责任。这是保证你的任务能够有效完成的基本条件。

一个人责任感的高低,决定了他工作绩效的高低。当你的上司因为你的工作很差劲而批评你的时候,你首先要问问自己,是否为这份工作付出了很多,是不是一直以高度的责任感来对待这份工作。一个负责任的人是不会给自己的工作交出一份白卷的。

没有做不好的工作,只有不负责任的人。一个人承担的责任越多越大,也就证明他的价值越大。所以,应该为你所承担的一切感到自豪。想证明自己最好的方式就是去承担责任,如果你能担当起来,那么祝贺你,因为你不仅向自己证明了自己存在的价值,你还向社会证明你能行,你很出色。

如果你是一位企业的领导者,就应当这样告诉你的员工,你为他们能够承担责任而感到骄傲,你也愿意为他们承担责任。无论是现在还是将来,你都会一如既往地做下去。

如果你是一名员工,应该这样告诉你的领导,你很高兴能够为企业承担责任,这会让你觉得对于企业而言,自己并不是可有可无。相信你,你从没有懈怠过自己的责任。

无论是我们的老板,还是我们的员工,大家都在承担着自己的责任。而且无论是谁在承担责任时,都不是轻松的。因为不轻松,所以能够担当责任的人,才是最值得尊敬的。

一旦领悟了全力以赴地工作能够消除工作的辛劳这一秘诀,人们也就掌握了打开成功之门的钥匙,就能处处以主动尽职的态度工作,即使从事最平庸的职业,也能增添个人的荣耀。

很久很久以前,一位富翁要出门远行,临行前他把仆人们叫到一起,并把财产委托他们保管。依据每个人的能力,他给了第一个仆人10两银子,第二个仆人5两银子,第三个仆人2两银子。拿到10两银子的仆人把它用于经商并且又赚到了20两银子;同样,拿到5两银子的仆人也赚到了5两银子;但是拿到2两银子的仆人,却把它埋在了土里。

过了很长一段时间,他们的主人回来与他们结算。拿到10两银子的仆人带着另外20两银子来了,主人说:"做得好! 你是一个对很多事情充满自信的人。我会让你掌管更多的事情。现在就去享受你的奖赏吧。"

同样,拿到5两银子的仆人带着他另外的5两银子来了,主人说:"做得好! 你是一个对一些事情充满自信的人。我会让你掌管很多事情。现在就去享受你的奖赏吧。"

最后拿到2两银子的仆人来了,他说:"主人,我知道你想成为一个强人,收获没有播种的土地。我很害怕,于是就把钱埋在了地下。"主人回答道:"又懒又缺德的人,你既然知道我想收获没有播种的土地,那么你就应该把钱存到银行家那里,以便我回来时能够拿到我的那份利息。"

主人最后把他的2两银子也给了赚到20两银子的仆人。"我要给那些已经拥有很多的人,使他们变得更加富有;而对于那些一无所有的人,我甚至连他们所有的还要夺走。"

这个仆人原以为自己会得到主人的赞赏,因为他没有丢失主人给的那2两银子。在他看来,虽然没有使金钱增值,但也没丢失,这就算是完成主人交代的任务了。然而他的主人却不这么认为,他不想让自己的仆人顺其自然,而是希望他们能够负起自己的责任,把身上担负的职责做得更好。

每一个员工都希望把自己的工作做得更好,都希望通过自己的努力来增加收入、提升职位、获得认可。没有人愿意一事无成，也没有人想在自己的工作中，找不到实现自己价值的台阶就退步或者是离开。

做最好的员工，也要做更好的员工，这是每一个人的目标，也是和生活密切相关的事。企业是一个协作团体，只有以高度的责任感相互协作，整个企业才能迅速稳健地向前发展。

对员工而言，责任的方向是对上的，员工要时时表现出对领导者的责任。领导者为企业的发展制定的决策需要员工来具体执行，执行得好与差不仅仅关系到决策的成败，而且关系整个企业的兴衰，所以员工必须负起责任。

企业里的每一个员工都对其他的员工负有责任，这就像互相咬合的齿轮，大家必须紧紧地连在一起，才能共同发挥作用。因为"成功的组织必须对自己负责，也需要彼此负责，这才能达到事先约定的成果"。

任何一个方面的责任没有承担起来，企业的发展就会受到严重的阻碍，企业的整体责任，属于企业中的每一个成员，无论你的职位高低。企业中的每一个成员，也必须做好自己该做的，但这并不意味着"各自为政"。明确责任的方向，就是告诉企业的每一位成员，整个企业的发展需要所有成员的共同协作，只有这样才能保证企业的整体利益。

不找借口是执行力的表现，它体现了一个人对自己的职责和使命的态度。一个不找借口的员工，肯定是一个勇于负责的员工。可以说，工作就是不找借口地去执行。不管做什么工作，都需要这种不找任何借口去执行的人。对我们而言，无论做什么事情，都要记住自己的责任，无论在什么样的工作岗位上，都要对自己的工作负责。

做得越多，成长越快

洛·道尼斯最初为杜兰特工作时，职务很低。但是，在他工作之初便注意到，每天下班后，杜兰特先生仍然会留下来，在办公室里继续工作到很晚。因此，他也决定下班后留在办公室里继续工作。虽然没有人要求他这样做，但是，他认为自己应该留下来，在必要的时候，为杜兰特先生提供一些帮助。

杜兰特先生经常会找一些文件，打印材料，最初这些工作都是他亲自做的。后来，他发现道尼斯也在办公室里，便招呼道尼斯过来帮忙，并逐渐养成了习惯。

现在，道尼斯已经成为杜兰特先生的左膀右臂，担任其下属一家公司的总经理，他之所以能够如此快速地升迁，就在于他每天驱策自己多做些工作。

事实上，许多人能获得事业上的成功，其根本就在于他们比别人多做了那么一点。基于这样的认识，著名投资专家约翰·坦普尔顿，通过大量的观察与研究，得出一条重要的原理——"多1盎司定律"。他指出，凡取得突出成就的人与取得中等成就的人，几乎做了同样多的工作，而他们所做出的努力差别也很小——只是"多了1盎司"的分量。但其所取得的成就及成就的实质内容方面，却存在着天壤之别。

对柯普的一生影响最为深远的一次职务提升，是由一件小事情引起的。一个星期六的下午，有一位律师（其办公室与柯普的办公室同在一个层楼）走进来问他，在哪儿能够找到一位速记员来帮一下忙——他手头有些工作必须当天完成。

柯普告诉他,公司所有速记员都去观看球赛了,如果那位律师再晚来5分钟,自己也会走的。但柯普同时表示,自己愿意留下来帮助他,因为"球赛随时都可以看,但是工作必须在当天完成"。

做完工作后,律师问柯普应该付他多少钱时,柯普开玩笑地回答道:"哦,既然是你的工作,大约1000美元吧。如果是别人的工作,我是不会收取任何费用的。"律师笑了笑,向柯普表示了谢意。

柯普的回答不过是一个玩笑,并没有真正想得到1000美元。但出乎柯普的意料,那位律师竟然真的这样做了。6个月之后,在柯普早已将此事忘到了九霄云外时,那位律师却找到了柯普,交给他1000美元,并且邀请柯普到自己公司工作,薪水也要比现在的高出1000多美元。

在这个故事中,柯普放弃了自己喜欢的球赛,只是帮助那位律师多做了一点事情。其最初的动机,不过是出于乐于助人的愿望,而不是金钱上的考虑。但是,柯普并没有必要放弃自己的休息,而且还去帮助他人,但那是他的一种特权,一种有益的特权,它不仅为自己增加了1000美元的现金收入,而且为自己带来一个比以前更重要、收入更高的职务。

有几十种甚至更多的理由可以解释,你为什么应该养成"每天多做一点"的好习惯——尽管实际上很少有人这样做。但这样做还是有着其自身原因的:

第一,在养成了"每天多做一点"的好习惯之后,与四周那些尚未养成这种习惯的人相比,你已经有了优势。这种习惯,使你无论从事什么行业,都会有更多的人指名道姓地要求你提供服务,也就是说占了先机。

第二,如果你希望将自己的右臂锻炼得更强壮,唯一的途径就是利用它来做最艰苦的工作。相反,如果长期不使用你的右臂,让它养尊处优,其结果就是使它变得更虚弱甚至萎缩。

　　虽然身处困境,却能通过拼搏产生巨大的力量,这是人生永恒不变的法则。如果你能比分内的工作多做一点,那么,不仅能彰显自己勤奋的美德,而且还能发展成一种超凡的技巧与能力,使自己具有更强大的生存力量,从而摆脱困境。

　　社会在发展、公司在成长,个人的职责范围也会随之扩大。不要总是以"这不是我分内的工作"为由来逃避责任。当额外的工作分配到你头上时,不妨视其为一种机遇。

　　约翰·坦普尔顿认为,只多做那么一点儿,就会得到更好的成绩。那些在一定的基础上多加了2盎司而不是1盎司的人,得到的份额也将会远大于1盎司应得的份额。"多加1盎司定律",实际上是一条使你走向成功的普遍规律。

　　再例如,把它运用到足球运动上,你就会发现,那些多做了一点儿努力,多练习了一点儿的小伙子就成了球星,他们在赢得比赛的过程中,起到了关键性的作用。他们得到了球迷的支持和教练的青睐,而所有这些只是因为他们比队友多做了那么一点点。

　　下面是一位成功人士讲述自己是如何走上富裕道路的:

　　"早在50年前,我就开始踏入社会谋生,先是在一家五金店找到了一份工作,每年才挣75美元。有一天,一位顾客买了一大批货物,有马鞍、盘子、水桶、铲子、钳子、箩筐等。因为这位顾客过几天就要结婚了,提前购买一些生活用品和劳动用具是他们当地的一种习俗。货物堆放在独轮车上,装了满满一车,骡子拉起来也有些吃力。其实,送货并非我的职责,而完全是出于自愿——我为自己能够运送如此沉重的货物而感到自豪。

　　"刚开始走的时候,一切都很顺利。但是,车轮一不小心,陷进了一个不深不浅的泥潭里,尽管我们使出吃奶的劲,但还是推不动。此时,一位心地善良的商人驾着马车路过,用他的马拖起了我的独轮车和货物，并且还帮我将货物送到了那位顾客家里。在向顾客交付货物时，我仔细清点了一下货物的数目，一直到很晚才推着空车艰难地返回商店。我为自己的所作所为感到高兴。可是，老板并没有因我的额外工作而称赞我。

"第二天，那位商人将我叫去，告诉我说，他发现我对工作十分认真，热情很高；尤其注意到我在卸货时清点物品数目的细心和专注。因此，他愿意为我提供一个年薪500美元的职位。我接受了这份工作，并且从此走上了致富之路。"

对于每一位员工来讲，除了分内工作，额外再多做一点，事实上并不是什么天大的难事。既然我们都已经付出了99%的努力，已经完成了绝大部分的工作，再多增加1%的工作，又有何妨呢？而在实际的工作生活中，我们往往缺少的就是这多出来的1%，而我们也需要那一点点责任、一点点决心、一点点敬业的态度和自动自发的精神。

在日常工作中，有很多工作上的细节都需要我们增加那一点额外的工作。大到对工作、公司的态度，小到你正在完成的工作，甚至是接听一个电话、整理一份报表，只要能"多加1盎司"，把它们做得更完美，你就会有数倍于1盎司的回报，这是毋庸置疑的。

做得越多，自己才会成长得越快，这是一个众所周知的因果法则。也许你的投入无法立刻得到相应的回报，但也不要气馁，应该一如既往地多付出一点。回报可能会在不经意间以出人意料的方式出现。你付出的努力就如同存在银行里的钱，只会增加，不会减少。当你需要的时候，它随时都会为你服务。

疏忽一点责任都会付出代价

　　当巴西海顺远洋运输公司派出的救援船到达出事地点时,"环大西洋"号海轮早就已经消失了,21名船员也不见了。海面上只有一个救生电台还在有节奏地发着求救的信号。救援人员看着平静的大海发呆,他们谁也想不明白,在这个海况极好的地方到底发生了什么,从而导致这条最先进的船沉没。此时,有人发现电台下面绑着一个密封的瓶子,打开瓶子,里面有一张纸条,上面有21种笔迹,这样写着:

　　一副理查德:3月21日,我在奥克兰港私自买了一个台灯,想给妻子写信时以备照明用。

　　二副瑟曼:我看见理查德拿着台灯回船,说了句这小台灯底座轻,船晃时别让它倒了下来,但没有干涉。

　　三副帕蒂:3月21日下午海船离港,我发现救生筏施放器有点问题,就将救生筏绑在了架子上。

　　二水戴维斯:离岗检查时,发现水手区的闭门器发生了损坏,我就用铁丝把门绑牢了。

　　二管轮安特尔:我检查消防设施时,发现水手区的消防栓有点儿锈蚀,心想还有几天就到码头了,到时候再换也不迟。

　　船长麦凯姆:起航时,因为工作繁忙,没有留意甲板部和轮机部的安全检查报告。

　　机匠丹尼尔:3月23日上午,理查德和苏勒的房间消防探头连续发出报警。我和瓦尔特进去后,未发现火苗,判定探头误报警,拆掉交给了惠特曼,要求他给换个新的。

机匠瓦尔特：我就是瓦尔特。

大管轮惠特曼：我当时说正忙着，等一会儿就拿给你们。

服务生斯科尼：3月23日13点，我到理查德房间找他，他不在，我就在他房间里坐了一会儿，还随手打开了他的台灯。

大副克姆普：3月23日13点半，我带着苏勒和罗伯特进行安全巡视，但是并没有进理查德和苏勒的房间，还说了句"你们的房间自己进去看看吧"。

一水苏勒：我笑了笑，也没有进房间查看，只是跟在了克姆普后面。

一水罗伯特：我也没有进房间，只是跟在苏勒的后面。

机电长科恩：3月23日14点，我发现电闸跳了，因为在以前也出现过类似的现象，我没多想，就将电闸又合上了，并没有查明原因。

三管轮马辛：我当时感到空气有点不好，先是打电话到厨房问了问，证明没有问题后，又让机舱打开通风阀。

大厨史若：我接马辛电话时，还开玩笑说，我们在这里能有什么问题？你还不来帮我们做饭？然后问乌苏拉："我们这里都安全吗？"

二厨乌苏拉：我也感觉空气不太好，但觉得我们这里很安全，就继续做饭。

机匠努波：我接到马辛电话后，打开了通风阀。

管事戴思蒙：14点半，我召集所有不在岗位的人，到厨房帮忙做饭，因为晚上会餐。

医生莫里斯：我没有出去巡诊。

电工荷尔因：晚上我在值班的时候跑进了餐厅。

最后是船长麦凯姆写的话：19点半发现火灾时，理查德和苏勒房间已经烧穿，一切都糟糕透了，我们没有办法控制住火情，而且火越烧越大，直到整条船上都是火。我们每个人都犯了一点错误，才最终酿成了船毁人亡的大错。

看完这张绝笔纸条，救援人员谁也没有说话，海面上死一样的寂静，大家仿佛清晰地看到了整个事故的过程。

其实，他们每个人都只是错了一点点，但是结局却是毁灭性的。无论做什么事情，细节万万不可忽视，否则就有可能要付出极其惨痛的代价。

国王理查三世准备与敌军拼死一战了。里奇蒙德伯爵亨利带领的军队正迎面扑来，因为这场战斗将决定由谁统治英国。

战斗进行的当天早上，理查三世派了一个马夫去备好自己最喜欢的战马。

"快点给它钉掌，"马夫急匆匆地对铁匠说，"国王还希望骑着它去打头阵呢。"

"噢，那你得等等，"铁匠回答，"我前几天给国王全军的马都钉了掌，现在我得找点儿铁片来。"

"我等不及了。"马夫不耐烦地叫道，"国王的敌人正在向前推进，我们必须在战场上迎击敌兵，有什么你就用什么吧。"

铁匠只管埋头干活，他从一根铁条上弄下4个马掌，把它们砸平、整形，固定在马蹄上，然后开始钉钉子。钉了3个掌后，他发现没有钉子钉第4个掌了。

"我需要一两个钉子，"他说，"得给我点儿时间砸出两个。"

"我告诉过你，我等不及了，"马夫急切地说，"我已经听见军号了，你能不能凑合一下？"

"我能把马掌钉上，但是不能像其他几个那么牢实。"

"能不能挂住？"马夫问道。

"应该能，"铁匠回答着，"但是我没有把握。"

"好吧，就先这样，"马夫叫道，"快点，要不然国王会怪罪到咱们俩头上的。"

两军的交锋开始了，理查国王冲锋陷阵，鞭策士兵迎战敌人。"冲啊，冲啊！"他喊着,率领着自己的部队冲向敌阵。远远地,他看见战场的另一头,自己的几个士兵在退却。如果别人看见他们这样,也会跟着后退的,所以理查策马扬鞭冲向那个缺口,召唤士兵调头战斗。

可是,他还没有走到一半,一只马掌就掉了,战马跌翻在地,理查也被掀翻在地上。可是还没等他再次抓住缰绳,惊恐的畜生就跳了起来逃走了。理查环顾了一下四周,发现他的士兵们都已纷纷转身撤退,而敌人的军队也在此时包围了上来。

他在空中挥舞着宝剑,"马!"他喊道,"一匹马,我的国家倾覆就是因为这一匹马。"他没有马骑了,而他的军队早就已经分崩离析,士兵们自顾不暇。不一会儿,敌军就俘获了理查,战斗早早地结束了。

从那时起,人们就常说:

少了一个铁钉,丢了一只马掌,

少了一只马掌,丢了一匹战马。

少了一匹战马,败了一场战役,

败了一场战役,失了一个国家,

所有的损失都是因为少了一个马掌钉。

这个著名的传奇故事,出自已故的英国国王理查三世逊位的史实。他于1485年在波斯战役中被击败,莎士比亚的名句:"马,马,一马失社稷!"使这一战役永载史册,同时也是在告诫我们,一个小小的疏忽足以带来巨大的灾难。

为了能够准确地进行预测,必须从总体把握,从多方面、多角度地观察社会上的各种现象,就是观察呈现在眼前的所有事物,它们具有什么样的影响,具有什么样的方向,也包括潜在的影响在内,这都将产生什么影响力。

快餐巨子麦当劳在1994年第15届世界杯足球赛上企图抓住一线商机,大展身手。他们在食品包装袋上印上了参赛24国的国旗。按说,此项创意应该会受到各国球迷以及消费者的欢迎,但不幸的是,在沙特阿拉伯的国旗上有一段古兰经文,导致了阿拉伯人的强烈抗议。因为使用后的包装袋不仅油污不堪,而且往往被揉成一团,丢进垃圾桶,这被认为是对伊斯兰教的不尊重,甚至是对《古兰经》的玷污。面对严厉的抗议,这次花费不菲的行动泡了汤,麦当劳也只能收回所有的包装袋,坐了一回冷板凳,只能当看客了。

麦当劳的这次失误告诉我们,除了产品本身的质量、企业自身的素质要高之外,还要更多地贴近市场、贴近消费者,把销售产品中的每一个细节都把握好,这样才能避免不必要的损失。减少不必要的疏忽,才是成功地完成任务的最佳选择。

责任是最大的竞争力

法国文学大师罗曼·罗兰曾说过:"在这个世界上,最渺小的人和最伟大的人,同样都有着自己的责任。"

2008年11月15日,当温家宝总理在广东对某企业进行考察时说,应对经济危机要靠研发、靠创新、靠产品的竞争力。对于企业来说,最重要的客户就是员工,最核心的竞争力便是员工的责任心。

当你在为你的企业工作时,无论你身处在哪个职位,你都不应该轻视自己的工作,要勇敢地担负起工作的责任来。要记住,能力永远由责任来承载,而责任本身也是一种能力。那些在工作中推三阻四,总是抱怨客观因素,寻找各种借口为自己开脱的人,往往是职场中的被动者,他们穷其一生也很难做出像样的业绩。

在中国,恐怕没有哪一家企业,能够像三株那样迅猛地发展起来,又迅速消亡。

　　三株在1994年刚成立时,注册资金仅为30万元。但是,它当年的销售业绩竟然高达1.25亿元人民币。到了1995年,三株的销售额就猛增至23亿元。到了1997年年底,它的销售额更是达到了惊人的80亿元人民币,净资产则有48亿元之巨,在短短的4年间内增长了16000倍。而更难能可贵的是,三株公司的负债率为零,这不得不让我们惊叹。它的发展速度与辉煌,是包括保健品行业在内的所有企业都望尘莫及的,三株成了当代中国的"企业神话"。

　　但是"其兴也忽焉,其亡也勃焉"。三株这个企业巨人,却因为一场小小的官司而轰然倒地,从那以后一蹶不振,但这只是表面的原因。其实,在三株的内部,其员工责任心的涣散,才是这个明星企业突然"死亡"的症结所在。三株公司在创立之初,只有几十个人而已,但是到了1997年的时候,员工却猛增至15万人,在全国县级以上的城市,都建立了销售队伍。由于公司成员鱼龙混杂,管理人员也忽略了对企业文化,尤其是对员工责任心的培育、建设,许多人来到三株,只不过是为了沾一点光、分一杯羹而已,对三株本身是否健康的发展并不关心。

　　根据三株公司审计部门的统计,在1995年投入的3亿元广告费中,有近1亿元被无端地浪费掉了。但是却无人关心此事,自然也谈不上有人对此负责了。在不少基层机构中,宣传品的投放到位率不足20%,甚至一些执行经理还把宣传品当成废纸卖掉,其责任心的缺失程度空前严重!与责任心缺失"相映成趣"的是,三株公司内部机构臃肿、部门林立,官僚主义风气十分盛行,且等级森严、程序繁杂,经常会出现总部指令被歪曲,甚至是石沉大海的现象。尽管三株总裁吴柄新采取了"三查三反"、"一打五反"等措施,自上而下大规模"整风运动",但这却并未触及问题的根本,公司的内部早已是离心离德,没人想过要对公司负责。其中几个大点儿的体系、中心之间画地为牢,互为壁垒,各自扩充人员、争权夺利,形成了一个个割据的小"诸侯"。

这样的企业怎能拥有强大的执行力与竞争力?这样的团队又怎能应对市场上的惊涛骇浪?而在三株公司惹上官司的时候,十几万缺乏责任心的员工,顿时作鸟兽散,这在一定程度上也加剧了三株公司的灭亡。在平时,它的员工没有一个意识到自己应该对企业负责,其结果就是在企业面临危机的时候,大家都成了这场危机的牺牲品。说"企业兴亡,人人有责",一点都不空洞,而是有着极其深刻的历史教训。

即便是企业所面临的环境还没有那么恶劣,企业内部也大致还算团结,但是,若有一名员工缺乏责任心,那他又凭什么能够纵横职场呢?市场能够把缺乏竞争力的企业淘汰掉,作为企业同样可以把缺乏责任心的员工淘汰掉。因为对企业来说,员工的责任心便是构成企业竞争力的重要因素。

只要你愿意多一分责任感,那就会多收到一分回报。对于主动留下来的那个工人来说,虽然他只是多做了几小时的工作,但他表现出来的却是一种强烈地责任感,能让他远胜于别人。

现如今,在这残酷的市场竞争中,企业更需要的就是这种高度负责的人。员工只有对自己的企业充满责任心,才会在企业需要的时候主动向前,急企业之所急,忙企业之所忙;从而才能更好地维护企业的良好形象,在提升自身竞争力的同时,提升企业的竞争力。于此,我们何乐而不为呢!

（五）

责任就是机遇

　　每个人都应该把该做的工作当做不可推卸的责任，全身心地投入其中。只有具备了"在其位，谋其政；尽其责，成其事"的高度责任感，才能把不喜欢的工作做好，和不喜欢的人共事，才能取得连自己都不敢相信的成功。

机遇隐藏在每一份责任中

勇于承担责任的人,实际上也是能够抓住机遇的人;而逃避责任的人,看似世事通达,实际是经常错过机遇的人。"机遇"总是藏在"责任"的最深处,只有聪明的人,才能够看到机遇究竟藏在哪里。

当你觉得自己缺少机会或者是职业道路不顺畅时,不要抱怨他人,而应该问问自己是否承担了应有的责任。

责任和机遇的关系,分析起来一共有三种情形:

首先,责任与机遇是合二为一的。某公司有一个重要的项目需要实施,董事长提出了竞争上岗,如果那位员工做好了,谁就是下任项目的主管。这个很简单,一眼就能看出来,做好项目既是责任,也是令自己发展的一个绝佳的机遇。

其次,责任之中隐藏着机遇。公司老板对一位员工说:"东北的市场我们现在还没有开发过,这次公司想派你去看看。"这句话从表面上看来,老板是在给员工下达一个任务,实际上是给了员工一个施展自己才能的机遇。一旦东北的市场开发成功了,这位员工极有可能被提拔为东北市场总经理。

最后,机遇中包含着责任。有位老板任命一位得力员工为经理,从表面上看,这是一个机遇,事实上,它同时又要肩负着责任。只要他抓住做经理这个机遇,同时也就意味着要承担起一个合格的经理应当承担的责任,只有这样,他才能做好自己的工作,不会令老板失望。

上面三种关系,归纳起来实际上就是一种关系——"责任就是机遇",或者说"拥抱责任就是拥抱机遇"。

但是,"机遇在哪里?"这是很多人,尤其是年轻员工经常挂在嘴边上的一句话。事实上,机遇就隐藏在每一个人的身边。之所以有很多的人抱怨机遇太少,就是因为很多人没有认识到责任就是机遇,一见到责任就立刻躲开,结果把机遇也躲掉了。

规避责任是人的一种本能,也可以说是人的一种劣根性。不用肩负着责任,还能轻轻松松地领取薪水,这是多么快意的事情啊,就像滥竽充数的南郭先生未被发现的那段时期一样。但是,这样的好事情绝对不会长久,不愿意承担责任的人,早晚要被扫地出门,即使侥幸没有被赶走,也会因为长期不敢承担责任,长期得不到锻炼而使自己的能力退化,进而被淘汰出局。而那些工作中积极主动负责的人,机遇常常就伴随在他们的身边。

大卫·斯威尔刚开始在一家五金商店工作,每周只能赚到2美元。他刚进商店时,老板就对他说:"你必须对这个生意认真负责、熟门熟路,只有这样你才能成为一个对我们有用的人。"

"一周2美元的工作,你认为还值得我们认真去做吗?"与斯威尔一同进公司的年轻同事不屑地说道。

然而,这个简单得不能再简单的工作,斯威尔却干得非常用心。

经过几个星期的仔细观察,年轻的斯威尔注意到,每次老板总是要认真检查那些进口的外国商品的账单。而那些账单使用的全部都是法文和德文,于是,他就暗地里开始学习法文和德文,并开始仔细地对那些账单进行研究。一天,他的老板在检查账单时,突然觉得自己特别的劳累和厌倦,看到这种情况,斯威尔主动走到老板跟前,要求帮助老板检查账单。由于斯威尔是第一次接触这种账单,老板还是有点不放心,就站在旁边观察了一会。很快老板发现他干得实在是太出色了,从那之后,账单自然也就由斯威尔接管了。

一个月后的一天,他被叫到了老板的办公室。老板对他说:"斯威尔,公司打算让你来主管外贸。这是一个相当重要的职位,我们需要认真负责、能胜任这项任务的人来主持这项工作。目前,在我们公司有20名与你年龄相仿的年轻人,只有你抓住了这个机遇,并凭借你自己的努力,用实力抓住了它。我在这一行已经干了近40年,你是我所亲眼见过的三位能从工作中发现机遇,并紧紧抓住它的年轻人之一。而其他两个人,现在都已经拥有了自己的公司和企业。"

而斯威尔的薪水,也是很快就涨到了每周10美元。一年后,他的薪水竟然达到了每周180美元,并经常被派驻法国、德国。他的老板是这样评价他的:"大为·斯威尔很有可能在30岁之前,就能够成为我们公司的股东。现在,他已经从平凡的外贸主管的工作中,看到了这个机遇,并尽量使自己有能力抓住这个机遇,虽然他也做出了一些牺牲,但这却是值得的。"

年轻人应该充满梦想,这是件好事情。但年轻人还需要懂得:梦想只有在脚踏实地的工作中,才能够得以实现。无论是谁,都曾有过梦想,不过,心情浮躁的人却始终无法实现,最后只剩下牢骚和抱怨,他们往往会把这归因于缺少机遇。

作为公司一名普通的员工,张小姐被破例派往了国外的公司进行考察。她和单位里的其他同事,虽然同样都是研究生毕业,但他们的待遇却并不相同。王先生的职位比她高一级,薪金也高出很多。但是,值得庆幸的是,她没有因为自己的待遇不如人就心生不满,仍是认真负责地做好每一件事。当许多人抱着多做多错、少做少错、不做不错的心态时,张小姐依然是尽心尽力做好手中的每一项工作,有时甚至还会积极主动地去找事做,多了解领导有什么需要协助的地方,事先帮领导做好准备。在后来挑选出国考察人员时,张小姐也是唯一一个资历浅、级别低的普通员工,这在她们的公司里是极为少见的。之所以能够选中张小姐,还是因为责任心在帮忙,才使得她赢得了这次机会。

认真负责就是珍惜自己的就业机遇，拓展自己的生存和发展空间，千万别等到失去的时候才懂得珍惜。如果你对工作总是漫不经心，做一天和尚撞一天钟，不珍惜自己的岗位，到头来损害的不仅仅是是企业的利益，自己也会因此而丢掉手中的饭碗！

托尔斯泰曾经说过这样一句话，以警示世人："当幸福在我们手中的时候，我们并没有感到幸福的存在；只有幸福离我们而去，我们才知道它的珍贵。"这样的人世间确有很多，他们有工作时不知道去珍惜，等到失业之后才幡然醒悟，然而一切为时已晚。我们绝不能犯这样的错误，一定要珍惜自己现有的工作，并做到尽职尽责。这种做法既是企业的要求，也是在为自己寻找机遇。

作为职员应该记住：责任和机遇是成正比的。没有责任就没有机遇，责任越大机遇也就越多，责任越小机遇也会越少。因为机遇从来都不是独来独往的，它要么牵着责任的手，要么与责任合二为一。所以，拥抱责任就是拥抱机遇，要善于挖掘隐藏在责任之中的机遇。

负责任的精神让你出类拔萃

记得希腊名医希波克拉底曾说过，我愿意尽我力之所及、判断力之所及，无论至于何处，遇男遇女，贵人及奴婢，我唯一目的就是，就是为患者谋幸福。

曾有这样一个故事，感染了很多人：不要太在意别人怎么看。

有一天，某小学准备排练一部叫《圣诞前夜》的小话剧。告示刚一贴出去，小姑娘妮妮便去报了名，要当一名演员。在角色定下来的那天，妮妮的妈妈发现妮妮很不开心,便问她:"你不是被选上了吗?"

"是的。"

"那你为什么还不开心呢?"

"他们让我扮演一只小狗!"说完,妮妮便转身奔到楼上,剩下爸爸和妈妈两个人面面相觑。晚饭过后,爸爸关于这件事找妮妮谈了很久,但他们谁也不肯透露谈话的内容。

总之,妮妮并没有退出,而且她还很积极地参加每一次地排练,她的妈妈很纳闷:只是演一只狗,那有什么可排练的?但是妮妮依然训练得很投入。

在演出那天,爸爸妈妈都来到礼堂观看女儿的演出。演出开始了,首先出场的是"父亲",他在舞台正中央的摇椅上坐下,召集家人讨论关于圣诞节的意义。接着是"母亲"出场,面对着观众坐下。然后是"女儿"和"儿子",分别跪坐在"父亲"两侧的地板上。在这一家人的讨论声中,妮妮穿着一套黄色的狗道具,手脚并用地爬进场。

但她却不是简单地爬,"小狗"是蹦蹦跳跳、摇头摆尾地跑进客厅。她先在小地毯上伸了个懒腰,然后才在壁炉前安顿下来,之后就开始呼呼大睡。这一连串的动作,惟妙惟肖,太逼真了。很多观众也都注意到了,四周传来了一阵赞美的声音……

那天晚上,妮妮的角色里没有一句台词,但是却抢了整场戏。后来,妮妮自己也说,让她改变态度的是爸爸的那一句话:"如果你用演主角的态度去演一只狗,狗也会成为主角。"

命运赐予了每个人不同的角色,如果你不幸地被分配到要饰演一个小角色,那么与其怨天尤人,不如用演主角的高度责任心,去全力以赴演出自己的水平,即使再小的角色也有可能会因此而变成主角,哪怕你连一句台词也没有。

无论多么小的事,只要能够做得出色,这就是负责任的精神,这种精神会令你更加出类拔萃,使你从众多的竞争者中脱颖而出。

　　曾有人问过著名的发明家爱迪生这样一个问题,"请问您知道人生的哲学是什么吗？" 爱迪生当场回答道:"我的人生哲学就是工作和发明,我要揭示大自然的奥秘,并以此为人类而服务……"的确,一个拥有强烈的责任精神的人,在为企业的发展作出贡献的同时,自己也能够从工作中获得乐趣。

　　比尔·波特,只是英国成千上万个推销员中普通的一个。每天早上他都起得很早,要为新的一天的工作做好准备。但在此之前,他需要花3个小时到达他想要去的地点。不管有多么痛苦,比尔·波特都会坚持着这段令人筋疲力尽的路程。

　　也许你们还不知道,他的生活要比一般人艰难得多。他出生于1932年,母亲在生他的时候,大夫用镊子助产,不慎夹碎了他大脑的一部分,导致他从小就患上了大脑神经系统瘫痪,并且还影响到了说话、行走和对肢体的控制。等到比尔长大以后,人们都认为他肯定会在神志上存在严重的缺陷和障碍,福利机关也将他定为"不适于被雇用的人",专家也认为他永远也不可能参加工作了。

　　比尔非常感谢他的母亲, 因为她一直鼓励他做一些力所能及的事情,而且还一次又一次地对他说:"你能行,你能够工作,我相信你能够自立!"比尔在受到母亲的鼓励之后,开始从事推销工作。他从来也没有将自己视为残疾人。最初,他向福勒刷子公司申请工作,但是被这家公司拒绝了,并且还说他根本就不适合工作。接连几家公司都采用了同样的态度回复了他,但是比尔并没有放弃。最后,怀特·金斯公司很不情愿地接受了他, 但对他也提出了一个条件——比尔必须接受没有人愿意承担的波特兰以及奥根地区的业务。虽然条件非常苛刻,但毕竟他有了属于自己的一份工作,比尔当即就答应了。

　　在比尔第一次上门推销时,他犹豫了四五次,才鼓起了勇气按响了门铃。第一家并没有买他的商品,第二家、第三家也是一样……但他始终坚持着,以敬业的精神支撑着自己,即使顾客对他们的产品丝毫不感兴趣,甚至是嘲笑他,他也不灰心丧气。慢慢地,在他这种精神的推动下,他也取得了越来越好的成绩。

他每天用于工作及路上的时间就得要14个小时。每天晚上当他回到家时,早已经是筋疲力尽了,他的关节也常会疼痛,偏头痛也时常折磨着他。每隔几个星期,他就会打印一份顾客的订货清单。由于他只有一只手可以正常使用,这项在别人做起来非常简单的工作,却要花去他近10个小时。在比尔负责的地区,有越来越多的门被他敲开,也有越来越多的人购买他的商品,他的业绩也在不断地增长。在他做到第24年时,他已经成为销售技巧最好的推销员之一。

到了1996年的夏天,怀特·金斯公司在全国建立了连锁性机构,比尔再也没有必要上门推销产品了。但是此时,比尔却成了怀特金斯公司的"产品",他是公司历史上最出色的推销员、最敬业的推销员、最富有执行力的推销员。公司以比尔的形象和事迹向人们展示了怀特·金斯公司的实力,还把第一份最高荣誉的"杰出贡献奖"颁给了比尔。

其实,比尔的故事已经告诉了我们,责任本身就是一种奖赏。负责任的精神能够让你在自己的工作中出类拔萃,它既能够提高你的业务能力,为未来的发展铺平道路;同时还能够将现在的工作做得更好,赢得老板的青睐,得到更好的提升。

企业的老板,最欣赏的就是那些富有责任感的员工。所以只有踏踏实实地做好现在的工作,用负责任的精神,将自己彻底地融入工作当中,你就能得到老板的重用,并赢得自己辉煌的未来。

用做大事的心态做好小事

管理一个好的企业,总是显得单调无味,没有任何激动人心的事件。那是因为,凡是可能发生的危机早已被预见,并将它们一一地转化为了例行作业。

任何工作都不是小事,因为工作中的那些不起眼的疏忽和失误,都会造成产品的安全问题。产品是企业的名片,质量是企业的生命线。只要在工作中出了一点小疏忽,轻则令企业形象受损,重则给企业带来重大损失。

因此,我们要随身携带责任的"放大镜",将工作中的每一件小事情都作为大问题看待,将细节做到完美,保证结果的万无一失。

浙江某公司用于出口的冻虾仁,被欧洲一些商家退了货,并被要求赔偿。原因是在欧洲当地的检验部门,从1000吨出口的冻虾中查出了0.2克的氯霉素,即氯霉素的含量占被检货品总量的五十亿分之一。该公司经过自查,发现环节出在了加工上。原来,剥虾仁要靠手工,一些员工因为手痒难耐,就用含氯霉素的消毒水止痒,结果就将氯霉素带入了冻虾仁。

这起事件因此而引起不少业内人士的关注:一则认为这是一道质量壁垒,五十亿分之一的含量已经细微到极致了,也不一定会影响到人体的健康,只是欧洲国家对农产品的质量要求太苛刻了;二则认为是素质壁垒,主要是国内农业企业员工的素质不高造成的;三则认为这是技术壁垒,当地冻虾仁的加工企业和政府的有关质检部门,安全检测的技术大大落后于国际市场对食品质量的要求,根本测不出这么细微的有害物。

然而，无论人们如何评判这次事件，我们都可以从中吸取这样一条经验教训：错误，只要是错误，无论多么细小，都可能造成巨大的损失。

客户可以说是企业的上帝，是企业生命之源。任何一个小疏忽都会导致客户的不满，甚至产生十分严重的后果。因此，在优秀的员工看来，客户的每件小事都是大事。成功的企业有一种注重细节的企业文化，他们的员工都能够认真负责地做好工作中的每一件小事。

有一天，美国通用汽车公司客户服务部收到一封信。"这是我为同一件事第二次写信，我不会怪你们没有回信给我，因为我也觉得这样会让别人认为我疯了，但这的确是一个事实。我家有个习惯，就是每天晚餐后，都会以冰激凌当饭后甜点。由于冰激凌的口味很多，所以我们家每天都在饭后投票决定要吃哪一种口味，然后由我开车去买。但自从我买了贵公司的庞帝杜克后，问题就发生了：每当我买香草口味冰激凌时，我从店里出来车子就发动不了，但如果买其他口味，发动就会很顺利。

"我对这件事是非常认真的，尽管这听起来很荒唐。可是为什么当我买了香草味冰激凌时，它就罢工，而买其他口味的冰激凌时，它都毫无问题。这是为什么呢？"

事实上，客服部的总经理对这封信的内容还真的心存怀疑，但他还是派了一位工程师去查看究竟。当工程师去找这位顾客时，很惊讶地发现这封信是出自一位事业成功、处世乐观且受过高等教育的人。工程师安排与这位顾客的见面时间，也刚好是在用完晚餐的时间，那个晚上的投票结果是香草口味，于是两人一起上车，往冰激凌店开去。当买好香草冰激凌回到车上后，车子果然出问题了。这位工程师之后又依约来了三个晚上。

第一晚，巧克力冰激凌，车子没事。

第二晚，草莓冰激凌，车子也没事。

第三晚，香草冰激凌，车子出问题了。

这位工程师虽然还是有点纳闷,但他还是不相信这位顾客的车子对香草味的冰激凌过敏,因此,他仍然不放弃继续进行跟随调查,希望能够将这个问题解决。工程师开始记下几天来所发生的种种详细情况,如时间、车子所使用的汽油的种类、车子开出及开回的时间……

根据记录,他有了一个结论,这位顾客买香草冰激凌所花的时间,要比其他口味的要少。原因就在于香草冰激凌是所有口味中最畅销的,店家为了让顾客每次都能很快地拿取,就将香草口味的冰激凌特别放置在店面的前端,其他口味则放置在后端。

现在,工程师很清楚地知道了绝不是香草冰激凌的原因。但他的疑问是:这部车子为什么会因为从熄火到重新激活的时间较短而出毛病?工程师很快就想到了,问题应该在"蒸汽锁"上。

当这位顾客买其他口味的冰激凌时,由于时间较长,引擎有足够的时间散热,重新发动时就没有太大的问题;但是在买香草口味的冰激凌时,由于花的时间较短,引擎太热,以至于无法让"蒸汽锁"充分的散热。问题终于被解决了。

对于很多人来说,接到这么一封天方夜谭式的投诉信,肯定认为是一件不可思议的事件,甚至可能觉得是有人在存心捣乱。但通用汽车公司并不这么看,他们派出了工程师,并一而再、再而三地寻找问题的根源,直至问题解决,让顾客满意为止。因为在他们看来,工作中的事情再小,经过责任的"放大镜"一放大,也就成了一件大事。

一个企业若都像通用汽车公司的员工那么优秀,保持这种细致入微、服务周到的精神,肯定是会壮大的。将这种精神转化到细微处,便是要求每个员工对企业高度负责,重视客户提出的每一个问题,为客户提供高质量的服务,直至对方满意。因此,当你在与客户打交道时,不妨随身带上责任这把"放大镜"。

作为一名出色的员工,不论你的工作职位是高还是低,都应该保持这种良好的工作作风。每个人都应该把自己看成是一名杰出的艺术家,而不是一个平庸的工匠，应该带着热情和信心去做好每一件小事。在工作中享受由专注、创造所带来的深深的喜悦。

"既然选择了农业，就免不了要辛苦。我没有大的本事，只会农业这一行，就让我把党教给我的这些技术全都教给老百姓，这就是我的奋斗目标。"这是一位普普通通的农技师说的话，30年来，他不仅说到了，而且也做到了。

徐锦，一个普通的共产党员，普通得如同他工作着的这一片土地一样，毫无出色的地方。他几十年如一日，为了大地的丰收，为了群众的微笑，辛勤耕耘在这片土地上，在这片土地上撒播着科技的种子。

在单位里，徐锦给同事的印象总是那么平易近人，勤勤恳恳，从不摆老资格。但是，他却以一件件平凡的小事践行着共产党员的标准，实现着他的人生价值。

在农村，徐锦总会利用闲暇与当地的农民拉家常。在与农民的交往过程中，徐锦深切地体会到老百姓渴望致富、需求技术的心声，他更加意识到了自己肩负的责任。为了满足群众的需求，帮助农民寻找发家致富的路子，他每年都自费订阅关于农业的报纸杂志，广泛收集农村科技致富的信息，提供给老百姓。徐锦的朴实、耐心和热忱，使群众对他产生了特殊的信任。

在以前，从事农业科技工作条件是非常艰苦的。由于许多村社都不通公路，通公路的农村也只有拖拉机，为了做好一项技术推广工作，他常要和同事们徒步走几个小时的山路，黄胶鞋穿破了一双又一双。艰苦的环境不但没有摧垮他的意志，反而让他对工作有了更清醒的认识，从而更加努力地投入农业科技服务事业。

和许许多多专注于事业的人一样，徐锦也担负着事业和家庭的双重负担。他既要工作又要照顾儿女，家务负担很重。在他的教育下，两个孩子不仅养成了独立而勤劳的生活习惯，而且以优异的成绩考上了大学。

一直以来，徐锦始终保持着艰苦朴素的生活作风，直到现在他仍住在单位的简易住房里，70多平方米的住房，虽然对一个五口之家显得有些拥挤，但却被他打理得井井有条。

为了把时间和精力花在有意义的事情上，徐锦从不玩扑克、打麻将，他把业余时间都花在了学习和研究上。

付出就会有回报，由于徐锦在农业科技推广工作中的突出贡献，先后获"科技人员突出贡献奖"、"先进工作者"等光荣称号。在他的家中摆放着各种项目成果奖，见证着他30多年来风风雨雨奋斗的历程。

只有认真做好每一件小事，并将每一件小事都看成大事来处理，我们才能够使自己的工作不断地得到改进，并最终达到一个新的高度。任何一个团队为了完成任务，都要要求自己的员工认真对待每件小事。当然，这并不只是一个口号、一个动作，而是要充分发挥主观能动性与责任心，尽一切努力把工作做好。不妨常常反省一下自己的工作，看自己是否忽略了工作中的某些细节！

不敢承担责任是最大的风险

作为公司的一名员工，要时刻将责任二字牢记于心。公司的发展，时刻都离不开风险的困扰，但那是正常的，也是容易解决的。而真正的、最大的风险，则在于不敢用敢于承担责任的员工。对于一名不负责任的员工，一旦他们为公司带来某些风险，有时将会造成毁灭性的打击。

早在2001年时，中旺集团的老板王中旺先生，就曾诚邀任立加盟，结果直到2003年中旺集团才如愿以偿。现在，谈起加入中旺的原因，任立自己还坦陈的说确实是被王老板"穷追不舍"的精神所打动。王总当时的那一番话任立仍是记忆犹新："如果你觉得我的企业现在还小，不方便你过来发挥的话，你可以观察我几年，一年也行、两年也行，我会一直等着你！"就这一句"我等你！"真是精诚所至，令任立感动至今，并兢兢业业地工作着以回报中旺的知遇之恩。

起步较晚的河北中旺集团，于1999年9月才成立，并且在竞争异常激烈、附加值较低的方便面行业生存和发展了起来。从当时100多万元的创业资金，到实现年销售额突破10亿元人民币，仅仅用了四年零三个月，这确实创造了一个神话。在任立看来，中旺成功的关键原因就是准确的市场定位和灵活多样的经营及产品策略。

在巨大的生存压力下，中旺拼命在市场上寻求生的希望和挖掘新的契机，并且老板认为，虽然市场竞争激烈，但大企业想一家通吃市场还是不可能的，后来者一定会有生存的缝隙，关键就在于你如何发现市场的盲点，并抓住稍纵即逝的机遇。

谙熟中国传统经典儒道文化的任立的办公室在北京朝阳区CBD核心的富顿中心，他负责中旺集团全资子公司北京五谷道场食品技术开发有限公司整体的运营和管理工作。在他的眼里，传统油炸方便面产品不仅严重同质化，而且在都市的人们日益崇尚自然、倡导健康的觉醒中，将越来越会被视为"垃圾食品"而逐渐淡出市场，非油炸健康营养将成为快速消费食品的主流，五谷道场正是以"五谷原粮健康速食制造营养、美味和快乐"为宗旨，捷足先登捕捉到了这个市场的空白和先机。

他们在没有可资借鉴的经验和可模仿的成功模式时，一切只能靠自己。因此任立和他的团队需要比常人付出更多的努力和艰辛。

想要安安稳稳过日子的人，很难适应五谷道场的工作，因为每时每刻你都得把脑子里的弦绷得紧紧的，你把事情做错了可以容忍和谅解，但绝对不允许不做事，因为那是极度的不负责任。任立还特别强调"从不犯错误的经理，并不是一个好的经理人"。他觉得人最重要的能力是决策能力。在中旺，经理人的决策能力能够得到很好的锻炼，因为他们的理念就是"敢想敢为相信你"。公司倡导的文化和潜规则是：谁做事谁说了算，谁做事谁就是专家。任立希望借助一些隐性的规则，来最大限度地调动市场人的积极主动性和创造性。其中，最重要的就是要强调每一个人的责任的关键性。

公司里所有老总的手机都是向员工们公开的。任何一个基层的员工，都可以直接向总经理反映情况，没有像很多企业越级汇报的忌讳。这样对中层管理人员在无形中树立了一个隐形的监督平台。对儒道文化有着浓厚兴趣的任立，特别喜欢"无为而治"这种做事方式，他说"无为而治并不是不要去做事，而是要尊重自然、按照事物的客观规律去做事，否则就是妄为"。他很希望自己所领导的五谷道场，能够以无私无为的管理方式，达到人人实现自我价值之有私的目标。其目的也很简单，就是让每一个人都觉得自己是主人，自己应当担当起责任。

五谷道场刚成立不久，就迅速构建了覆盖华北、东北、华东、华南、西北和华中等主要大中城市的全国性销售网络。任立的团队里绝大部分都是行销人员，且多驻扎在外地，每月回差一次向总部述职，并进行适当的培训。

当然，大千世界不排除有个别投机钻营者。对于一个机制良好、每位员工的责任心都很强的公司来说，这丝毫不会影响到他们的发展。因为他们既是在解决风险，又是在承担着公司潜在的风险。但是，如果有一名员工没有认真地对待自己的工作，那就像一粒老鼠屎坏了一锅汤一样，最终酿成公司或者企业的灾难。

不管是在何时，企业要解决的最根本的问题，就是效率和效益。而做到这一点，最重要的就是要有责任心。那样才会降低公司运营的风险，大大地提高办事的效率，以及收到的效益。当然，这就要求每位员工发动自己的积极性、创造性和临机决断的能力。

"在我们的头脑中挥之不去并影响我们判断的，是我们自己的亲身经历。不要被恐惧和过激的情绪所控制。"这是戴维·迈尔斯在《直觉》一书中对大家的警告。

此观点认为,控制"恐惧和过激的情绪",将会成为日常工作生活的必修课,它让我们时刻反思一个产品、一个决策、一个企业、一个领导者最大的风险,其实就源自于员工内心的自我——对失业的责任感。当你变得听不进偏左意见,当你变得有恃无恐的时候,当你被莫名其妙地神化后,当你失去了好奇心和对顾客需求创新的敬畏时,当逐渐失去了那些与员工、市场、顾客之间很朴素的沟通时……风险之根就已深扎了。其实,最大的威胁往往来自我们想象不到或很久以后才发生的事情,不负责任才是我们最大的风险。

企业生存环境的复杂化,以及经营风险的不确定性,决定了企业生存过程中充满了艰辛与坎坷。这是一个危机无处不在的时代,没有人不希望自己能够在安全的环境下得以运营,能为社会创造价值。谁也不会希望,自己千辛万苦发展起来的企业大厦陷于困局。然而,良好的愿望并不能代表现实,我们所看到的有时是另外一种境况——从最初公众对企业产品安全问题的质疑,发展成为对企业诚信的拷问,以及对于企业责任缺失的问责。

我们面临的风险固然有千万种,但最大的风险还是责任心的缺乏。做为企业的一名员工,千万不可缺乏必要的责任感,要学会时刻告诫自己,将自己的责任谨记于心。

勇于担当会让你脱颖而出

当代职场中并不缺少有能力的人,缺少的只是责任与能力共有的人。有了责任，才能让我们拥有勇往直前的勇气，才能使每个人的内心产生一种强大的精神动力，令每一个人积极地投入到工作中去，并将自己的潜能发挥到极致。事实上，也只有那些勇于承担责任的人，才有可能被赋予更多的使命，才有资格获得更大的荣誉。

业绩才是检验能力的唯一标准。面对工作中的责任，无论大小、难易，在公司需要的时候你能够挺身而出，那么工作中的每一次任务，都有可能成为你脱颖而出的机遇。

你还记得抗洪救灾中感人的情景吗？当堤坝上出现缺口的时候，谁在附近谁就用身体堵上去，因为那是到了关键时刻，刻不容缓。同样，当经营公司时，也常会出现一些意外的问题，有一些迫在眉睫的问题需要马上解决。这个时候就需要你挺身而出，帮助老板解决所遇到的问题。

你不要在心里说：反正不是我的事，再说还有别人呢，吃力不讨好的事我为什么要做？更不要以为，自己现在还处于公司的最底层，就感觉自己人微言轻，能推则推。当责任摆在面前时，每个人都是主人。如果你能够发扬舍我其谁、勇于担当责任的主人翁精神，那么你很快就能够脱颖而出，为自己赢得发展的机遇。在这里，战国时期的毛遂为我们树立了一个很好的榜样。

一次，秦国攻打赵国，把赵国的都城邯郸围了个水泄不通。在这最紧要的关头，赵王决定派弟弟平原君赵胜代替自己到楚国搬救兵抗秦，并希望能和楚国签订联合抗秦的盟约。平原君到了楚国，献上了礼物，与楚王商谈联合出兵抗秦之事。可是谈了一天，楚王还是迟疑不决，没有答应。这时，站在台下的毛遂手按剑柄，快步登上会谈的大殿。毛遂对平原君说："两国联合出兵抗秦，理所当然。为什么从早议到晚，还没有个结果呢？"

楚王听了毛遂的话很是生气，斥责他退下。毛遂毫不畏惧，威严地走近楚王，大声地说："你们楚国地广人多，理应称霸天下，可在秦军面前，竟然如此胆小如鼠。在以前,秦军的兵马曾攻占过你们的都城,还烧掉了你们的祖坟,这等奇耻大辱,连我们赵国人都感到耻辱,难道大王您都忘了吗?再说,楚国和赵国联合抗秦,也不只是为了赵国一国之利益。如果我们赵国灭亡了,你们楚国还能长久吗?"

毛遂这番话理直气壮、义正词严,楚王心服口服地点头称是。于是,就与赵国签订了联合抗秦的盟约,出兵解救赵国。等平原君回到赵国后,立即就把毛遂尊为宾客,并且还重用了他。

同样,在公司发展的关键时候,你也一定要像毛遂那样敢于挺身而出,该出手时就出手,为老板分担责任,帮助公司渡过难关。公司在经营过程中,难免会遇到一些始料不及的问题,这时如果你能够主动地担起责任,为公司解除难题,那么你就会赢得其他同事的尊敬,更能得到老板的信任和器重。

高燕本是一家餐大型饮集团中一个连锁公司的普通营业员,因为平时的工作表现好,曾多次被评为最佳店员。有一次,这家连锁店里突然发生了一起意外事件。一位食客在进餐时突然倒地,且四肢抽搐,口吐白沫,众人当时就怀疑是食品中毒,甚至有人拿出了电话,通知报社和电视台进行采访。在这关键时刻,高燕镇定自若,一方面指挥其他的店员打急救电话;另一方面竭力安抚顾客,保证绝不是食物中毒。她告诉大家,食物绝对没有问题,并当场吃下了很多的饭菜。

为了防止谣言扩散,她还请求大家耐心等待急救车的到来,由医生做出评判。没过多久,急救车来了,经验丰富的医生告诉大家,所谓的"中毒"现象,实际上是典型的"羊角风"发作。只不过是凑巧赶在这样一个场合,大家尽可放心。一场危机就这样过去了。

由于高燕地勇敢、机智,令公司避免了一场危机的出现,受到公司领导的高度赞扬。不久,她就被提升为店长。

作为一名员工,要想获得成功,在关键的时刻必须要像高燕那样,敢于担当、敢于负责,这样才能抓住发展中的机遇。勇于担当可以让一个职务低微、毫无背景的员工成为老板眼中"可以委以重任的人"。

　　一家集团公司招收一名部门经理,经过一番紧张的笔试和面试后,最后留下的有3个人。面试地点在总经理办公室。总经理并没有问他们一些关于业务方面的问题,只是饶有兴趣地带领他们参观他的办公室。最后,总经理指着一只茶几上的花盆对他们说,这是他刚从一个拍卖会上买来的,花费了好几万元。就在这时,秘书走进来告诉总经理,说外面有点事情请他去一下。总经理笑着对三人说:"麻烦你们帮我把这张茶几挪到那边的角落里,我出去一下马上回来。"说完,就随着秘书走了出去。

　　既然总经理有吩咐,这也是表现自己一个很好机会,三人便连忙行动起来,茶几很沉,须三人合力才能移得动。当三人把茶几小心翼翼地抬到总经理指定的位置放下时,意想不到的事却发生了:那个茶几不知怎么折断了一只脚,茶几一倾斜,上面放着的花盆便滑落了下来,在地上裂成了几大块。

　　三人看着这突如其来的事情都惊呆了,他们不知道总经理回来后会如果看待他们的办事能力,而且这花瓶值好几万,弄坏了又在总经理面前如何交代?

　　就在他们目瞪口呆的时候,总经理回来了。看到发生的一切,总经理也显得非常愤怒,脸也气得有点扭曲,咆哮着对他们吼道:"你们知道你们干了什么事,这花盆你们赔得起么!"

　　第一个应聘者似乎不为总经理的强硬态度所压倒,直着嗓子说:"这又不关我们的事,况且我们又不是你们公司的员工,是你自己叫我们搬茶几的。"他用不屑一顾的眼神看着总经理,一副死猪不怕开水烫的样子。

　　第二个应聘者却讨好似的对总经理说:"我看这事应该找那茶几生产商去,生产出质量这么差的茶几,这花盆坏了应该叫他赔!"他也说得很是理直气壮,似乎肯定总经理会采纳他的意见的。

　　总经理把目光移到了第三个应聘者的身上。不过,第三个应聘者并没有立即为自己辩解,而是俯身拣起那些碎了的瓷片,把它放在一旁,然后对总经理说:"这的确是我们搬茶几时不小心弄坏的。如果我们移动茶几时小心一点,那花盆应该是没事的。"

　　还没等他把话说完,总经理的脸却由阴转晴,脸上露出一丝笑容,握住他的手说:"一个能为自己过失负责的人,肯定是一个有出息的人,我们公司欢迎你这样的员工。"

　　这时,另外两人才明白过来,这其实是总经理的一个责任测试,而在这小小的测试面前,他们都败下阵来。

　　生活和工作中我们不可避免会有一些失误。产生失误并不可怕,关键是我们面对失误的态度。只有学会承担责任,才能得到他人的谅解和尊重,才能获得他人的信任和宽恕。因为一个人懂得承担责任,这比千万次竭尽所能推辞责任更具有震撼力,也只有这样的人,才是一个能成就大事业的人。

敬业者可以赢得更多机遇

　　一名优秀员工身上所必备的品质就是敬业。"敬业"两个字的内容很广,勤奋、忠诚、服从、纪律、责任、关注等都涵盖于其中。一个人如果敬业,那么他就会变成一个值得信赖的人,一个可以被委派重任的人,这种人永远不会失业。

　　其实,一个人能力的大小,其知识水平占20%,专业技能占40%,而另外的40%就是责任。这里40%的责任,就是一个人的敬业精神,也可以和我们一直强调的"主人翁精神"画等号。

一般情况下,初涉职场的年轻人都有这样的感觉,自己做事是为了老板,是在为老板挣钱。其实,这都是情理之中的事,如果你的老板不挣钱,你又怎么可能在这家公司继续待下去呢?但也有些人认为,反正是在为别人干活,能混就混,公司亏了也不用我来承担责任,有时甚至还会扯老板的后腿。实际上,这样做对老板、对自己都没有任何好处。

事实证明,敬业的人能够从工作中学到比别人更多的经验,而这些经验就是你"向上发展的阶梯"。就算以后自己更换了工作,从事不同的职业,丰富的经验和好的工作方法必定会为你带来强有力的帮助,你从事任何行业都会较容易获得成功。

敬业,就是尊敬、尊崇自己的职业。如果一个人以一种虔诚的心灵对待职业,甚至对自己的职业也有一种敬畏的责任感,他就已经具有敬业精神了。

工作是人的需要、人的天职,这就像蜜蜂的天职是采花造蜜,猫的天职是抓捕老鼠,蜘蛛的天职是张网捕虫一样。人,作为万物的灵长、天地的精华,同样也具有他与生俱来的职责和功能。人来到世上,并不是为了享受,而是为了完成自己的使命与天职。

在德语中职业一词是beruf,这个词含有"职业、天职"的意思;英语中职业一词是calling,含有"召唤"的意思。所以在现代西方人的理解中,职业就是一件被冥冥之中的神所召唤、所命令、所安排的任务。

文艺复兴时期,意大利的著名雕塑家、画家米开朗琪罗,他的作品数量庞大、气势雄伟,张扬出蓬勃有力的人体和灵魂的力量。米开朗琪罗选择艺术并创作了那些名垂青史的作品,并不是因为他害怕脾气暴躁的教皇朱利阿斯二世,更不是为了赚钱,而是因为他时刻受到艺术的感召,将艺术创作视为比自己生命还要重要的事情。我们或许永远也成不了米开朗琪罗,但是我们可以拥有和他相同的对工作的热爱。

天职的观念会使你的职业具有神圣感和使命感,也会使你的生命信仰与工作紧密地联系在一起。只有将你的职业视为自己的生命信仰,那才是真正掌握了敬业的本质。

曾有人问英国哲学家杜曼先生，成功的第一要素是什么，他回答说："喜爱自己的工作。如果你喜爱自己所从事的工作，哪怕工作时间再长、再累，你也不觉得是在工作，相反像是在做游戏。"

美国伟大的哲人爱默生也说过类似的话："每个热爱自己工作的人，都可以获得成功。"无论你所从事的是什么职业，也无论你现在身居何方，都不要认为自己仅仅是在为老板工作。如果你认为自己努力工作的最终受益者是老板，那么你就犯了一个大错误。

每个人工作过程同时也是一个提升自我过程。如果你不能在工作中完善自我，则如同逆水行舟，不进则退，你会掉队，跟不上时代的发展。更确切一点，就是不能为公司创造价值、不能给老板带来效益的员工，在公司里是没有立足之地的。

如果你能够认识到，做这一切都是在为自己工作，那么你将发现工作中包含着许多个人成长的机会。这些无形的资产，其价值是无法衡量的，最终受益者将是你自己。把工作当成是在为自己打工，这种人永远不用担心会失业。积极、敬业并不仅仅有利于公司和老板，其实真正的最大受益者恰恰是你自己。

一个随时以公司利益为重的人，必然是个敬业的人，也是一个不光为别人打工，同时更是为了自己而努力工作的人。当你在为公司努力工作时，公司的利益和个人的利益在此便画上了等号。所以，成功的起点首先要热爱自己的工作。优秀的员工都会为自己的工作感到荣耀和欣慰。

"世界上最伟大的推销员"的乔·吉拉德，在被问及如何成为一名好的推销员时，他是这样说的："要热爱自己的职业。"

他接着进一步解释说："不要把工作看成是别人强加于你的负担，虽然是在打工，但多数情况下，我们都是在为自己工作。只要是你自己喜欢,就算你是挖地沟的,别人又关什么事呢?"

他曾问过一位神情沮丧的人是做什么的,那人回答说自己是名推销员。吉拉德马上告诫对方说:"推销员怎么可能有你这样的心态呢?如果你是医生,那么你的病人肯定会遭殃的。"世界上汽车推销商的平均销售记录是每周卖出7辆,而吉拉德平均每天卖出去6辆。

1963年,25岁的吉拉德因为从事建筑生意失败,身上背负着巨额的债务,几乎走投无路,后来他只有改行去卖汽车。刚开始时他并没有把推销员这份工作放在眼里,只是将之当作养家糊口的一种手段。

当他经过努力卖掉了第一辆汽车后,他内心的想法就完全发生了改变。他掸掸身上的灰尘,对自己说:"就这样,好好地干,你一定会东山再起的!"从那以后,吉拉德把心思全用在了工作上。用废寝忘食一词来形容他对待工作的态度一点不为过。有一次,妻子打来电话,说他们的小儿子住进了医院,让他赶快过去。当吉拉德匆忙换下工作服准备离开时,一位顾客找上门来,说刚买的汽车刹车不好使,要求他尽快给调一下。吉拉德二话没说,立即又换上工作服钻进了车底,一干就是几个小时。当他拖着疲惫的身体赶到医院时,妻子已经搂着儿子进入了梦乡。他没有惊动他们母子,只是在病房的墙角蹲了一夜,第二天便又早早地去上班了。就在吉拉德一个月没有卖出一辆汽车时候,他也没有失望,多年的经验和教训告诉他,所有的工作都会有难度,都会出现这样那样的问题,如果一遇到问题就缩头退让,或者一次接一次地跳槽,情况有可能会变得越来越糟。

他常把对待工作的责任感,形容成一个人种下一棵树,从种下去开始,只要精心呵护,倾注你的热情,该浇水时浇水,该剪枝时剪枝,到它慢慢长大时,它就会给你回报。

作为一名汽车推销员的吉拉德,种下的树苗早已长成参天大树,并给他带来无穷的财富。

在现实生活中,经常会看到一些受过良好教育、才华横溢的"穷人",

认真地探讨一下,就会发现造成这种现象的原因,主要是他们不愿意自我反省,养成了一种嘲弄、吹毛求疵、抱怨和批评的恶习。他们根本无法独立自发地去做任何事,只有在被迫和监督的情况下才能工作,被动地去工作,严重缺乏责任心。究其根本的原因,是他们没有责任感,没有把公司的任务当做是自己的,所以,他们永远也不会获得更好地机遇。

没有责任感就没有机遇

俄国著名作家列夫托尔斯泰曾这样描述过责任对于把握机遇的重要性:竭力履行你的义务,你应该就会知道,你能把握住多少机遇,你到底能够实现多大的价值。

一天, 有个佛陀坐在金刚座上对弟子们开示道:"世间有四种马:第一种是良马,主人会为它配上马鞍,驾上辔头,而它也能够日行千里,快速如流星。尤其可贵的是,当主人一抬起手中的鞭子时,只要它一见到鞭影,便能够知道主人的心意,轻重缓急,前进后退,都能够揣度得恰到好处,不差毫厘。这是能够明察秋毫、洞察先机的第一等良驹。

"第二种是好马,当它的主人的鞭子将要打下来的时候,它看到鞭影后不能马上警觉。但是在鞭子打到马尾的毛端时,它就能领会到主人的意思,然后奔跃飞腾。这是反应灵敏、矫健善走的好马。

"第三种是庸马,不管主人几度扬起皮鞭,尽管它见到了鞭影,却依然表现迟钝、毫无反应。更甚至是当皮鞭屡次挥打在它的皮毛之上时,它都无动于衷。只有等到主人动了怒气,鞭棍交加地打在它结实的肉躯之上时,它才能有所察觉,然后按照主人的命令奔跑。这是后知后觉的平凡的庸马。

"第四种是驽马，主人就算扬起了鞭子，它仍是视若无睹；鞭棍抽打在它的皮肉之上，它也毫无知觉；它们只有等到主人盛怒了，双腿夹紧了马鞍两侧的铁锥，霎时的痛入骨髓，皮肉溃烂，它才如梦初醒，放足狂奔。这是愚劣无知、冥顽不化的驽马。"

企业当中也同样存在着四种"马"：良马型的员工，能够主动地学习、勇于担责，他们知道自己该干什么，也知道企业需要他做些什么，这种人最容易取得成功。好马型的员工，他们虽然不是最聪明的，却也不差，只要别人稍加提醒，他们就能够马上意识到问题所在，承担起自己应当担当的责任，也还算是识大体、业绩突出的好员工。庸马型的员工，有如不怕开水烫的死猪，干什么活都得别人反复提醒和催促，直到自己的领导发怒了，他们才开始慌乱起来，这种人常令领导感到头疼。不过，最糟糕的还是驽马型的员工。这种类型的员工又笨又懒，无论你说什么，他都是一副满不在乎的样子。只有当工作变得一塌糊涂，自己被开除的时候，他才追悔莫及，但是一切都已经晚了，因为企业永远不需要这种员工。

我们也可以称后两种员工为懒惰型的员工。"挨一鞭，动一下"说的是驴拉磨的情景。为了使毛驴干活，人就会想出各种法子。一是在拉磨的时候，把驴的眼睛用布捂上，让它只知一个劲地顺着磨道转，还不能偷嘴。二是人嘴里不停地吆喝，一手晃鞭子，一会儿吼一声，一会儿朝驴腔轻抽一鞭，毛驴的脚步才会快起来。

"挨一鞭，动一下"用来形容敷衍工作的人，就好像"懒驴拉磨"，猛地提醒、警告一下，这类员工才会走几步，你不用"鞭子"去"抽打"他，那他就一动不动。其实，这种人是最缺乏责任感的，正是因为他们缺乏对责任的认识，才不可能也不会有更进一步发展的机遇。因此，他们迟早是要被公司淘汰掉的。

小张是一家大型文化公司的老员工，由于他在公司待的时间长了，基本上什么状况都遇到过，也没有什么问题能够难住他；而且，公司新来的员工，只要是一遇到难题就向他请教，这使得他的自我感觉有些过于良好，有些飘飘然，觉得自己有能力驾轻就熟，能够应付上级布置的各种任务。

后来，公司因为发展的需要，换了一位新的总经理，他是这个家族公司集团中第一位被提拔的非家族成员。当然啦，"新官上任三把火"不一定会烧到哪里。所以，他对自己的下属非常严格，甚至还有点儿鸡蛋里挑骨头。不过，小张并没有把他当回事。

有一次，总经理要求小张为一个董事会准备资料，小张当即展开了工作。不过，他只是迅速地、简单地整理了一下从各部门呈报上来的报表，工作很快就完成了。但是当小张把资料交上去之后，总经理只是大致翻阅了一下就发现了许多的漏洞，不过他只说了一句话："工作不用心。"

小张很不服气，他告诉总经理，为了这份资料，他已经好多天没有按时吃晚饭了。

总经理只是叹了一口气说道："你自己对这堆资料满意吗？如果不满意，你就是在敷衍工作。你要记住：敷衍工作，首先就是对自己的不负责任。"

小张的问题，并不是因为他不聪明、能力不强，而是不愿将工作做到完美，这才导致了他习惯性地在工作中敷衍。

我们相信，如果没有总经理的提醒和警告，小张肯定还会继续敷衍下去。因为，他在完成工作的过程中，只是在想着吃饭的问题，并没有真正用心地去工作，只是敷衍了事。如果总经理拿着他提供的资料参加会议，肯定是会出问题的。小张的这种表现，就是缺少责任感造成的，如果他不加以改正的话，不要说得到提升了，就连自己还能否继续留在公司都会成为问题。

敷衍工作,对工作不负责任,首先明确的就是不能得到更好的发展机遇。这是因为:

(1)没有责任感,就会敷衍工作,其中必然会有漏洞。这在现实生活中常常发生,即使你觉得自己做得很好,但是,你能保证一点失误都没有吗?

(2)没有责任感的员工,只会被动地执行、敷衍工作,一般很难发挥自己的创造力,更别提进一步的发展了。

(3)因缺乏责任感而做出来的工作,只是一种敷衍,极有可能会被"枪毙"掉,只是在白费力气。

(4)任何企业都不需要在工作中敷衍的人,因为这种人缺乏对自己工作所必需的责任感,而且也没有人会欣赏对工作敷衍了事的人,不论是他的上司、同事,还是下属。

(5)不负责任的敷衍工作,有时甚至要比不忠诚、不敬业更具有破坏力。因为它直接侵蚀着一个人的灵魂,损害着他们自己的责任感,同时还有损于他们自己的敬业意识和诚实精神。然而,这些正是一个人立足职场,并能做出成绩和得以继续发展的基础和保障。

人和动物的区别之一就在于人有一种精神,有对他人和社会的责任感与关爱,能够通过工作,找到自己人生的价值和意义。推一下、动一下,挨一鞭子、推一下磨,那是对自己的人生不负责的表现!像这种缺乏责任心的员工,是不会有更好的发展前途的。

〔六〕

责任体现忠诚

责任感源于忠诚,没有忠诚,责任感也就无从说起。没有责任感,你就会在引诱面前把握不住自己。这样,你的事业和感情就会土崩瓦解,最终只能在一片废墟中独自哀叹。而背叛"忠诚"的最大受害者,将是背叛者自己。

最大的忠诚是履行职责

忠诚来自强烈的责任感，一个人只有具备了对企业与工作高度负责的精神，才能够真正地拥有忠诚的品质。换句话说，强烈的责任感可以造就忠诚。

如今，在这复杂的社会中，可以说到处都充满着诱惑。对一个职场中人来说，诱惑不仅仅是一个陷阱，更是一种考验。在诱惑面前，有不少人没有经受住考验而昧着良心出卖了公司。在这些人出卖公司情报的时候，事实上也是在出卖他们自己。任何公司都不会容忍或者原谅员工的出卖行为，那些对公司不忠，只是为了一己之私，不惜牺牲公司利益的人，被职场淘汰将是他们必然的命运。

作为某世界500强中国公司的部门经理，张力能说会道，深得老总的赏识和器重。后来经熟人介绍，他结识了同行业的一家台商老板。有一天，他受邀来到一家星级饭店，与这位台商喝酒聊天。酒过三巡之后，台商走到张力的身边，拍着他的肩膀说："张总，我有一事相求，不知你肯不肯帮忙？"

"你尽管说就是了，只要我能做到就行。"张力拍着胸脯。

"我和你们公司最近在谈一个项目。"台商说，"如果你能够将其中相关的一些技术资料，提供给我一份，这将会使我在谈判中占据更主动的地位。"

"你让我做这事啊？"张力也知道如果帮他的忙，就等于泄露了公司的机密。

"有钱大家赚。如果你能帮我的忙,我是不会亏待你的。"台商伸出了三个指头,压低声音说:"30万怎么样?"

张力还在犹豫着,毕竟这关系着他的前途和命运。

"不用担心,"台商说,"这事只有天知、地知、你知、我知,对你的地位也是丝毫没有任何影响的。"台商见张力还在犹豫,就立即将一张写有30万元的支票递给张力。在金钱的诱惑面前,张力背叛了公司。

在双方的合作谈判中,张力所在的公司损失巨大。后来,台商因赌博欠下巨债,公司破产了不说,连房产都被抵债了。身无分文的台商于是就打起了张力的主意,不但索回了30万元,还不断勒索他。终于,有一次张力没有满足台商的要求,被后者告发了。公司查明了真相,果断地辞退了张力,并将之诉诸经济法庭。

在现实生活中,像张力这种背叛公司的人的确存在。与之相比,在巨利诱惑下,依然能够守护忠诚的员工显得格外令人尊重。一个员工要想将忠诚坚持到底,需要具备鉴别力也需要抵抗诱惑的能力,并能经得住各种考验。如果你不为诱惑所动、能够经得住考验、忠诚于你的企业,你所得到的不仅仅是企业对你的信任,你的所作所为还会赢得他人的尊重,从而赢得更多的发展机会。在现实生活中,这种例子数不胜数。

一个人如果没有了忠诚,也就谈不上什么责任感。唯有那些将忠诚看成是最大责任的人,才能经得起各种各样的诱惑,才会时时刻刻地想到企业的利益,且会全力以赴地完成任务,才会在企业陷入困境时继续留在公司,帮助企业渡过难关。

忠诚来自强烈的责任感,一个人只有具备了对企业与工作高度负责的精神,他才算是真正拥有了忠诚的品质。换句话说,强烈的责任感可以造就忠诚。当他进一步认识到忠诚是一种责任时,责任与忠诚就达到了统一。一个没有责任感的人,就算每天都将忠诚挂在嘴边,也经不起事实的考验。

在一家房地产公司工作的艾丽丝，负责办公室的打字工作。她的打字室和总经理的办公室中间只有一块大玻璃隔着，但她从不他顾，只是认认真真地工作着。一年以后，由于企业缺少充足的资金运转，经营陷入困境，甚至工资也不能按时发放，员工纷纷离职。但这时艾丽丝却在想尽自己的能力帮公司摆脱困境，并将其视为自己的责任。当老总办公室的工作人员就只剩她一个人时，她的这种责任感反而更加强烈了。

有一天，艾丽丝走进了总经理的办公室，直接问道："你觉得公司已经垮了吗？"总经理一愣，说："没有！"艾丽丝用坚定的语气说："既然没有，就不要丧气。目前的情况的确非常糟糕，但许多企业都面临着相同的问题。尽管公司的200万美元扔在了工程上，变成了一笔死钱，但我们还有一个公寓项目啊，只要将这个项目尽力做好，就一定可以让公司重新振作起来。"说完，她拿出了那个项目的策划文案。几天之后，总经理派艾丽丝去负责那个项目。在责任感的驱使下，艾丽丝做出了令总经理与同事们都惊讶的业绩。两个月之后，那片地理位置不太好的公寓全部售出，从中收回的资金令公司的状况大为改观。

像艾丽丝这种对公司高度负责的忠诚，你具备吗？要知道，每个企业老板都欣赏忠诚的员工。在一项针对世界著名企业家的调查中，当调查者问到"您认为员工最应该具备的品质是什么"时，几乎所有的企业家都选择了"忠诚"。

想知道为什么会这样吗？不妨来看看比尔·盖茨是如何解释的："这个社会并不缺乏有能力有智慧的人，缺的是既有能力又忠诚的人。相对来说，员工的忠诚对于公司而言更重要，因为智慧与能力并不能完全代表一个人的品质，对公司而言，忠诚比智慧更有价值。"

企业家们之所以重视忠诚，就是因为它会令一个人在执行任务时，能够保持连续性与完美性。强烈的责任感可以造就一个人的忠诚，忠诚又会增强一个人的责任感，使不管出现哪种情况、诱惑或困难，都会始终如一地继续执行任务，都会尽自己最大的努力做好工作。

也许会有人说:"我对公司忠诚,但老板好像看不见。不仅不器重我,还让我受委屈。"忠诚不是交换的砝码,也不是完美的护身符。一名员工对企业忠诚,是最起码的职业道德,老板不会由于一名员工的忠诚就忽视其别的缺点、无视其在执行中出现的问题。甚至老板也有犯错误的时候,也有戴着有色眼镜看人的时候。这时,你可能会受到委屈,这在职业生涯中是十分正常的事情。如果你承受不住这么一点打击,做出不忠于企业的事,你将会为自己的草率与冲动付出巨大的代价,到了那个时候,你就真的会被老板冷落或被企业开除。正确的做法应当是,始终对企业保持忠诚、对工作忠诚,长此以往,老板迟早会发现你的价值。

成功学家们通过研究发现,在决定一个人职业成功的诸多因素中,能力的大小及知识素养占20%,专业技能占40%,而责任却占到40%。但是100%的忠诚敬业,则是一个人获得上述成功因素的唯一途径,是实现和创造自我价值的最大秘诀,因为这样的人才是企业真正需要的人。因此,一位成功学家无限感慨地说:"如果你是忠诚的,那么你就一定会成功。"

对企业而言,员工的忠诚才是最大的责任。员工对企业的忠诚,主要体现在尽职尽责、积极主动,不从事任何与履行职责相悖的事务上。此外,忠诚还有一个最重要的特征,就是忠实于公司利益,并且不以此作为寻求回报的筹码。可以说,忠诚是一个职场人士的做人之本,忠诚于公司,忠诚于工作,实际上也就是忠诚于自己。一个员工只有具备了忠诚的品质,才能赢得公司的信赖,取得事业的成功。

做一个履行职责的人

做一个履行职责的人,让责任成为习惯。这是因为,作为员工无论如何都要以公司的利益为重。只有时时都以公司的利益为重的人，才能够成为领导认可的员工，才能赢得信任与尊重，才能获得事业与人生的成功。

员工和公司的关系是否协调，直接关系着公司的长远发展和员工的未来成长。而员工和公司究竟该以一种什么样的关系出现，又是由双方的态度决定的，而且这种态度是相互的。如果员工从一开始就没把公司当做自己的合伙人，没把自己的进步和公司的成长放在一起考虑，那么他们自然不会事事为公司的长远发展考虑。相应地，公司也不会把更多、更好的发展机会留给这样的员工。公司只会把成长和进步的机会，留给那些全心全意为公司着想和公司共同发展的员工。

马汉高中毕业后，跟随哥哥来到南方打工。马汉和哥哥先是在一个码头的仓库给人家缝补篷布。马汉很能干，做的活儿也很精细，当他看到丢弃的线头碎布时也会随手拾起来，留作备用，好像这个公司就是他自己开的一样。

一天夜里，暴风雨骤起，马汉从床上爬起来，拿起手电筒就冲到大雨中。哥哥劝不住他，骂他是个傻蛋。

在露天的仓库里，马汉察看了一个又一个货堆，加固被掀起的篷布。这时候老板正好开车过来，只见马汉已经被淋成了一个水人儿。

当老板看到货物完好无损时，当场表示要给马汉加薪。马汉说："不用了，我只是看看我缝补的篷布结不结实，再说，我就住在仓库旁，顺便看看货物只不过是举手之劳。"

老板见他如此诚实，责任心又如此的强烈，就想让他到自己的另一个公司当经理。由于公司刚开张，需要招聘几个文化程度较高的大学毕业生当业务员，马汉的哥哥也跑了过来，说："给我弄个好差事干干。"马汉深知他哥哥的个性，就说："你不行。"哥哥说："看大门也不行吗？"马汉说："不行，因为你不会把公司的活当成自己的事干，也很难履行自己应尽的职责。"哥哥说他:"真傻,这又不是你自己的公司!"临走的时候,哥哥还说马汉没良心,不料马汉却说:"只有把公司当成是自己的事业,才能把事情干好,才算有良心。"

几年后,马汉成了一家公司的总裁,而他的哥哥却还在码头上替人缝补篷布。

这就是对自己的工作尽责,公司的利益与个人的利益是相同的。每一名员工都应该明白,个人的利益完全来自于公司的利益,因此维护公司的利益,实际上就是在维护自己的利益。敬业是一种责任,是一种精神上的体现。一个对自己工作有敬业精神的人,才会真正为企业的发展作出贡献,自己也才能从工作中获得乐趣,这样的员工才是真正有责任感的员工。

美国著名的职业演说家马克·桑布恩先生刚刚搬入新居几天,就有人来敲门。他打开房门一看,外面站着一位邮差。

"上午好!桑布恩先生!"邮差说起话来带着一股兴高采烈的劲头,"我叫弗雷德,是这里的邮差。我顺道来看看,并向您表示欢迎,同时也希望对您有所了解。"这个弗雷德中等身材,蓄着一撮小胡子,相貌很普通,但他的真诚和热情却始终溢于言表。

他的这种真诚和热情,让桑布恩先生既惊讶又温暖,因为桑布恩从来都没有遇到过这样的邮差。他告诉弗雷德,自己是一位职业演说家。

"既然您是一位职业演说家,那您一定会常出差旅行了?"

"是的,我一年大概有160~200天出门在外,这也是工作的需要。"

弗雷德点点头说:"既然如此,那您出差不在家的时候,我会把您的信件和报纸刊物代为保管,打包放好,等您在家的时候,我再送过来。"

弗雷德考虑事情的周到细致让桑布恩很吃惊,不过他对弗雷德说:"没有必要那么麻烦,把信放进邮箱里就可以了。"

弗雷德却耐心地解释:"桑布恩先生,窃贼会常常窥视住户的邮箱,如果发现是满的,就表明主人不在家,那您可能就要深受其害了。我看不如这样,只要邮箱的盖子还能盖上,我就把信件和报刊放到里面,别人就不会看出您不在家。塞不进邮箱的邮件,我就搁在您房门和屏栅门之间,从外面看不见,如果那里也放满了,我就把其他的留着,等您回来行吗?"

弗雷德的这种敬业精神实在让桑布恩先生感动,他没有理由不同意弗雷德完美的建议。

两个星期后,桑布恩先生出差回来,他刚刚把钥匙插进房门的锁眼,突然发现门口的擦鞋垫不见了。难道小偷连擦鞋垫都偷?这不可能吧。就在他怀疑这些的时候,转头一看,鞋垫跑到门廊的角落里了,下面还遮着什么东西。

事情原来是这样的:在桑布恩先生出差的时候,联邦快运公司误投了他的一个包裹,给放到了沿街再向前第五家的门廊上。幸运的是邮差弗雷德发现他的包裹送错了地方,并把它捡起来,放回到了桑布恩的住处藏好,并在上面留了张纸条,解释事情的来龙去脉,又费心地拿来擦鞋垫把它遮住,以掩人耳目。

弗雷德的工作是那样的平凡,可是,他的这种敬业精神又是那样的高尚。在接下来的10年里,桑布恩一直受惠于弗雷德的杰出服务。一旦信箱里的邮件被塞得乱糟糟的,那准是弗雷德没有上班。只要是弗雷德在他服务的邮区里上班,桑布恩信箱里的邮刊一定是整齐的。

弗雷德这种近乎完美的敬业精神,源自他对客户深深的责任感,正是这种责任感保证了他热情、周到、细致的服务,使他成为敬业精神的象征,成为广大员工学习的楷模。

敬业是一种责任精神的体现,一个对工作有敬业精神的人,才会真正为企业的发展作出贡献,自己也才能够从工作中获得乐趣。这样的员工是真正有责任感的员工。敬业是对责任的一种升华。责任在某种程度上,还具有一种强制性,因为他有自己的工作范围以及责任,这一点是不容置疑的。但是敬业是员工的一种主动精神,不仅要完成自己的工作,而且要以一种高度负责的精神来完成自己的工作。

如果一个人只是为了薪水而工作,那么他的生活将因此陷入平庸之中,而人生真正的成就感,就会在他日益平凡的工作中远离而去。认真地履行职责,完成工作的目的,不单是为了获得报酬,还会给你带来的快乐,这要远比工资卡中的工资多得多。

责任体现忠诚,忠诚体现价值

在工作中如果你把忠诚单纯地理解为从一而终,那么你就错了。忠诚是一种职业的责任感,是对职业的一种忠诚,是你承担某一责任或者从事某一职业所表现出来的敬业精神。然而,不可回避的事实是,现在的绝大多数人,尤其是职场新人,他们在做工作的时候,想到的只是如何能够帮自己获得最大的收获、最高的成就。当他们把敬业当成老板监督员工的手段,把忠诚看做管理者愚弄下属的工具时,就会认为向员工灌输忠诚和敬业思想的受益者,只有公司和老板。其实不然,忠诚并不仅仅有利于公司,其最终和最大的受益者还是员工自己。

忠诚铸就信赖,信赖造就成功。一旦你养成了对事业高度的责任感和忠诚,你就能够在逆境中勇气倍增,在面对引诱时不为所动。从而具备了让有限资源发挥出无限价值的能力,为自己争取到成功的砝码。

在这个世界上,到处都充满了诱惑,说不定在什么时候我们就掉进了陷阱。诱惑随时可能让一个人背叛自己所信守的情感、道德、工作原则。因此,忠诚就变得十分的可贵。特别是在企业里,忠诚不仅能够维护企业自身的形象和利益,还能够确保企业健康的生存与发展。

对于员工而言,忠诚于自己的企业,所得到的不仅是企业对自己更大的信任,其所作所为还会让企图诱惑你的人,感觉到你人格的力量。如果你背叛了自己的企业,你的身上将会背负一辈子都擦拭不掉的污点,还会有人愿意用你吗?答案是否定的,没有人会用一个曾经背叛自己企业的人。背叛忠诚的代价,就是给自己的人格和尊严抹上污点。

忠诚,其实也是市场竞争中的一种原则。一个人的忠诚不仅不会让他失去机会,相反会让他赢得机会。除此之外,他还能赢得别人对自己的尊重和敬佩。人们似乎应该意识到,取得成功的因素中,最重要的一点,不是一个人的能力,而是他优良的道德品质之一——忠诚。

一个优秀的员工必须具备忠诚的美德。从某种意义上讲,忠诚对于公司来说,就是主动地以不同的方式为公司作出贡献。因此,不背叛公司,不做有损于公司利益的事,只是忠诚一个方面的表现。积极改进自己,主动为公司寻找开源节流的渠道,也是忠诚的一种体现,更是每个员工义不容辞的责任。

当你因忠诚主动对公司负责、加倍付出时,你的老板就会对你另眼相看,忠诚地对待你。这正如一位成功者所说的那样:"一个人自身价值的创造和实现,完全依赖于忠诚。"没有忠诚,责任感也就无从说起,没有责任感,你就会在引诱面前把持不住自己。这样,你的事业结构就会土崩瓦解,最终只能在一片废墟中独自哀叹。所以说,背叛"忠诚"的最大受害者将是背叛者自己。

而忠诚往往还能够体现出一个人能力的大小。对于每一个人来说,忠诚于公司就是忠诚自己的事业,就是以不同的方式为自己的事业作出贡献。在组织中,忠诚表现在工作主动、责任心强、细致周到地体察上司的意图中;同时忠诚还不以此种表现作为寻求回报的筹码。其实,在他们个人忘我的工作中,价值就会得到最大程度的体现。

下级对上级的忠诚,可以增强上级的成就感和自信心,同时还可以增强整个团队的竞争力,使组织更加兴旺发达。这就是许多决策者在用人的时候既考察其能力，又看重个人忠诚度的原因。一个忠诚的人十分难得，一个既忠诚又有能力的人更是难求。忠诚的人无论其能力的大小，决策者都会给予重用，这样的人无论走到哪里，都会有许多大门为他敞开。相反，就算一个人的能力再强，如果缺乏必要的忠诚，也常常会被他人拒之门外。毕竟在人生的事业中，需要用智慧来做出决策的大事实在是太少，而需要用行动来落实的小事，却有很多，因此，多数人更绝对需要忠诚和勤奋。

一次，约翰和戴维负责把一件很贵重的古董送到码头，上司反复叮嘱他们路上要小心，没想到送货车开到半路却坏了。如果不按规定时间送到，他们要被扣掉一部分奖金。

于是，约翰凭着自己力气大，背起邮件，一路小跑，终于在规定的时间赶到了码头。这时，戴维说："我来背吧，你去叫货主。"他心里暗想，如果客户看到我背着邮件，把这件事告诉老板，说不定会给我加薪呢。他只顾想，当约翰把邮件递给他的时候，一下没接住，邮包掉在了地上，"哗啦"一声，古董碎了。

"你怎么搞的，我没接你就放手。"戴维大喊。

"你明明伸出手了，我递给你，是你没接住。"约翰辩解道。

他们都知道古董打碎了意味着什么，没了工作不说，可能还要背负沉重的债务。果然，老板对他俩进行了十分严厉的批评。

"老板，不是我的错，是约翰不小心弄坏了。"戴维趁着约翰不注意，偷偷来到老板的办公室对老板说。老板平静地说："谢谢你，戴维，我知道了。"

老板把约翰叫到了办公室。约翰把事情的原委告诉了老板，最后说："这件事是我们的失职，我愿意承担责任。另外，戴维的家境不太好，他的责任我愿意承担。我一定会弥补我们所造成的损失。"

约翰和戴维一直等待着处理的结果。一天，老板把他们叫到了办公室,对他们说:"公司一直对你俩很器重,想从你们两个当中选择一个人担任客户部经理,没想到出了这样一件事,不过也好,这让我们更清楚哪一个人是合适的人选。我们决定请约翰担任公司的客户部经理。因为,一个能勇于承担责任的人是值得信任的。戴维,从明天开始你就不用来上班了。"

"老板,为什么?"戴维问。

"其实,古董的主人已经看见了你们俩在递接古董时的动作,他跟我说了他看见的事实。还有,我看见了问题出现后你们两个人的反应。"老板最后说。

慌忙推卸责任并置之不理,不仅会伤害公司和客户的利益,也会伤害自己。绝大多数老板都不愿意让那些习惯推卸责任的员工来做他的助手。在老板眼里,习惯推卸责任的员工,就是一个不可靠的人。

对于大多数的人来说,一生恐怕都要走好几条路才能最终到达自己想要到达的地方。从职业的角度分析,每一个人难免要调换几种或者几次工作。但是这种转换,必须依托着整体的人生规划。盲目跳槽,也许收入会有所增加,但是一旦养成了这种习惯,跳槽就不再是目的,而将会成为一种惯性。一个频繁转换工作的人,在经历了多次跳槽以后,就会发现自己已经在不知不觉中形成了一种习惯:在工作中一遇到困难就想跳槽,人际关系紧张时就会想到跳槽,看见好工作时也想跳槽,有时甚至只是莫名其妙地想跳槽而已。在他们的心目中,似乎下一个工作才是最好的,似乎一切问题都可以用转移阵地法来解决。这不但是对公司、对组织不忠诚,而且也是对自己不忠诚,这样跳槽频繁的人很难实现自己的价值。

根据国内一家著名的猎头公司所做的市场调查资料显示:年薪超过百万的职场人都是极少跳槽的,他们基本上都有着在一家公司做过十年以上工作的经历,而那些跳槽频繁的人,其收入则呈现出递减的趋势。更为严重的是,许多公司在招聘新员工的时候,都会对员工的跳槽经历进行考察。

很多员工之所以不能实现自己的价值,其失败的原因就在于,他们丧失了成就事业中最宝贵的而且是必需的东西——忠诚和敬业。缺乏忠诚的员工,往往会变得心浮气躁,凡事浅尝辄止,遇难而退;这山望着那山高,空有远大的理想,只是无心执着地追求。

对于这类人,应该好好地反思一下自己。引用一位成功学家的话:"如果你是忠诚的,你就会成功。"忠诚能够体现人生的价值,还能实现人生的价值,更能够促使一个人迅速地取得成功。

忠诚敬业,没有借口

责任感是一个人走向社会的关键,是一个人在社会上立足的重要资本。任何一个企业的老板,总是希望把自己的每一份工作,都交给责任心强的人,谁也不会把重要的职位交给一个遇到问题总是推三阻四、找出一大堆借口的人。

张燕在一家大型建筑公司担任设计师,常常要往工地跑,到现场勘察,还要为不同的老板修改工程上的细节,异常辛苦。虽然她是设计部唯一的女性,但她从来没有逃避过强体力的工作。不管是爬楼梯到25层,还是去野外勘测,她从来都是二话不说,主动去做。

有一次,她的老板要为一名客户安排一个可行性的设计方案,时间只有三天,大家都感到时间太紧,不愿接受这项工作。当老板最后把这项任务交给张燕时,她二话没说,一接到任务就去看了看现场,然后就开始了工作。在这三天时间里,她都在一种异常紧张、兴奋的状态下度过。她食不知味,寝不安枕,满脑子想的都是如何才能把这个方案弄好。她到处查资料,虚心向别人请教,虽然大家都知道这是一件很难做好的事情,但是谁也没有想到,当眼睛布满血丝的张燕,准时把设计方案交给了老板时,也得到了大家的肯定。

很快,张燕就成了设计部的红人。不久,被提升为了设计部主管,工资也翻了好几倍。后来,老板告诉她,他最欣赏像张燕这样的员工,对于领导交代的工作认真执行,并敢于负责。

在企业中,积极落实上级派遣的任务,不仅能使自己的能力和素质得到提升,使自己的人品可以信赖,还能很好地维护公司的利益,更能体现出自己对工作认真负责的敬业精神。而推托和懈怠,不仅会贻误最佳的战机,更会损坏企业整体的利益。

找借口推卸责任,对公司具有很大的危害性,所以有的人会说:"公司经营的好坏和我有什么关系呢? 我只不过是一名被雇用的员工,公司垮了,我大不了另找一份工作,我个人并没什么损失。"其实,这是在利用借口逃避责任, 最大的受害方并不是公司,而恰恰是那些找借口的人。

福特汽车的创始人亨利·福特,在制造著名的V8汽车时,明确指出要造一个内附8个汽缸的引擎,并指示手下的工程师马上着手设计。然而其中有一个工程师认为, 要在一个引擎中设置8个汽缸是不可能的。他对福特说:"这简直就是天方夜谭! 以我多年的经验来看,这是绝对不可能的事,我愿意和您打赌,如果谁能设计出来,我宁愿放弃一年的薪水。"福特先生应了他的赌约。

后来,其他工程师通过对世界范围内的汽车引擎资料进行系统的搜集、整理并精心设计,结果,奇迹出现了,他们不但成功设计出了8个汽缸的引擎,而且还正式地生产出来了。

那个工程师对福特说:"我愿意履行我们的约定,放弃一年的薪水。"

这时,福特严肃地对他说:"不用了,你可以领走你应得的薪水,但是你并不适合继续在福特公司工作了。"

有许多人只想着得过且过,在做不好事情、完不成任务时,就把借口当做敷衍别人、原谅自己的"挡箭牌"。他们宁愿花费时间、精力找借口来逃避责任,也不愿花费同样的时间、精力来完成工作。只是一味地把借口作为掩饰弱点、推卸责任的"万能器",这样往往会使他们忘记了自己的职责,人也渐渐变得懒惰起来。

那些勇于负责的人知道,要想改变自己的生活境况和人生境遇,就要从负责任的角度入手。在美国卡托尔公司的新员工录用通知单上,印有这样的一句话:"最优秀的员工是像恺撒一样拒绝任何借口的英雄!"找个借口,是丝毫不费力的事情,但是这样你虽然在表面上得到了安慰,但是实际上你将一事无成。

不管是个人,还是一个团队,甚至是一个企业,只有学会在问题面前、困难面前、错误面前勇于承担自己的责任,才能走向成功,团队的战斗力才会增强,企业才能做好、做大。

一天下午,东京Otakyu百货公司的售货员Hinpin有礼貌地接待了一位来买唱机的顾客。售货员为她挑了一台"索尼"牌唱机。事后,售货员清理商品时却发现错将一个空心唱机货样卖给了那位美国顾客,于是立即向公司警卫作了报告。警卫四处寻找那位女顾客,但是仍不见其踪影。经理接到报告后,觉得事关顾客利益和公司信誉,非同小可,马上召集有关人员研究。最后经过调查得知,那位顾客名叫基泰丝,是一位美国的记者,她留下了一张"美国快递公司"的名片。据此仅有的信息,Otakyu公司公关部开始一连串近乎大海捞针式的寻找。他们打电话,向东京各大宾馆查询,均无果。最后,他们向纽约的"美国快递公司"总部查询,在深夜得到基泰丝父母的电话。就给她的父母致电,最终得到了基泰丝在东京的住址和电话,几个人忙了一夜,总共打了35

个紧急电话。

第二天一早,Otakyu公司就给基泰丝打电话道歉。几十分钟后,Otakyu公司的经理和提着东西的公关人员,就乘车赶到了基泰丝的住所。两人进了客厅,见到基泰丝就深深地鞠躬,并再次表达了歉意。除了送来一台新的合格的"索尼"唱机外,又加送唱片一张、蛋糕一盒和毛巾一套。接着经理打开记事簿,向她讲述了及时纠正这一失误的全部过程。

这让基泰丝深受感动。她告诉公关人员她买这台唱机,是准备作为礼物送给东京的外婆的。回到住所试用时,发现唱机根本就没有装机芯,不能使用。当时她很生气,觉得自己上当受骗了,立即写了一篇《笑脸背后的真面目》的批评稿,并准备第二天一早去Otakyu兴师问罪。没想到,Otakyu公司纠错如救火,为了一台唱机,花费了那么多的精力。这些做法,让她很是敬佩,于是她又重新写了一篇题为《35次紧急电话》的特写稿。

在《35次紧急电话》见报后,反响热烈,Otakyu公司也因为一心为顾客着想而声名鹊起,门庭若市。

任何一个老板都很清楚,一个能够勇于承担责任的员工,对于企业有着多么重要的意义。问题出现后,推诿责任或者寻找借口,都不能掩饰一个人责任感的匮乏。亚伯拉罕·林肯说过:"逃避责任,难辞其咎。"只有对自己的行为负责,主动承认错误,以负责的态度弥补过失;对公司和老板负责,对客户负责,这才是老板喜欢的员工,也只有这样的员工,才能在公司中有所发展。

克莱希尔公司的经理人罗伯特曾经在一家公司做采购员。一次,当他准备采购一位日本卖主给他提供的一种新款手提包时,发现自己在评估上犯下了一个严重的错误。公司明文规定,采购员绝对不能用尽"可支配账户"上的存款数额,否则就只能等到资金回笼时,才能够购买新的商品,而这通常要等到下一个购买季节。

他意识到,如果他预先留下一笔资金,就可以抓住这个好机会。然而,现在他面临着两种选择:一是放弃这笔生意,而这种新款手提包肯定会给公司带来很大的收益;二是向老板承认错误,并请求追加拨款。正在他一筹莫展的时候,老板正巧经过。罗伯特当即对老板说:"我遇到了麻烦,而这都是由于我犯的错误所致。"并向他说明了做成这笔生意的重要性。

尽管老板明白这是由于罗伯特没有做好评估所致,但还是对他的坦诚和敢于承担表示肯定,并很快给他拨款。结果这种新款手提包一上市,就被抢购一空,给公司带来了巨大的利润。

人非圣贤,孰能无过。罗伯特通过这件事情认识到,犯了错误并不可怕,最主要的是勇敢地承认错误、承担过失,并努力寻找可以弥补失误的办法。对于一个勇于承认错误,并设法加以弥补的员工,老板会给他更多的包容和谅解。

责任源于忠诚

忠诚是什么?忠诚并不是对某个公司或者某个人的唯唯诺诺或者是从一而终,而是一种职业精神,是一种高度的职业责任感,是承担某一责任或者从事某一职业时所表现出来的敬业精神。

不过,令我们无法回避的是,现在绝大部分的人,特别是刚刚参加工作的年轻人,他们在工作时,想到的仅仅是怎样能够帮助自己获得最大的收获以及最快速度的成长。他们将敬业视为老板监督员工的手段,将忠诚视为领导者欺骗下级的工具,甚至觉得向员工灌输忠诚与敬业思想,最终受益的只是企业与老板。

但事实却并非如此。忠诚不只是对企业有益,其最终的受益者还是员工本人。只要养成对事业高度的责任感与忠诚,你就能够在遇到困难时勇气倍增,面对诱惑时无动于衷,就能够具有让有限资源发挥无限价值的能力,从而获得最后的成功。

当今社会处处都充满了诱惑,诱惑随时都会使一个人背叛自己的情感、道德和工作原则,所以,忠诚就显得十分可贵。尤其是在公司中,忠诚不但能维护公司自身的形象与利益,还能够确保公司的健康生存。

对公司忠诚的员工,获得的不只是公司对自己更大的信任,其所作所为还会使企图诱惑你的人感受到你的人格力量。任何人都不敢用一个曾背叛自己公司的人。忠诚还能够让你在激烈的市场竞争中脱颖而出。

在一家网络公司担任技术总监的希金斯,因为企业改变了发展方向,从而感觉到公司已经不再适合自己了,于是想重新找份工作。

凭着希金斯的资历以及在计算机行业的影响,再加上原来企业的实力,重新找份工作对他来说非常轻松。此前就有许多公司看好希金斯,曾试图挖走他,但是都未能取得成功。这次是希金斯自己想要辞职,对很多企业来说,这是一次千载难逢的机会。

有许多家企业都提供了非常好的待遇,可在优越待遇的背后,总是隐藏着一些不为人知的东西。希金斯明白这是何种原因造成的,可他不能为了优越的待遇就背弃自己所坚持的原则,所以,他谢绝了许多家企业的邀请。

后来,希金斯决定去一家大型公司应聘技术总监,该公司在全国,甚至是全世界都具有极大的影响,不少IT界的人士都希望能够到该企业就职。

这家公司的人力资源部经理与主管技术方面工作的副总经理,首先对希金斯进行了面试。他们非常满意希金斯的专业能力,可同时还提出了一个让希金斯非常失望的问题。

副总经理说:"我们非常欢迎您到我们公司来工作,您的能力与资历都很好。据说,您原来工作的企业,正在准备研制一种适用于大型公司的新型财务应用软件,听说你也提出了许多宝贵的意见,刚好我们公司也在策划这方面的工作,是否能透露一些你以前公司的情况,您应该清楚,这对我们的发展非常重要,而且这也是我们选中您的一个原因。请原谅我说得这么直接。"

"我现在感觉非常失望,你们竟然也问我这些问题,看来市场竞争确实需要一些不正当的手段。但是我也要让你们失望了。不好意思,我有责任对我的公司忠诚,就算我离开了,无论什么时候,我都一定会这样做。对我来说,信守忠诚比得到一份工作更加重要。"说完,希金斯就离开了。

希金斯的朋友们都为他感到惋惜,因为有许多人都梦想着能够到该公司上班。而希金斯却并未感觉到有什么好可惜的,他觉得自己所做的这一切都是正确的。

但是在几天之后,希金斯收到了那家公司寄来的一封信,信中写道:"我们决定聘用你,不只是由于你的专业能力,还有你的忠诚。"

事实上,该企业在招聘人才时,始终都非常重视自己的员工是否会忠诚。他们相信,一个忠诚于自己以前企业的人,也同样会忠诚于自己的企业。有许多人在这次面试中落聘了,就是他们只是为了得到这份工作,而失去了对前公司的最基本的忠诚。当然,他们中间也不乏出色的专业人才。然而该企业的人力资源部经理却觉得,一个不能够对自己以前公司忠诚的人,人们难以相信他会对其他公司忠诚。

可见,一个忠诚的人不但不会丧失机会,反而还会得到更多的机会。此外,忠诚者还会获得他人对自己的尊重与敬佩。我们都应当明白,获得成功最重要的因素并非是一个人的能力,而是他的优良品德。

忠诚是任何一名出色的员工都要具备的美德。也可以说,对公司忠诚,就是主动以不同的方式为企业作出贡献。然而,不背叛企业,不做损害企业利益的事情,只是忠诚的一个表现方面;积极改进,主动为企业寻找开源节流的途径,是忠诚的又一种体现,也是任何一位公司员工义不容辞的责任。

李磊和赵虎在高中毕业以后结伴来到深圳。由于两人长时间都没能找到工作,身上的钱很快就要花光了。无奈之下,他们只好来到一个建筑工地,找到包工头推销自己。

工地的老板说:"我这儿现在也没有适合你们的工作,要是愿意的话,你们可以在我的工地上干一段时间的小工,一天30块钱。"因为没有其他办法,他俩就暂时答应了下来。

到了第二天,老板交给他们一个任务,将木工在钉模时掉在地上的铁钉捡起来。每天,他们除了吃饭的半个钟头以外,没有其他的休息时间。过了几天之后,李磊暗自算了一笔账,他发现老板这么做,其实一点都不划算,根本节省不了钱。李磊决定跟老板谈谈这个问题,可赵虎却非常地反对:"最好别找老板,要不然,咱们又没有工作了。"李磊不同意,还是直接找到了老板。

李磊说:"老板,坦白地说,公司需要效益,表面上看,捡回掉了的钉子很合理,可其实,它带给您的只是负值。我认认真真地捡了好几天,每天最多也不过2斤左右。而这种钉子的市场价为每斤2.5元,这样计算,我要用好几天才能够创造20多块钱的价值,但您一天却给我30块钱的薪水。这不但对您是一种损失,对我们也不公平。您要是算透了这笔账想辞退我,您就直说吧。"

想不到,老板竟然哈哈大笑起来说:"好小子,你过关了!我现在正好要找一名施工员,其实,拾钉子这笔账我也会算,我也知道你们俩都算出来了。我一直在等着你们过来告诉我,要是在一个月之后,你还没来找我,你们就都要走人了。公司需要效益,更需要像你这种忠心耿耿、责任心强、一心为企业着想的人才,我希望你能够留下来。至于赵虎嘛,我只能说非常地抱歉。"

任何一个老板,他的心里都非常清楚:谁有责任感,谁才是最忠诚的,谁才是最可靠的。老板只要发现你有一点儿的不忠诚,那么即使你有惊世的才华,他也不会再相信你,更不会给你提供个人发展的空间。

责任感源于忠诚,失去忠诚品质的人,也就谈不上责任感。而没有责任感的人,就会经不起诱惑。如此一来,你精心建造的事业结构就会土崩瓦解,最后只能在一片废墟中独自哀叹。

企业只欢迎忠诚的员工

忠诚是中华民族优良的伦理道德规范。古话说:"为人谋而不忠乎?"就是在说尽心为忠,赤诚无私,诚心尽力,主要讲的是个人的内在品德;诚者,信也。开心见诚,无所隐伏,所言、所行、内心所想相一致就是诚,就是真实不欺,尤其是不自欺,它主要是处理人际关系的行为准则。忠诚就是竭尽全力,言行一致,表里如一地做好事情。忠诚,是职业人应遵循的一种基本准则,是指对组织或个人真实无欺、遵守承诺和契约的品德及行为。这种内在品德及其行为,是各种经营活动得以正常进行的重要保证。

忠诚更是对企业负责的动力。忠诚的态度是敬业的土壤,这种对事业深厚的情感,会给人带来无穷无尽的财富。本杰明·富兰克林曾说过:"如果说,生命力使人们的前途光明,团体使人们宽容,脚踏实地使人们现实,那么深厚的忠诚感就会使人生正直而富有意义。"有了对企业的忠诚,就会自觉地、热情地、全身心地投入到工作中去。

不忠诚的人会厌恶自己的工作,或者是为了生计而工作、或者是表里不一、装腔作势,只是做样子给领导看。对自己工作的本身,并没有融入太多的情感和信念,因而在工作中也体会不到温暖和快乐,他们的生命也在周而复始的工作中慢慢消磨。而忠诚的人才能在自己的职业生涯中,一直保持着负责的态度。忠诚的人不管自己是否总在一家公司供职,不管自己将来是否要调换部门,他们都对现有的工作保持高度的责任感。他们能冷静地善待自己的工作,把工作中的每段时光都作为自己毕生事业的一部分。

忠诚是市场竞争中的基本道德原则,违背忠诚原则,无论是个人还是组织都会遭受损失。相反,无论对组织、领导者还是个人,忠诚都会使人受益。在任何时候都不能失去忠诚,因为它是我们的做人做事之本。

忠诚同时也是一种死心塌地的归属感,忠诚的员工不但会意识到自己属于这家公司,而且他会觉得自己一定要为公司做点什么。

米歇尔是个很有才华的人,他对自己的能力一直都很有自信。有一天他来到一家大型的公司应聘部门经理,老总对他提出要有一个考察期,但是令他没有想到是,在他上班后就被安排到了基层商店去站柜台,做销售员的工作。

工作伊始,米歇尔对于这个事实无法接受,但他还是强忍着委屈,耐着性子坚持了三个月。这时,他认识到,自己对这个行业一点也不熟悉,对这家公司也不是十分的了解,的确需要从基层工作学起,唯如此,方可全面地了解公司、熟悉业务,更何况自己现在拿的还是部门经理的工资呢。虽然实际情况与自己最初的预期有很大的差距,但是米歇尔懂得上司既然做出了这样的安排,自然会有他的道理。作为公司的一名员工,就要懂得服从安排听指挥。

三个月以后,他不但坚持了下来,还全面承担了部门的职责,并且充分利用这三个月的基层工作经验,带领自己的团队取得了良好的业绩。一年后,公司经理被调走了,他也得以提升。三年以后,公司总裁另有任命,他又被提升为了副总裁。

在谈起往事时,米歇尔颇有感慨地说道:"我当时忍辱负重地工作,心中存在着很多怨言。但是我知道,老板这样做是在锻炼我、考验我,于是我坚持了下来,并最终获得了现在的成功。"

其实,忠诚不只表现为对某个人忠心,它在根本上就是一种负责任的职业精神,也是一种敬业的精神,而非一种简简单单地对某家企业或者老板的忠诚。在工作中,也许你会发现,有的时候你的老板总是故意"刁难"你。请你不要担心,而是应该感到高兴,这是因为他非常重视你,他只是想考查一下你的忠诚度。只要考查结果能够证明你非常忠诚,那么你将会被委以重任。忠诚是一种感情与行动的付出,只要你有所付出肯定就会得到回报。

如今,有许多人都片面地认为,忠厚老实就代表着这个人软弱无能;阴险狡诈就可以如鱼得水,从而处处风光无限。其实,这只不过是事物的一种表面现象而已,他们并没有真正地弄明白事物的根本所在。投机取巧的人不会同时有着高尚的品德,而忠诚的人也不可能会有什么不好的习惯。一个忠诚的员工,会因为有着高尚的品德而享尽人生乐趣,而阴险狡诈者则常会受到内心的痛苦与折磨。在一个人真正地做到心如止水,抛掉心中的种种杂念以后,他才能够意识到,其实苦难才是老天对自己美德的考验,是对自己最好的锻炼。

朗讯总裁鲁索曾说:"我相信忠诚的价值是无限的,对企业的忠诚就是对家庭忠诚的延续,我从柯达重回朗讯,承担拯救朗讯的重任,这是我对企业的一份忠诚。我一直把唤起员工对企业的忠诚,作为自己奋斗和努力的终极目标。"世界上,有许多顶级的企业领导者,他们都将忠诚当做企业文化中的关键组成部分;抑或将忠诚当做员工对于公司的一种精神理念,用来增强员工之间的凝聚力,提升整个公司的竞争力。

　　现如今,不管是作为一种优秀的传统精神也好,还是一种现代企业的企业精神也罢,忠诚不仅护卫着责任,其实它本身也是一种责任。在每一家公司中,老板都需要对公司忠诚的员工。因为他们的忠诚,才能够做到对公司尽心尽力,尽职尽责。也正因为他们的忠诚,才能够急企业之所急,忧企业之所忧。更因为有了忠诚,他们才会勇于承担对于公司的一切责任。

　　忠诚,可以说是一种死心塌地的归属感。忠诚的员工不但会意识到自己已经属于这家公司,而且他还坚信自己一定要为公司做点什么才行。

　　在一座滨海城市,原本有一家生意很好的旅游公司,但是,在老板外出的那段时间,他们的绝大多数业务都被竞争对手抢了去。在旅游旺季来临的时候,该公司过去的签约客户竟然一个都没有来。就在此时,他们公司陷入了前所未有的危机当中。

　　在这种情况下,老板感觉非常对不起自己的员工,于是对他们说:"目前,公司的运营出现了困难,要是有人想离开,我会马上批准。若是在以前,我还会挽留。但是,现在我已经没有理由再挽留大家了。现在发给每人两个月的工资,在找到新工作以前,这些钱也许还够你们花上一段时间。"

　　老板说完之后,沉默了一段时间。一位员工站了出来,说道:"老板,我不走,我不能在这个时候离开公司。"另一位员工也接着说道:"老板,我们公司肯定会渡过难关的。"接着,其他许多员工纷纷地表示:"不错,我们是不会走的。"最后,这家公司不但度过了危机,而且比以前的生意更好了。这正是公司所有员工共同努力地结果,因为他们对自己的公司忠诚,更重要的是他们背负着企业振兴的责任。

　　后来,那位老板感动地说:"我现在之所以还能坐在这里,首先我要感谢我的员工,在我最困难的时候,是他们的忠诚帮助公司战胜了困难。"

忠诚的员工能够拯救企业。"我们需要忠诚的员工",这是老板们共同的心声。因为他们明白,员工的忠诚会给公司带来什么。

对于企业而言,员工只有忠诚于自己的公司,才能够大大提高公司效益,增强企业的凝聚力,提升企业的竞争力,让企业在变化无常的市场中屹立不倒。而对员工来说,忠诚不但可以有效地让自己与公司结合,将自己真正视为公司的一员,还可以让他们以主人翁的精神和意识对企业的一切担负起责任,从而获得更多的发展机会。

忠诚比能力更重要

所有老板都需要的人才,就是那种既忠诚又有极强工作能力的员工。在很多时候,忠诚往往比一个人所具有的能力还重要。现在不少的企业老总,情愿用一个才能平平,但是忠诚度高、值得信赖的员工,也不愿意接受一个才华出众、能力突出,但总在心中总是在盘算着自己"小九九"的人。

要是工作的结果是一个函数的话,工作能力是决定幅度的参数,而忠诚则是决定方向的参数。一个人的能力愈高,如果不够忠诚,那么对企业来说,其创造的结果就愈会背离企业的目标。这就像一个人在跑步一样,如果是南辕北辙的话,那么他的速度越快,离终点就会越远。

在现代社会,忠诚几乎已经成为所有公司以及用人单位衡量人才的重要标准。随着时代的发展,人才也愈来愈市场化。对于人才的竞争,已从单纯的技能竞争,转向了品德和技能两方面的竞争。而在所有的品德中,忠诚则是位居第一。

在以前,包括企业在内的各种组织招聘人才时,大部分人首先重视的是文凭与工作经验,只要这两方面差不多,基本上就会被录用了。至于品德方面,要求也不是非常的严格。但是如今不一样了,包括世界所有500强企业在内,其中许多优秀的企业在招聘人才时,他们所注重的范围也扩大了很多,他们早就已经将忠诚排在了首位。

许多公司会通过各种形式检验他们公司应聘者的忠诚,被认定为忠诚度不足的人,即使你拥有100个博士学位,拥有1000项成功案例,都不会被录用。因为考官们非常明白,一个对于自己的企业缺乏忠诚感的人,是无法为企业所用的。而且,这种"能干的人"一旦背叛公司,公司所蒙受的损失将是无法用数字估量的。

曾有一家木材公司的老板,因为他们公司某些员工的不负责任,购买了一批以次充好的木材,差点导致整个公司的倒闭。可是该企业的员工却在背后议论道:"实际上,我早就想到他会有这么一天的。我之所以不说,那是因为我不想让自己掺和进去。"

他们所持的态度是:"这和我无关,那都是老板自己的问题,我的事情已经够多了。"很明显,这种员工是不忠诚的,我们无法期望他们在工作中能够创造出良好的服务品质。当然,我们并不否认这种员工的能力,他们只是缺少忠诚品质,这种员工根本不会,也不可能成为卓越的员工。

如果你想成为一名优秀员工,那么你首先要做到的就是对企业的忠诚。当你发现老板或者自己为之服务的客户正在走向错误的方向时,你就应当果断地去阻止,即使他根本不听你的劝告,你也要表达出自己正确的意见,千万不能因为他是自己的老板,或者是自己的客户而虚伪地迎合他。在你说出真话时,你的内心会感觉十分坦然。而且,只要你的意见是对的,那么你的好运也会接踵而至。

忠诚的员工,不管能力是大还是小,老板都会委以重任。这种人无论走到什么地方,他们的前面都有条条大路可以选择;反之,即使一个人能力再强,要是他缺乏必要的忠诚,也常常会被拒之门外。毕竟,在人生的道路上,需要用智慧来做出决策的大事并不多,而需要用实际行动来落实的小事却为数不少;一小部分人需要运用智慧加勤奋创造事业,而一大部分人却需要有忠诚加勤奋巩固事业。

许多年以来,在马耳他流传着一个关于忠诚的古老传说。

在很久从前,马耳他一位王子在路过一户农家时,看见自己的一个仆人正牢牢地抱着一双拖鞋在睡觉。他走上前去,试图将那双拖鞋给拽出来,但是事不凑巧,却惊醒了那个仆人。这件事给这位王子留下了非常深刻的印象,王子马上就得出了结论:对这么一件小事,都这么谨慎的人肯定是非常忠诚的,他是可以被重用的。因此,这位王子立刻就将那个仆人提升为自己的贴身侍卫,而结果也证明,他的判断没有错。那位青年在王子身边,没过多久便升到了事务处,又一步步当上了马耳他的军队统领。后来,他的美名传遍了整个马耳他群岛。

在战场上,我们需要每一位战士的忠诚,因为忠诚是执行命令的前提条件,唯有大家共同努力,才能够打败所有的对手。同理,商场如同战场一样,需要每一位员工的努力。在职业生涯中,只有忠诚的员工,才能够认可组织的目标,直接影响组织目标的实现。而实现组织的目标,又需要依靠忠诚的成员去执行。所以,组织一定要确保个人的行为,以及组织的目标统一,最终才能够确保实现预期的效果。

假如你能够忠诚地对待你的老板,那他也将会真诚地待你。每当你的职业精神增加一分,他人对你的尊敬也会增加一分。无论你的能力如何,只要你真正表现出对企业拥有足够的忠诚,你就能够得到老板的信赖。你的老板就会愿意在你身上"投资"更多,给你提供培训的机会,帮助你提高自己的技能,因为他觉得你值得他信赖与培养。

一名既忠诚又有能力的员工,无论走到哪家公司,都会得到老板的赏识,都能够找到自己的位置;而那些心不在焉,只考虑自己利益的员工,即使他们的能力再强,也很难得到老板的重用。

忠诚的人往往会主动追求卓越,而缺乏忠诚的人最多会在"合格"处就停止了脚步。忠诚不会像某些人说的那样,是一个虚无缥缈的事情。忠诚除了给予每个人与付出成正比的物质回报外,还会带来荣誉这一不可估量的无形资产,从而树立起个人品牌,促使个人从合格提升到卓越。可以说,拥有忠诚,你就会拥有做事的动力,工作效率就会得到很大的提升,企业和个人都会从中受益。因此,无论你在哪个岗位,肩负什么职务,都必须以履行自己的职责为己任,用忠诚书写成长的历史。从而使自己每一天都有新的收获,不要因为受一点儿委屈,吃一点亏就牢骚满腹、耿耿于怀。其实在很多时候,吃亏就是进步的扶梯,失去的越多,得到的也就越多。我们只有齐心协力,才能造就一个优秀的团队,才能推动物资集团实现健康快速的发展。

忠诚是一种美德,更是一种能力、一种责任、一种精神,我们不论身居何位,只要拥有一颗忠诚的心,我们就拥有了一个个人全面发展的舞台,就应作出我们更大的贡献!

〔七〕

责任提升绩效

管理学大师彼得·德鲁克说过："责任保证绩效。"这句话揭示了企业要想提升绩效，关键就在于责任。责任是忘我的坚守，是人性的升华。一个高效的团队必然由一批责任心极强的成员组成。有了责任感的企业，也必将拥有高效能的绩效。

明确责任,追求高绩效

著名哲学家恩格斯说过:"谁肯认真地工作,谁就能做出许多成绩,就能超群出众。"

我们知道,需要责任心的地方,并不一定都马上涉及企业的生存,反而往往是那些看似无大碍的小节之处。而这些小节的积累,往往就注定了企业的命运。

一个老总给一位企业老板发送一封电子邀请函,连发几次都被退回,与那位老板的秘书查询时,秘书说邮箱满了。可四天过去了,还是发不过去,再去问,那位秘书还是说邮箱是满的!试想,不知这四天之内该有多少邮件遭到了被退回的厄运?而这众多被退回的邮件当中谁敢说没有重要的内容?如果那位秘书能考虑这一点,恐怕就不会让邮箱一直满着。作为秘书,每日查看、清理邮箱,是最起码的职责,而这位秘书显然责任心不够。

人们还经常见到这样的员工——电话铃声持续地响起,他(她)仍慢条斯理地处理自己的事,根本充耳不闻。我们也见过这样接待投诉的员工:一屋子人在聊天,投诉的电话铃声此起彼伏,可就是不接听。问之,则曰:"还没到上班时间。"其实,离上班时间仅差一两分钟,就看着表不接。有人也曾听到过有些客户服务部门的员工讲述自己部门的秘密:"五点下班得赶紧跑,不然慢了,遇到顾客投诉就麻烦了——耽误回家。即使有电话也不要轻易接,接了就很可能成了烫手的山芋。"这些问题看起来是微不足道的小事,但恰恰反映了员工的责任心。而正是这体现员工责任心的细小之事,关系着企业的信誉、信用、效益、发展,甚至生存。

俗话说："润物细无声。"责任亦是如此。一个细小的问题,往往决定着企业的生存和发展。企业要想更好地适应市场,就必须有一批有责任感的员工。因为,没有责任就没有成绩,没有成绩就提高不了绩效。只有明确责任,才能提高工作绩效。

在汶川特大地震发生后,长虹集团积极捐款、捐物,派遣志愿者,赶制抗震救灾物资,处处体现出企业的社会责任感。

地震发生当晚,约20名长虹民生物流公司的驾驶员,频频往返于北川——绵阳生命线,余震、山体滑坡、滚石、泥石流,没能阻挡这条流动的生命线。

这条生命线运送了数万灾民、志愿者、解放军战士以及救灾物资、设备等,给无数人送去生的希望。危机随时可能降临,他们却一往无前,与死神一次次擦肩而过。

长虹集团的一名员工胡庆东驾驶大货车载着10名志愿者再次向北川进发。行进途中,车头突然被飞石击中,方向盘被砸坏,货车失控。危急时刻,胡庆东果断地紧急制动,他的膝盖被碎玻璃划出一条4厘米长的血口,鲜血汩汩流出,而车上10多名志愿者安然无恙。还有一位长虹驾驶员,连续17个小时,马不停蹄,三进北川,又饿又困,当安全抵达九洲体育馆安置点时,这名司机连推开车门的力气都没有了。

责任是忘我的坚守,时间就是生命,责任就是使命。大难当头,人民的生命正受到威胁,长虹员工心中的责任感使他们变得不再畏惧困难,不再惧怕死亡。在长虹人看来,如果企业是一棵大树的话,社会就是这棵大树生长的土壤,没有社会各界的支持,就没有长虹的今天,因此,在社会需要帮助的时候,长虹有责任挺身而出,帮助受灾的人民群众。早一点赶到灾区,就可以多做一点事,灾民就可以少受一点损失与痛苦。

在这种强烈的使命感的驱使下,长虹的员工们在第一时间赶到了受灾现场，为抗震救灾奉献出了自己的一份力量，受到了社会各界的广泛好评。如果我们在工作的时候，也能够像长虹员工一样，把消费者的利益放在首位，那么我们一样可以在最短的时间内创造出最优秀的业绩，提供给市场完美的产品与服务。

现在很多企业都在寻找各种方式和方法来提升业绩，但实际情况却事与愿违。优秀的管理模式和先进的管理经验为何用到自己的公司就"不灵"了？这便是忽略了责任心所致。

某市的百货商厦发生特大火灾，造成40人死亡、90余人受伤，经济损失难以估量，对社会的负面影响更是难以用数字来形容。而导致这场特大火灾的直接和间接原因是什么呢？事后查明原因有三：一是火灾是由该商厦雇员在仓库吸烟所引发；二是在此之前，该商厦未能及时整改火灾隐患，消防安全措施也没有得到落实；三是火灾发生当天，值班人员擅自离岗，致使民众未能及时疏散，最终酿成了悲剧。而这三方面无一不涉及到员工责任心问题。

在商厦仓库吸烟的员工事后说："我不小心把烟头丢在仓库里，没有踩灭，造成了这样的后果，我深感后悔。我后悔自己的防火意识太差，就这么一个小烟头，惹了这么大的祸。如果世界上有后悔药，就是用我的命去换，也值得。"第二方面原因——没有及时整改火灾隐患。这时许多人常认为："着什么急，不见得这两天就出事。"如果往另外一面想：万一出事呢？如果当时相关部门能想想出事的后果，就会立即整顿；第三方面原因——值班人员擅自离岗。干什么去了？显然他认为："不可能离开一会儿就出事吧！"

这起特大火灾事故与该商厦的员工责任心缺失严重密切相关。换句话说，该商厦对员工的责任心经营管理不善。

其实，无论是优秀的管理模式还是先进的管理经验，归根结底还是要人去操作和执行，如果不能从根本上改变人，所有的努力都将白费，再美好的愿望也只能成为空中楼阁,而无法转化为实际的效果。正如三星集团副董事长李亨道所说:"钱很容易有,但是要有各方面的人才。因为战略是人制定的,也是人执行的。集中发展和多元化要看各个企业不同的现实,但是不管哪种情况,关键都是拥有各行各业的人才储备。"

如果一个团队里的成员缺乏责任感,就不会视团队的利益为自己的利益,也就不会因为自己的所作所为影响到团队的利益而感到不安,更不会为团队着想。所有计划对他们来说都无关紧要,这样的计划自然得不到根本执行,更不会收到很好的效果。

责任与业绩之间的关系应该成正比。所以,要提升工作业绩,首先要培养员工的责任感。

小米是一个普通大学生,学的是计算机专业。大三那年,在父亲朋友的帮助下进入一个大城市的一家科研机构实习。刚去的时候,他无所事事,领导随手扔给他一个文件,说:"三个月内完成就行了,到时给你做个实习鉴定。"

三天里,他几乎住在单位,然后完成了它。

当天上午,领导吓了一跳,对他刮目相看了,又给了他几个任务,并且规定很少的时间,而他居然都提前完成了,对其中的细微之处还做得十分到位。

实习结束,领导没多说什么,但不久,这个企业就去学校将他聘了回来。机构的上级部门很奇怪:"我这儿有好几个本科生以及研究生,你都不要,却要一个普通的大专生,不是开玩笑吧!"

"不开玩笑,一个真正的有用人才,在于他能够创造出自己的价值。他是一个值得被委以重任的人,因为他负责,他有高度的责任感,什么工作在他的手上都能很好地完成。"领导说。

与学历相比,责任心是一种更加强大的工作能力。用责任心保证完美结果,这便是小米的成功经验。

明确责任、认真负责,提升业绩有时候就是这样简单。一名员工学历不高不要紧,没有背景也没关系,因为这些东西都跟能力、跟业绩没有直接的关联。

在工作中,高学历、低能力,或者高能力、差业绩的人随处可见。相反,一个人要是有了责任心,那他便会产生强烈的使命感,对工作负责到底,想方设法将工作做到完美,这样一来就会在负责中赢得更高的绩效。

一切用结果说话

责任制造结果,责任确保业绩。锁定责任才能锁定结果。对结果负责,就是对自己负责。负责到底才是真正的负责。一个能对事情的结果负责的人,必能担当重任。

海尔电冰箱厂有一个五层楼的材料库,这个五层楼一共有2945块玻璃,如果你走到玻璃跟前仔细看,你会惊讶地发现,这2945块玻璃每一块上都贴着一张小条!

小条上是什么?原来每个小条上印着两个编码,第一个编码代表负责擦这块玻璃的责任人,第二个编码是谁负责检查这块玻璃。

海尔在考核准则上规定:如果玻璃脏了,责任不是负责擦的人,而是负责检查的人!

这就是海尔OEC管理法的典型做法。这种做法将工作分解到"三个一",即每一个人、每一天、每一项工作。海尔冰箱总共有156道工序,海尔精细到把156道工序分为545项责任,然后把这545项责任落实到每个人的身上。因为管理人员知道:只有创造好的结果,才能出高的绩效,才能产高质量的产品。公司要想发展、壮大,就必须用结果说话。

责任 的 **力量**

在海尔公司,大到机器设备,小到一块玻璃,都清楚标明事件的责任人与事件检查的监督人,有详细的工作内容及考核标准。如此形成环环相扣的责任链,做到了"奖有理、罚有据"。

这种管理的核心是,我们不再去想个人工作态度如何,我们要把责任锁定,即使是一个简单的擦玻璃的工作,也要明确制定两个责任人,各有各自的明确责任。

凡事都要做到"责任到人","人人都管事,事事有人管",这就是海尔能够成为中国企业榜样的重要原因。哪怕是车间里一扇窗户的玻璃,其卫生清洁也有指定员工负责擦,也有指定的员工负责检查,更何况海尔的生产、销售?

锁定责任,才能锁定结果。好的责任分配;好的责任制度,就会创造出卓越的结果。

格里·富斯特作为一个公众演说家。他发现自己成功的最重要一点就是让顾客及时见到他本人和他的材料。事实上,这件事情如此重要,以至于富斯特管理公司有一个人的专职工作就是让他本人和他的材料及时到达顾客那里。

"最近,我安排了一次去多伦多的演讲。飞机在芝加哥停下来之后,我往公司办公室打电话确定一切都已安排妥当。我走到电话机旁,一种似曾经历的感觉浮现在脑海中:8年前,同样是去多伦多参加一个由我担任主讲人的会议,同样是在芝加哥,我给办公室里那个负责材料的琳达打电话,问演讲的材料是否已经送到多伦多,她回答说,她在6天前已经把东西送出去了。当我问他们是否收到时,她回答说,她是让联邦快递送的,他们保证两天后到达。"

从这段话中可以看出,琳达觉得自己是负责任的。

她获得了正确的信息(地址、日期、联系人、材料的数量和类型),她也许还选择了适当的货柜,亲自包装了盒子以保护材料,并及早提交给联邦快递，为意外情况留下了时间。

但是，正如这段对话所显示的，她没有负责到底，直到有确定的结果。

格里·富斯特曾自述道："那是8年前的事情了。随着8年前的记忆重新浮现，我的心里有些忐忑不安，担心这次再出意外，我接通了助手艾米的电话，询问她材料是否到达？"

"'到了，艾丽西亚3天前就拿到了。'她说，'但我给她打电话时，她告诉我听众有可能会比原来预计的多400人。不过别着急，她把多出来的也准备好了。事实上，她对具体会多出多少也没有清楚的预计，因为允许有些人临时到场再登记入场，这样我们预期的200份有可能不够，保险起见寄了600份。还有，她问我你是否需要在演讲开始前让听众手上有资料。我告诉她你通常是这样的，但这次是一个新的演讲，所以我也不能确定。这样，她决定在演讲前提前发资料，除非你明确告诉她不这样做。我有她的电话，如果你还有别的要求，今天晚上可以找到她。'"

艾米的一番话，让格里彻底放下心来。

艾米对结果负责，她知道结果是最关键的，在结果没出来之前，她是不会休息的——这是她的职责！

所有的领导人都渴望能找到像艾米这样的雇员为他们工作。对结果负责的人会为了自己的工作切实负责、舍生忘死。他们往往不达成功永不懈怠——死亡不止，奋斗不止。他们往往具有持之以恒的宝贵品格，具有高度的责任感，而且他们的成功大都遵循这样一个原则：那就是让一切用结果说话！

好的结果离不开管理者高度的责任感，没有责任感的人永远不会创造出好的结果。让一切用结果说话，亦即让责任创造结果。下面这则例子就是很好的证明：

有三艘舰艇，它们出自同一家造船厂，来自同一份设计图纸，在6个月的时间里先后被配备到同一个战斗群中去。

派到这3艘舰只上的人员的来源也基本相同，船员们经过同样的训练课程，并从同一个后勤系统中获得补给和维修服务。

唯一不同的是，经过一段时间，3艘舰艇的表现却迥然不同。

其中的一艘似乎永远无法正常工作，它无法按照操作安排进行训练，在训练中表现得也很差劲。船很脏，水手的制服看上去皱皱巴巴，整艘船弥漫着一种缺乏自信的气氛。

第2艘舰艇恰恰相反，从来没有发生过大的事故，在训练和检查中表现良好。最重要的是，每次任务都完成得非常完满。船员们也都信心十足，斗志昂扬。

第3艘舰艇，则表现平平。

造成这3艘舰艇不同表现的原因在哪里？有人分析后得出结论：因为舰上的指挥官和船员们对"责任"的看法不一。表现最好的舰艇是由责任感强的管理者领导，而其他两艘则不是。

表现最出色的舰艇秉承的责任观是：无论发生什么问题，都要达到预期的结果。而表现不佳的指挥官却总是急于寻找借口，"发动机出问题了"，或者是"我们不能从供应中心得到需要的零件"。

同样的事例也能在连锁店的业态中获得证明。每一个特许经营授权人都会告诉你，连锁经营这种模式最令人不可思议的一点，就在于每个连锁店的经营状况都不一样。

可他们无法解释，为什么两个处在类似位置，拥有相同的运营系统、市场策略、设备、技术和市场定位的连锁店，其经营结果却大相径庭。

表现不好的连锁店常常会把责任推到单店位置、个别店的特殊性或者本地区客户的态度上。但是，在任何一个具备一定规模的连锁店网络中，你总能发现一家虽然坐落位置更差却表现得更出色的店，也能找到那些具有同样问题但表现仍然出色的店。

恶劣表现的所有理由实际上都是站不住脚的。同时，表现优秀的人能够找到令表现恶劣者头痛不已的所有问题的解决方法。

成功的管理者一定是负责任的管理者。他们关注于结果，并想尽一切办法去获得结果。他们只关心结果，对找借口不感兴趣。他们只在意是否做了正确的事情，而不愿意为花了精力和资源没能带来积极结果的事情找理由。

让责任约束自我，让一切用结果证明，这才是所有企业成功的黄金法则。

积极主动"找事"

要想赢得老板的认可，就必须在公司里懂得积极主动"找事"做。因为，老板要想创造利润就必须要有一批能积极主动、切实干工作的员工。积极主动，你将赢得更大的发展空间。

在现实社会中，很多人都愿去做那些轻松而又容易赢得老板或上司认同的工作，而不愿去做那些额外的或费力不讨好、烦琐、平凡的工作。

其实，认真负责地工作不只体现在认真做好自己的本职工作上，也体现在甘愿接受额外的工作上，具有这种品质的员工会主动为老板或上司分担压力。

有时，当老板或上司交代你去做不是自己分内的工作时，或许正是代表着他们认同你的能力，而给你超越职位的挑战机会。

在日常工作中，做事不主动和不负责也常常给我们带来不幸，甚至造成致命的后果。有的人虽然天资绝对聪明，但由于懒惰，工作干不好，整个儿是混混一个，试问那个老板愿意要这种员工？有的事情，本来可以做得尽善尽美，但由于懒惰和不负责任，该检查的不检查，该落实的不落实，结果因为小缺点导致大问题，好好的事情被搞得一团糟，你说可恨不可恨?当然,这种极端的例子平常也不多见。最常见的是,工作缺乏主动性,就像人们常说的,拨一拨,动一动,不拨不动,本来应该动脑筋的事情,也不去动脑筋,等着领导来发号施令;本来可以利用平常时间做的工作,却压在那里、拖在那里,不到最后期限到来,不会动手去做;本来可以做得非常轻松和漂亮的工作,因为没有主动性,结果搞得处处被动、常常出错。这种状况,在今日机关里可谓是司空见惯,见怪不怪了。

工作缺乏主动性,有人认为自己不是领导,没办法主动,责任不在自己。这实际上是"懒汉"的逻辑。领导是指方向、把原则、定方针、做决策的,具体工作还是要靠下面来做。领导也不是神仙,说出来的话都是百分之百的正确。你被动地接受指令,不动脑筋,不主动应对情况的变化,能把工作做好吗?因此,我们要想做好工作,就必须对工作切实负责,懂得积极主动"找事"的员工,才更能赢得领导的青睐。

在当今时代,以前那种"听命行事"、等待"老总吩咐"去做事的人,已不再符合提升的标准。时下,企业需要的和老板要找的,就是那种"不必领导交代"就积极主动做事的人。

大家都知道,在微软公司,任何一个具有专业技能、有竞争力的员工都必须充分发挥自己的最大主动性,因为微软需要的是那种能够通过积极行动为公司获得收益的卓越员工。

积极主动做事的人,无论是在扫地,还是在编写一个高级程序,都会做得漂漂亮亮。这样的人不仅能把事情做好,他还会经常对领导说:"在做事的过程中,我发现了一个更好的方法。"积极主动、喜欢找事做的人,做什么事都会容易成功。

微软中国研发中心的桌面应用部经理毛先生,对充分发挥主观能动性的重要意义深有体会。1997年,他刚被招进微软时负责做某软件的开发。当时他只有一个大概的资料,没有人告诉他该怎么做,该用什么工具。和美国总部交流沟通之后,他得到的答复是一切都要靠自己。

在没有硬性规定的测试程序和步骤的情况下，他根据自己对产品的理解，考虑到产品的设计和用户的使用习惯等，发现了许多新的问题。经过努力，他设计出了最令自己满意的产品，获得了同事和领导的认同和赞赏。

优秀者和平凡者之间的差异，往往就在于做事是否积极主动。积极主动的员工，通常能把事情都做得圆圆满满，这样的人才是领导所信任和看重的。

在竞争激烈的现代职场中，有两种员工永远无法出人头地：一种人是只做老总交代的事情，另一种人是做不好老总交代的事情。这两种员工都是公司的裁员对象，市场一旦转入低潮，他们将不得不面临失业的厄运。

作为前任微软公司的副总裁，李开复对员工是否能够积极主动地做事也深有感触："不要再只是被动地等待别人告诉你应该做什么，而是应该主动地去了解自己要做什么，并且规划它们，然后全力以赴地去完成。想想在今天世界上最成功的那些人，有几个是唯唯诺诺、等人吩咐的人？对待工作，你需要以一个母亲对孩子般的责任心和爱心全力投入、不断努力。果真如此，便没有什么目标是不能达到的。"

曾有一位成功学专家聘用过一名年轻女孩当助手。女孩的工作很简单，就是替专家拆阅、分类信件，薪水与其他做类似工作的人差不多。

有一天，这位成功学家口述了一句格言，要求她用打字机记录下来，这句格言是——请记住：你唯一的限制就是你自己脑海中所设立的那个限制。

女孩将打好的文件交给专家时，她若有所思地说："您的那句格言令我深受启发，对我的人生有很大的价值。"

由于工作很忙，这件事并未引起成功学家的注意。但这个女孩从那天起，却发生了巨大的改变——她开始在晚饭后回到办公室继续工作,不计报酬地干一些并非自己分内的工作,比如替成功学家给读者回信等。

女孩认真研究成功学家的语言风格,以至于这些回信和专家写的一样好,有时甚至更好。她一直坚持这样做,并不在意专家是否注意到自己的努力。终于有一天,成功学家的秘书因故辞职,在挑选合适人选时,他自然而然地想到了这个女孩。

因为女孩在没有得到这个职位之前已经身在其位了,所以此后更是干得如鱼得水。当下班的时刻到来时,她依然坚守在自己的岗位上,在没有任何额外报酬的情况下,依然刻苦训练,最终使自己有资格接受更高的职位。

故事还没有完。这位年轻女孩的能力如此突出,引起了更多人的关注,其他公司纷纷提供更好的职位邀她加盟。为了挽留她,成功学家多次提高她的薪水,与最初当一名普通速记员相比已经高出了六倍。

这个例子告诫我们,积极主动地去做领导没有交代的事情,并把这些事做好,你就能提升自己在领导心目中的位置,就会在得以晋升的同时,获得更大的成功。

当今社会竞争日益激烈,如果自己不努力不主动,就只有被淘汰,因为任何企业都希望聘用积极主动的员工。任何公司,都需要那些主动寻找任务、主动完成任务、主动创造财富的员工。这一点到任何时候都不会改变。

同样,要想在职场中获得成功,就必须努力培养自己的主动意识,在工作中要勇于承担责任,主动为自己设定工作目标,并不断改进方式和方法,做一个令上司信任和赏识的人。

在工作中,勤于工作、切实负责、积极主动都可以增加锻炼自己、实现自己价值的机会。在实际的工作实践中,企业给了每位员工同样的竞技平台,怎样出场,如何体现最高价值,秀出最亮丽的自我就需要自己去刻苦努力,认真创造!

多做一些工作之外的事

不管做什么工作,如果你愿意在完成本职工作之外,主动地去做自己职责以外的事情的话,将来一定会获得应有的回报,比如赢得老板的信任,获得更高的薪水。

某超级市场刚刚聘用了保罗,他只不过是一个普普通通的包装工而已,看不出有任何前途。要是裁员的话,保罗可能就是首先被考虑的对象。

刚开始工作时,保罗告诉载货部门的负责人:"我没事时会来这儿帮忙,多了解一下你们部门的工作情形。"此后,他常常会花一些时间到那儿帮忙做一些分外的工作。后来,保罗对畜产部门主管说:"我希望空闲时能来这儿向您学习,了解你们包肉以及保存的过程。"过了一段时间,他又分别去了安全、管理、烘焙、信用甚至清洁部门帮忙。

转眼间3个月过去了,保罗差不多在公司每个部门都帮过忙了,哪个部门只要有人请假,就会想到让他去代替。

又过了几个月,公司遇到经济萧条,不得不辞退一些员工。有些人觉得工龄很短的保罗一定属于被裁之列,但保罗却出人意料地没有被辞退。一年之后,公司生意逐渐好转,恰好一个主管的职位出现空缺,经理又自然而然地想到了保罗。

有时,我们可能会接受一项自己并不喜欢的工作或者顶替他人的位置,这时请不要在心里产生抱怨,而应该积极去做,多做一些,就能多学一些,并且可以多了解一些企业整体运作的情况。如此一来,你或许也会像保罗那样成为企业最有价值的员工。

当其他同事将一些原本不该你做的工作交给你,或老板在你已非常忙的情况下,又让你去做一份额外的工作时,你该怎么办呢?接受还是不接受?此时,你不妨接受并尽量将它做好,你可以这样想:首先,反正自己在上班时间总是要做事的,不管是谁的工作都是公司的事情,只要不影响自己的工作,就不该区分彼此。其次,不妨将这次工作看成是一次锻炼与学习的机会,多学一种工作技能,多熟悉一种业务,对自己总会有益。最后,这也是展现个人才能与促进同事关系的最佳机会,要是你能尽心尽力做好,肯定会赢得同事或者老板的好感。

在完成自己本职工作的同时,做一些职责以外的工作,让你所做的事比你得到的回报更多,那么你不只表现了愿意接受工作磨炼的品质,也因此培养了一种非同一般的技巧和活力,它会让你尽快地从工作中成长起来,得到担负重大项目的机会。

相反,如果你在工作中只是做自己工作范围内的事情,那么你就不很难获得大家对你更高的评价,也就很难被别人关注,也许还会失去许多有利于自己的发展机会。当你去做超过你所得回报的工作时,渐渐地,你的这些行为就会受到他人的注意,它将促使与你工作相关的每一个人对你做出良好的评价,你将因此赢得良好的声誉,为日后的成功打下人际基础。

卡洛·道尼斯刚开始在杜兰特先生的公司工作时,职位非常低,如今却已经成为杜兰特先生的左右手,担任他旗下一家企业的总经理。道尼斯能得到这样快速的晋升,秘诀就在于他每天都多做一些职责以外、超越老板期待的更多的工作。杜兰特发现,道尼斯总是在完成自己职责内的工作以后,为别人提供服务或者帮助,无论那个人是他的同事还是老板。只要别人向道尼斯请求帮助,他总是将其视为自己的工作去完成,尽心尽力、不求回报。慢慢地,杜兰特开始习惯于找道尼斯帮忙或让他分担一些重要的工作。

其实,原因非常简单,因为道尼斯是整个公司中唯一能够在工作之余随时等候他人召唤的人,只要对方愿意,他总会尽自己最大的努力帮助他们。虽然道尼斯一直在做自己职责以外的事情,但他并没有得到额外的报酬。他所做的事情远远超过他的实际报酬。其实,他得到的远比那点报酬多,因为他获得了更多的机会,让自己获得老板的注意,最终得到了更大的施展能力的空间。

多做一些工作之外的事,会让你赢得良好的声誉,对你而言这是一笔巨大的无形财富,会在你的职业生涯中起到极其重要的作用。因为当你的老板将你与其他不具备这种习惯、不提供这种服务的人相对比时,你们之间的差别将十分明显。

如果你想成功,就要使自己勇于进取、敢于承担,在工作中学会锻炼自己。在完成自己本职工作的同时,多揽事做,多做一些工作之外的事,只有这样你才能够从所有员工中脱颖而出。

工作没有分内和分外

关于分内工作与分外工作,一种形象的分法,即认为上班干活是分内工作,下班以后的事情是分外工作,上班时的分内工作应该干好,下班后的分外工作可干可不干,如果要干,便是可以干好,也可以马马虎虎敷衍过去。

其实,作为一名卓越员工,只要与工作相关,只要事关公司利益,无论是分内的还是分外的工作,都应该努力做好。

任何一个有进取心的人,都不会介意在做好自己分内工作的同时,尽自己所能每天多做一些分外的事情。多做一些有利于他人以及工作的事情,你会得到比他人更多的成功机会。

对员工而言,工作好像有分内分外之别,但在老板看来,工作从来没有这种差别。出色的员工在高效地完成自己分内的工作以后,总是能主动地帮助同事与老板做好属于集体以及企业的工作。他们总是能与老板或同事形成同一个思想,抱定同一个目标,坚守同一个信念。所以他们认为,一切工作都是自己的或者和自己相关的。正是这种意识和行动,成就了他们努力拼搏的进取心与积极高涨的工作热情。

如果你每天都能够坚持这么做,那么你就会在自己的努力中积累经验、补充知识,同时还会增强自己的工作能力。

在一家企业担任秘书的舒拉,每天的工作就是整理、撰写和打印一些材料。许多人都觉得她的工作枯燥无味,可舒拉并不这么想,她觉得自己的工作非常好。她说:"检验工作的标准并非你做得是否好,而在于你是不是能发现他人未发现的工作中的缺憾。"

舒拉每天都认真仔细地做着自己的工作,时间长了,细心的她发现企业的文件里有许多问题,甚至企业的一些经营运作也有问题。

因此,除了完成每日必须要做的工作以外,舒拉还很细心地搜集一些资料,甚至是过期的资料,她还查阅了许多关于经营方面的书,将这些资料整理分类,然后进行分析,并写出自己的建议。最后,舒拉将打印好的分析结果以及相关资料一齐交给了公司总裁。

公司总裁读了舒拉的这份建议后,非常吃惊,一位年轻的秘书竟然有如此缜密的心思,而且分析得井井有条、细致入微。总裁非常欣慰,他认为这种员工是企业中难得的人才,也是企业的骄傲。之后,公司采纳了许多舒拉的建议。

舒拉很快赢得了总裁的器重,获得了提升。舒拉认为自己只是比正常的工作多做了一点点而已,可总裁却认为她为企业作出了卓越的贡献。

如今,许多员工都将老板放在了和个人相对立的位置上,将工作和酬劳算计得一清二楚、明明白白,不愿多付出一丝努力,不愿多做一丁点事情,或者说做了就得计较能得到多少报酬。他们不觉得多做些工作会为自己带来什么,反而会觉得那是吃亏。身为职场中的员工不应当抱有"我必须为老板做什么"的想法,而应当多考虑"我还能为老板做些什么"。

做好分内的事,是一种责任;主动做好分外的事,也是一种责任,而且是一种更为可贵的责任。特别地,当分内工作与分外工作没有实质性区别的时候,无条件地、不计任何回报地把工作做好,则是一种至为难得的责任。分内的事,大多是公司、社会的一些"硬指标",以及我们自身生存和发展的需要"强迫"我们去做好的;分外的事,却主要是我们对公司或社会的一种义务感,或者纯粹是我们内心深处的良知要求我们去做好的,它不是"强迫"的结果,而只是一种软性约束,我们如果不愿意去做,或者没有尽力做好,一般也不会受到法律制裁,顶多受到道义上的谴责。

但是,一个对自己、对社会高度负责的人,一个品德高尚、无私无畏的人,是不会满足于只是机械而被动地做好分内事情的,他必定要向自己提出更高的要求,因而必定会在人生的关键时刻作出最辉煌、最有价值的选择,没有丝毫迟疑,永远不会后悔。

责任能够保证工作绩效

责任从本质上来讲,是一种与生俱来的使命。只有能够承担责任的人,敢于承担责任的人,才能被赋予更多的使命,才有资格获得更大的荣誉。一个缺乏责任感的人,或者一个不负责任的人,就会失去社会对他的基本认可,失去别人对他的信任和尊重。我们要清醒地认识到自己的责任,并勇敢地去担当,只有人人都强化了自我责任,才能实现工作绩效的最大化,才能把工作做得更好。

有一个常被用来说明企业管理混乱、责任互相推诿的例子:在一家企业的季度会议上,营销经理A说:最近销售做得不好,但主要是因为竞争对手纷纷推出新产品;研发经理B反驳说:最近推出的新产品是少,因为我们的预算少得可怜;财务经理C说:削减了你的预算,是因为公司的原料成本在上升;采购经理D跳起来:采购成本是因为俄罗斯一个生产铬的矿山爆炸了,导致不锈钢价格上升。人力资源经理F面对此情此景,只有无可奈何地苦笑:"这样说来,我只好去考核俄罗斯的矿山了!"

显然,这四个部门的经理职责都是清晰的,但每个部门经理"岗位职责清晰"的结果,却并没有带来企业所期待的目标绩效,反而造成了相互间的责任推诿——因为部门与部门之间,并没有构成"责任流程"——他们都是只对自己独立的部门负责,而不对企业利润来源的客户负责。现代企业组织的管理,所遵循的是这样一个基本的管理逻辑:企业组织拥有一个既定的目标,管理工作就是为了实现这个目标;实现企业组织既定目标,所依赖的是企业强大的绩效能力;而企业组织的绩效实现能力,既不是来自于传统的命令与控制能力,也不是来自于单纯的岗位职责清晰,而是来自于企业构筑一个组织的责任的能力。

著名管理学大师彼得·德鲁克曾说:"责任保证绩效。"这句话揭示了企业提高绩效的关键所在。要想真正提高员工的工作绩效,首先就要保证员工的责任感。

对于一个企业来说,团队成员如果普遍缺乏责任感,就不会对可以促进团队发展的一些改变有足够的兴趣和热情,从而使计划得不到切实的执行,自然就不会获得想要的效果。可以说,责任和绩效之间的关系是成正比的。当一边提升时,另一边也随着提升;相反,当一边降低时,另一边也会随着降低。责任对员工来说,意味着他在自己的工作职责中要将应该做的工作都做好。因此,提高工作绩效的基础就是先明确责任。越来越多的企业都在培养员工对工作结果责任感的体验。因为如果员工能够体验到自己对工作结果的责任感,他就会通过努力去创造更高的工作绩效。

然而在现代企业中,很多老板都表示,现今一些员工光考虑报酬,却不愿意多付出,没有责任感,更不愿担负责任。在不少员工看来,只有那些有权力的人才有责任,而自己只是一名普通员工,根本没有必要去担负什么责任。持有这样想法的员工,根本没有意识到自己的责任,而且也必将在普通员工的岗位上庸碌一生。

企业是由员工组成的,所有员工共同组成了企业,大家有着共同的奋斗目标,都应该竭尽全力为公司谋发展、创利润。所以,企业中的任何一个人都肩负着企业生死存亡、兴衰成败的责任。这种责任是无法推卸的,不论你职位高低。只有所有人都承担起自己的责任,才能够确保企业的顺利发展。如果没有意识到这一点,那就是失职。

有一位零售企业总经理在视察一家超市的时候,看见自己的一名员工对前来购物的客人态度十分冷淡,有时还发脾气,让客人感到非常不满意。

这位总经理问清楚原因后,就对这位员工说:"你的责任就是为客人服务,让客人满意,并让客人再次光临我们的超市,可你的行为却是在赶走我们的客人。你这么做,不仅没有承担起自己的责任,而且还损害了公司的利益。你懈怠了自己的责任,也就失去了公司对你的信任。一个不将自己视为公司一员的人,就无法让公司将他看做自己人,你可以离开了。"

在世界500强的企业中,"责任"是最为关键的理念和价值观;同时也是员工的第一行为准则。在微软,"责任"贯穿于员工的全部行动;在IBM公司每个人坚信和践行的价值观念之一就是:"在人际交往中永远保持诚信的品德,永远具有强烈的责任意识。"那些没有责任感的员工,不会将企业的利益当成个人的利益,也就不会凡事为企业考虑,这种员工总有一天会被辞退。

人力资源专家认为:"当一群人为了达到某个目标而组织在一起时,这个集体马上就会产生唇齿相依的关系。"目标能否实现,能否达到预期的效果,取决于集体里的成员能否对自己负责,对彼此负责,最终对整个集体负责。明确责任体系就是确保团队成员能将这项任务成功完成。另外,明确的责任体系还能让团队里的每一个成员都能根据它建立权责明确的工作关系,这样将使团队里的成员将自己的任务视为义不容辞的工作,信守成员之间互相的工作承诺,并最终保证团队顺利完成任务。

"天下兴亡,匹夫有责"。那么企业兴亡,自然每位员工都有责任。责任,从本质上说,是一种与生俱来的使命,它伴随着每一个生命的始终。我们每时每刻都要履行自己的责任:对家庭的责任,对工作的责任,对生命的责任。如果说智慧和能力像金子一样珍贵的话,那么还有一样东西更为可贵,那就是担当责任的精神。责任是每个企业的文化之源。企业要想成就百年基业,责任必须贯穿始终。

责任与绩效之间的关系应该是正比例的关系。当一方面提高时,另一方面也随之提高;反之,当一方面下降时,另一方面也随之下降。所以,要提高工作绩效,首先要确保员工的责任感。"责任保证绩效",责任是创新,责任即效率,责任是成果,责任即生存,责任是企业的生命之本。

一个企业不但要有明确的责任体系,还应当建立以"责任"为核心的团队精神。人们时常会听到"责任"这两个字,许多公司的管理人员觉得这是每个人都烂熟于心的概念,谁会不了解自己应当担负的责任呢?但实际上,有些人对这两个字只是烂熟于耳,而没有真正铭记于心,并且切实做到。这就需要企业管理人要务必切实加强企业员工责任文化方面的建设,用责任打造品牌,用责任赢得企业的生存和发展。

强化结果意识，优化工作方式

对企业来说，生存靠的正是结果。那些一直立于不败之地的知名企业，正是结果满足了需求，进一步促进结果，这样的良性循环才使企业越来越强大。所以，身在企业中的你，也要以结果为导向。

有这样一个事例：有一次，一位出差的经理前来投宿，宾馆服务生检查了一下计算机，发现所有的房间都已经订出，于是礼貌地说："很抱歉，先生，我们的房间已经全部订出，但是我们附近还有几家档次不错的饭店，要不要我帮您联系看看？"

然后，就有服务生过来引领该经理到一边的雅座去喝杯咖啡，一会儿外出的服务生过来说："我们后面的大酒店里还有几个空房，档次跟我们酒店是一样的，价格上还便宜30美元，服务也不错，您要不要现在去看看？"

那位经理高兴地说："当然可以，谢谢！"之后，服务生又帮忙把他的行李搬到后面的酒店里。

这就是这位服务生为顾客提供的服务，这位服务生的行为早就超出了他的职责范围，但是，结果是让顾客感到了满意和惊喜。他们使客户感到受到了前所未有的尊重和理解，所以客户愿意下次依然选择它。

如果说酒店已经客满，服务生很有礼貌地说："对不起先生，我们这里已经没有空房间了。"那么这位服务生当然也完成了酒店交给他的任务，但是他的行为不会产生任何有益的结果。

行为的最终价值是实现结果，没有结果的行为是毫无意义的。即便是完成任务了又怎样？在处处讲求实际、讲求成果的今天，无论你的过程如何精彩，如果没有结果，都是徒劳。

做事情的时候，如果你能真的站在自己企业的角度去考虑，就不会仅仅满足于完成任务。你不仅会对自己的任务负责，更会自觉承担起更大的责任，把为企业创造更多收益当做自己应尽的责任。

华为在我国被誉为"狼性文化"的代表，既然是狼，就是使用狼性手段来追求结果。"选我不选你"就是华为的核心竞争力。据说华为驻某地的办事处主任，为了和一个大客户的领导拉上关系，平时非常留心观察对方。那时这位领导正在学车，但练习用车很少，练车的人很多，领导要排队等上一两个月才能轮到，这位主任知道情况后，四处托关系，在当地借了一辆崭新的轿车，趁周末的时间把车开到这位领导那里，并陪同一起练车。当时场地由于刚下过雪，还没有完全融化，场地泥泞不堪，加上这位客户还不怎么会开，车子刚进到练习场就陷入了一个结冰的泥坑中，怎么也出不来了，这个主任二话不说，脱了鞋袜跳到泥坑里就去推车，陪同的华为人也纷纷脱了鞋袜推车。当时是严寒时节，这几名华为员工冒着严寒赤脚踏在冰水里，可是他们感到很欣慰，为了成功拿下这个项目，他们付出再多也是值得的。

像这样的故事，在20世纪90年代的华为，可以说是并不少见。为了能和客户搞好关系，得到好的业绩，让上级看到自己的工作结果，华为的员工可谓是使出浑身解数。一名华为人这样形容华为的销售策略："华为用一种自然的方式令员工们相信，为了市场销售的增长，大家所做的一切都不是可耻的。"这也就从侧面反映了一个事实：所有企业最看重的还是一个结果，有了这个结果，人可以在企业中生存，企业可以在市场上生存。

所以，如果你不想一直做一名普通的员工，那么你就要努力思考怎样才可以给企业带来更大的收益，而不仅仅是完成自己的任务。重要的不是你是否圆满完成了任务，重要的是你的行为成功地创造出结果。

同样,激烈的市场竞争也迫使企业必须要创造出良好业绩,才能生存和发展下去。一个企业的员工如果不具备"结果意识"是不受欢迎的。作为员工有了"结果意识",为了更好地胜任工作就会不断发挥自己的创造力,处理工作中出现的各种问题。

工作中还有一种现象,叫"完成任务"——把事情完成就可以了,至于结果有没有价值、事情有没有做正确,好像任务执行者不需要去思考。如果是以结果为导向的定义也许就不是这样要求了。就像一个简单的例子:小王的任务是挖井,所以他只负责刨土,能不能挖到水好像不用他思考;如果换一种要求,以结果为导向的思维,小王的任务是挖井,结果是要挖到水,所以在刨土的过程他就要研究这井有没有水,还需要怎样挖,这样就是创造性地工作了,显然工作的价值就不一样了。

在工作中员工必须要具备负责任的态度,强化结果意识。要敢于直面问题,善于化解矛盾,一切以公司利益为重,把工作做得更好更完善,在实践中不断摸索,积累待人接物的经验,全面优化工作方式。

企业的发展需要高的绩效、要有好的结果,只有强化每个员工的结果意识,优化工作方式,才能使企业立于不败之地。

百事可乐企业文化的定位,也体现了优化工作方式的重要性,他们认真研究市场和消费群体,同时把广告作为打开市场的重点,在广告中力求创新,最后赢得了胜利。

1983年,百事可乐公司聘请罗杰·恩里克担任总裁,他一上任就把目光盯在了广告上。对软饮料而言,百事可乐和可口可乐的产品味觉很难分清孰优孰劣,因此,焦点便在塑造商品的性格的广告上。

百事可乐通过广告语传达"百事可乐,新一代的选择"。在与可口可乐的竞争中,百事可乐终于找到了突破口。

首先是准确定位:从年轻人身上发现市场,把自己定位为新生代的可乐；并且选择合适的品牌代言人，邀请新生代喜欢的超级巨星作为自己的品牌代言人；把品牌形象人格化，通过新一代年轻人的偶像情节开始文化的改造。

围绕这一主题，百事可乐的合作伙伴为百事创作了许多极富想象力的电视广告，如"鲨鱼"、"太空船"等。这些广告，针对二战后高峰期出生的美国青年，倡导"新鲜刺激独树一帜"独特的消费观念，符合鲜明地和老一代划清界限的叛逆心理，提出"新一代"的消费品位及生活方式。结果使百事可乐的销售量扶摇直上。

1994年，百事可乐投入500万美元聘请了流行乐坛巨星麦克尔·杰克逊拍摄广告片——此举被誉为有史以来最大手笔的广告运动。把最流行的音乐文化贯穿到企业和产品中，也开始了百事可乐的音乐之旅。

从此以后，百事可乐进入了销售的快车道，音乐体育双剑合璧，同时这一攻势集中而明确——都围绕着"新的一代"展开，从而使文化传播具有明确的指向性。二战结束时，可口可乐与百事可乐市场销售额之比是3.4:1，到了1985年，这一比例已变为1.15:1。

正是在工作中敢于优化、勇于创新才使得罗杰·恩里克总裁最终带领百事可乐取得了市场，赢得了成功。

具备结果意识的员工，能够明确自己的目标；懂得优化工作方式的企业能够更好地适应市场。因此，在当今社会的激烈竞争中，作为企业就更应该懂得强化结果意识，优化工作方式，确保企业长远发展。

〔八〕

责任提升自我

林肯说:"人所能负的责任,我必能负;人所不能负的责任, 我亦能负。如此, 才能磨炼自己。"人生在世,既然我们回避不了那必须的责任,倒不如直接面对,勇敢地承担责任,认真地履行责任。责任是一种承诺,但它更是一种历练和提升,只有勇于承担责任的人,才能实现自我在社会中的价值,才能展现人生的意义。

责任掌控着人生

人生因责任而伟大,生命因责任而不朽。我们的人生就是一个充满责任的旅程;人,只有承担起自己的责任,实现自我在社会中的价值,才能展现人生的意义。责任是一种承诺,在它身上承载着一个不渝的使命,只有忠实地履行这个使命,才意味着责任的实现。人生,就意味着永远承担责任。肩负起自己的责任吧,因为责任意识会让我们表现得更卓越! 只有承担责任的生命,才是真正的生命!

1920年,有个11岁的美国小男孩踢足球时,不小心打碎了邻居家的玻璃。邻居向他索赔12.5美元,在当时12.5美元是笔不小的数目,足可以买125只生蛋的母鸡! 闯了大祸的男孩向父亲承认了错误,父亲让他对自己的过失负责,男孩为难地说:"我哪有那么多钱赔人家。"父亲拿出12.5美元说:"这钱可以借给你,但一年后要还我。"从此男孩开始了艰苦的打工生活。经过半年的努力,终于挣够了12.5美元这一天文数字还给父亲。这个男孩就是日后的美国总统罗纳德·里根。他在回忆这件事时说:"通过自己的劳动来承担过失,使我懂得了什么叫'责任'! "

"路漫漫其修远兮,吾将上下而求索",屈原怀揣责任,"虽九死而不悔";"安得广厦千万间,大庇天下寒士俱欢颜",杜甫心系责任,"吾庐独破受冻死亦足";"僵卧孤村不自哀,尚思为国戍轮台",陆游恪守责任,"铁马冰河入梦来";"臣心一片磁针石,不指南方不肯休",文天祥用一生捍卫着责任;"苟利国家生死矣,岂因祸福避趋之",林则徐用生命诠释着责任;"为中华之崛起而读书",周恩来把青春托付给责任……正因为他们铁肩担责任，为责任"鞠躬尽瘁，死而后已"，才得以撑起了中华民族的脊梁，在岁月的丰碑上，写就了伟大的人生，铭刻着不朽的生命。而表现在他们身上的责任，更是一脉相承，铸就了一种民族精神，激励了一代又一代华夏儿女心怀天下、前仆后继。试想想，如果没有屈原们"天下兴亡，我辈有责"的责任感，个体生命会因此而渺小平庸自不需说，中华民族的"龙脉"无疑也会势微许多，那是多么悲哀和后怕的事呀。

"我没有后悔，我有点雄心壮志，要改造。看到农民这么苦，我们学农的应该有这个义务，帮助农民发展农业。""我的目标是2010年前全国的水稻亩产达到900公斤。"这是袁隆平院士回忆自己走上农业科技之路时曾说过的一段话。院士心中的"义务""目标"其实就是责任呀。正是这种责任感的驱使，使他43年如一日，锲而不舍，工作在实验室和田间地头，创造出我国水稻生产的一个又一个奇迹。

今天我们欣喜地看到，在各行各业，有数不胜数的袁隆平们把"人"字的两笔分解成"责""任"二字，呕心沥血，竭忠尽智，生命不息，尽责不止，感动中国，感动天地。

陈金水从气象学院毕业后，离开山清水秀的浙江只身来到青藏高原。他在世界屋脊建立起世界上最高的气象站。在卧室里悬挂着"祖国的气象事业高于一切"的横幅，以表明自己的心迹。他是这样说也是这样做的，在青藏高原一干就是30年。青藏高原生活环境极为艰苦，终年积雪，万里无人。由于低压高寒，他吃不上煮熟的饭，吃不到新鲜蔬菜。由于缺氧，落下了心血管疾病。陈金水为青藏高原的气象事业，作出了开创性的贡献。

责任的存在，是上天留给世人的一种考验。许多人通不过这种考验逃匿了，许多人承受了，自己戴上了桂冠。逃匿的人随时间消逝了，没有在世界上留下一点痕迹,而承受的人即便是死了也仍然不会消逝,精神使他们不朽。

狄更斯说过:"人能尽自己的责任,就可以感觉到好像吃梨喝蜜似的,把人生这杯苦酒的滋味给抵消了。"

在现实生活中,不同身份不同人群的人,他们的责任也不尽相同。抚养子女,让他们受到良好的教育,形成健全的人格,是每一个做父母的责任;孝敬老人养老送终是儿女的责任;医生的职责是救死扶伤;警察的职责是维护社会安定和平,人民正常生活秩序;共同建设和谐的社会生活是全体公民的责任和义务……这形形色色的责任使背负它的人流汗、流泪,甚至流血,但也使他们欢欣快乐幸福自豪,让一个人挣脱迷惘和悔恨,从黑暗走向光明。一个内心没有生气的人,看到的天地万物都是枯萎的,而一个骨子里缺乏责任心的人,生活中的一切责任几乎都成了他的苦水,这样的人只会在毫无生机的灰色时光里慢慢黯淡,渐渐老去。他的一生不会有精彩的味道。

人生最苦的事,莫过于背负一种未尽责任。每天,我们都有应该做的事,该做的事没有做完,便有无形的重担压在肩头,是再苦不过了。为什么呢? 因为受良心责备,不过要逃躲也没处逃躲。

答应别人办一件事而没有办,欠了人的钱没有还,受了人的恩惠没有报答,得罪了人没有赔礼,或许连这个人的面也不敢见了。纵然不见他的面,睡梦里也似乎有他的影子。

凡属应该做的事,而且有力量能够做得到的,对于这件事便有了责任。凡属自己决定要做的一件事,便是现在的自己和将来的自己订立了一种契约,便是自己给自己加上了一层责任。有了这层责任,那良心便时时刻刻在后头监督,一日应尽的责任没有尽,到夜里便过的是苦痛日子;一生应尽的责任没有尽,就是带着苦痛往坟墓里去。这种苦痛不同于普通的贫、病、老、死,是无法达观排解的。所以说,人生没有苦痛便罢;若有苦痛,当然没有比这个更加重的了。

责任是把双刃剑。它在给了我们无形的精神负压和身体劳累的同时,也教我们学会了思考,学会了创新,增长了聪明才智,完善了人性,优化了人生;这种执着沉稳无私的力量能积累我们的人生财富,净化心灵,充实生活,濯洗肤浅的认知,拓展个人魅力的深度;责任是对芸芸众生的一种独特的考验,在责任面前可见人生百态。有的人不能通过这样一种考验,退缩了,逃匿了,留给周围一片叹息甚至唾弃。更多的人勇敢地承受了下来,虽然给自己戴上了荆冠,但他们无愧,他们坦然,他们辛劳而快乐着,忙碌而满足着。他们微笑地迎接每寸时光,在日出月落里付出和得到着……

生活的真谛在于创造每个新的一天。用情感、忠诚、爱心、热情和责任感以及创造性的劳动书写每个日子。人应该支配习惯,而决不能让习惯支配人。养成勇敢地担起应负责任的优秀习惯,把责任之心携带在人生的道路上,会为你的生命之旅添光加彩,为你赢得一个柳暗花明、春色灿烂的人生。

时刻反省自我,主动承担责任

一个人只有懂得时刻反省自己,才能不断进步。大多数人就是因为缺乏自省能力,不晓得自己的转变,才会看不清自己的本质;而不晓得自身变化的人,就无法由过去的演变经验来思考自己的未来。如果能随时反复诘问自己过去的转变,就可以找出以往看待事物的观点是对或是错,若是正确,则往后当然可以继续以此眼光去面对这个世界;如是错的也可以加以修正,帮助我们今后以正确的观点去看待周遭的事物。只有懂得时刻自省,我们才能更好地面对现实,吸取教训,不断进步。

　　自省其实就是一种自我检查行为,是指对一个人自身思想、情绪、动机与行为的检查。在公司中,有责任感的员工能担负自己的责任,他们时刻自省,一旦发现自己存在的缺点就立即改正,从而最大限度地避免犯错的可能。

　　在湖南一家公司,一台运料汽车在厂区里面漏了油,吃午饭的时候,几百名员工路过那里都看见了一大摊油迹。董事长张某看到后火冒三丈,下令以这件事情作为公司的典型教材,召开全体管理人员会议来谈这个问题。张某认为这件事是管理人员的极大失职,他认为,如果哪一天发现在远大的路面上有一摊油,或者有一摊泥土没有人去打扫,而又恰巧被正在上下班的几百名员工看见了,这将比远大一台机器发生重大质量事故还要严重!因为这会给员工留下一种公司对质量要求不严的印象,就会在工作中造成懈怠,就可能会造成难以弥补的损失!为此,全公司因为这件事认真地作了反省。

　　承担责任不分大小,只论需要。无论是大的责任还是小的责任,你都应该承担。一丁点儿的不负责,就可能使一个百万富翁很快倾家荡产;而一丁点儿的负责任,却可能为一个公司挽回数以千万计的损失。

　　伟大的哲学家苏格拉底,他的一生绝大多数时间都在是在自我反省中度过的,他还鼓励自己的朋友也这么做。他甚至这样要求自己:"未经自省的生命不值得存在。"

　　一名责任心强的员工,不管发生什么事情,都会对自己的行为负责。这是自省的一种表现。一个善于自省的人通常都会人格魅力十足,因为他们总是能直面自己的缺点和错误。

　　在现实社会里,那些具有强烈责任感的人,都会通过自省,将自己做人做事的成败归结于个人行为。自省的人都是"对自己负责"的人,而对自己负责,反过来又验证了他们自己的责任感。自省与承担责任是相辅相成的,能够自省的人,就能够担负责任;同时,能担负责任的人,也会在责任中自我反省。

古人提倡"严于律己,宽以待人",意思就是要严格要求自己,对他人则要时常存有一颗宽厚的心;多做自我批评,少推卸责任给别人。尽管眼睛长在自己身上,但最常用的却是丈量他人,因此往往无法看到自己身上的缺点,当然也无法解决自己身上的问题。可以说,自省是迈向不找借口推脱责任的第一步。你的工作不只是对企业、对老板的负责,最重要的是对你自己的负责。工作是你自己的需要,你要通过工作来使自己成长、成熟,无论是在技能还是金钱方面,都是这样。放弃自省,其实就是放弃让自己成长的机会,放弃争取成功和完美生活的机会。企业也许就会因此而蒙受损失,但受害最深的,还是你本人。

大哲学家伊壁鸠鲁有一句名言:"认识错误是拯救自己的第一步。"古罗马哲人塞涅卡对它的解读是:"一个人要是尚未认识到自己在做错事,他是不会有改正错误的愿望的;在改正错误以前,你得发现和承认自己犯了错误。唯有如此,及时反省,我们才能将自己从过失和失败中拯救出来。"我国古代的思想家曾子也说"吾日三省吾身"。看来,这些先哲们早已将自省当做一种自学的行为了,他们所推崇的"自省意识",千百年来一直作为精神财富施惠于人类。

可是,在这个日渐浮躁的时代,我们面临着这样的尴尬:一方面是物质生活的高度富裕,另一方面却是精神世界的极度贫穷——自省意识的缺失便是明证。每当我们惹了麻烦,做了错事,伤害了他人,我们首先想到的不是主动承认错误而是如何逃避责任;每当我们遇到考试失利、求职碰壁、壮志难酬等困境时,我们最先想到的不是自身努力的不足、实力的欠缺、能力的差距,而是习惯在悲伤、沮丧、悒郁、愤懑的同时,将自身的过失和失利的原因归咎于他人的干预和外在的环境,缺乏对自身灵魂的拷问,缺乏深沉的自省。于是,我们对心灵的防护能力和对神经的调控能力,越来越差,陷于困境的我们往往要在痛苦的深渊里艰难地挣扎,却难以及时觅到逃离苦难的出口和冲击成功的出路。

在生活中,一个自省的人更能够积极地面对现实。人们之所以常常将责任推卸给他人,就是因为不想面对现实,但现实就是现实,逃避根本解决不了问题,只会让自己陷入更大的困境当中,还会使问题向更坏的方向发展。这就犹如讳疾忌医,人若是生病了,逃避是毫无意义的,不承认自己有病,并不表示你真的就没有病。总是逃避,只会导致病情更加严重,直至无药可救。

自省是需要勇气的。毕竟,直面自己的缺点与过错是一件令人非常痛苦的事。一个人敢于躬身自省,本身就说明了他十分的强大,所有企业都欢迎这样的员工。作为一名企业员工,我们必须明白,唯有不断自省,才能够顺利地开展工作。反省是发现解决方案的开道者。有反省在前面做先锋,解决问题的方案才会随之而来。

有一位小伙子,大学毕业后进入一家非常普通的公司工作。公司安排新员工从基层做起。其他新员工都在抱怨:"为什么让我们做这些无聊的工作?""做这种平凡的工作会有什么希望呢?"这位小伙子却什么都没说,他每天都认认真真地去做每一件领导交给的工作,而且还帮助其他员工去做一些最基础、最累人的工作。由于他的态度端正,做事情往往比别人更快更好。更难能可贵的是,小伙子是个非常有心的人,他对自己的工作有一个详细的记录,做什么事情出现问题,他都记录下来,然后,他就很虚心地去请教老员工,由于他的态度和人缘都很好,大家也非常乐于教他。经过一年的磨炼,小伙子掌握了基层的全部工作要领,很快,他就被提拔为车间主任;又过了一年,他就成了部门的经理。而与他一起进去的其他员工,却还在基层抱怨着。

每个人都会做一些平凡的事情,包括平凡的工作。这时候,如果只抱怨他人或环境,他就不可能认真去做这件事,也就不可能取得成功。如果一个人愿意把自己放在一个平凡的岗位上,以自我为改变的关键,不断反省自己,找到更好的方法,成功就一定等着他。

只有不断自省,才能避免自己日后再犯相同的错误。孔子最得意的弟子并非是那些才高八斗的人,而是看上去非常一般的颜回。孔子对他的评价是"颜回无二过"。因为颜回能自省,所以成了孔子的得意门生。由此可见,要想不犯相同的错误,唯有自省才能够做到。

每个人在做事的时候都要持有自我反省、自我修正的态度,并以不断的追求去实现自己美好的愿望。一个善于自我反省的人,往往能够发现自己的优点和缺点,并能够扬长避短,发挥自己的最大潜能;而一个不善于自我反省的人,则会一次又一次地犯同样的错误,不能很好地发挥自己的能力。

因此,我们无论是在生活还是工作中,都要懂得时刻反省自我,主动承担责任。只有这样才能更好地适应社会,赢得发展。

坦率地承认自己的错误

人非圣贤、孰能无过。人不是神,总有自己的缺点,谁都难免会犯一些错误。当我们犯错误的时候,脑子里往往会出现想隐瞒自己错误的想法,害怕承认之后会很没面子。其实,承认错误并不是什么丢脸的事。相反,我们应该学会坦率地承认自己的错误。

试反思,当你在工作中犯错时,你是怎样应对的呢?也许会有人这样说:我从来就没有犯过错。很好,但是这只能说明以前,没有人能确保自己一直不会犯错。既然如此,那你就应该提前认真想想这个问题。也许会有人底气不足地说,那就承认错误,改正错误。但实际上,这样说的人大都在面对问题时抱着沉默与观望的态度,不到万不得已时绝不会主动承认错误,甚至还会找出各种各样的理由推脱责任。

　　肯德基是个成功的企业。殊不知肯德基在进军香港时也经历过惨重的失败。1973年肯德基将目光瞄准了香港,同年6月,第一家肯德基店在香港开业,到1974年时数量已达到11家。声势浩大的广告宣传,加上独特的烹调方法和配方,使得顾客们都很乐于一试,可以说肯德基在香港前途光明。但是,到了1974年9月,肯德基公司突然宣布多家快餐店停业,仅剩四家还硬撑着门面,1975年2月,首批进入香港的肯德基差不多全军覆没,纷纷停业关门。

　　后来,肯德基的高层从内部自我反省,经过不懈的努力,终于反败为胜,打出了自己的一片天下。

　　并不是失败了,它们就不成功。正是因为勇于承认失败和错误,它们才能历经百年而不倒。达尔文曾经说过:"任何改正都是进步。"歌德也说过:"最大的幸福在于我们的缺点得到纠正和我们的错误得到补救。"敢于承认错误,汲取教训,我们就能以崭新的面貌去迎接更加激烈的竞争和挑战。

　　受传统观念的影响,犯错往往意味着一个人还不太成熟,会给人留下没有能力的印象,从而对今后的加薪与晋升有所影响,甚至还会受到处分。因此,很多人在主动承认错误这个问题上,都显得非常犹豫。拒绝承认错误只会给人一种不负责任的感觉, 对自身与工作都丝毫没有的益处。

　　与之相反的是,主动且诚恳地承认错误,常常能获得上司的理解,就算他表面上批评你一番,实际上心里已经原谅你了。因为睿智的上司总是会坚持向前看,虽珍惜过去,但更重视将来。一个人能够主动承认错误,也就是敢于承担责任的开始。这样的人能及时改正工作中的错误,为降低损失而制定出更好的方案,在执行的过程中更为认真小心,不让错误再次出现。只要承认错误并敢于承担责任,错误就转变成了宝贵的财富。聪明的领导是不会处罚这种员工的。

罗伯特在工作中曾出现过一次失误,给一个请过病假的员工错发了全薪。当他发现这个失误以后,马上告知了那个员工,并解释说一定要纠正这个错误,决定在下个月的薪水中把这次多付的扣除。可是那个员工说,如果这么做的话,他下个月的生活就很难维持了,所以请求将这次多领的钱分期扣除。可如果按照这个员工的方法,就一定要经过老板的批准。罗伯特明白,老板肯定不愿意他这么做,但这一切错误都是自己造成的,他必须亲自到老板面前认错。

罗伯特来到总经理的办公室,如实汇报了一切。总经理听后,非常生气地表示,该负责任的是人事部,然而罗伯特解释说是自己的错误。老板又责怪罗伯特的同事们,可他始终坚持说是自己的错。最后,老板非常欣喜地对他说:"刚才是我故意考验你的,好,既然是你的错,就用你的方法去做吧。"

罗伯特没有选择逃避,而是主动担负责任,此后,老板对他更为器重了。

下面再来看一个发生在美国克莱斯勒汽车公司的故事。

克莱斯勒汽车公司的一位项目主管交给CEO艾柯卡一封辞职信,表示要为自己给公司造成的100万美元的损失负责。然而,艾柯卡并没让这个人辞职。他清楚这位项目主管还会继续从事汽车业,因此说:"我不希望这100万美元的学费是为其他汽车公司交的,记住这次教训,这是我们的财富。"艾柯卡把这位项目主管调到其他工作岗位上,继续重用他。

作为一名员工,当你犯错时,最好的解决方法不是掩盖和推脱,而是大胆地向上司说出:"这是我的错!"有的人拒绝承认错误、推卸责任,但实际上他们的本意并非如此,面对错误,他们犹豫不决,没能及时认错,直至后来发展到找借口,推卸责任。如果能在第一时间坚决地说出"这是我的错",那么他们就会把那些开脱责任的念头彻底粉碎掉,主动担负起自己该负的责任。

查姆斯是国家收银机公司的职员,在他担任该公司销售部主管职务期间,曾经出现过一次非常尴尬的事:公司财务出现了危机。销售人员也都听说了此事,他们因此而丧失了工作热情,销售业绩开始滑坡。

查姆斯只好召集所有销售人员开会。会议开始后,查姆斯首先让所有的销售人员逐一说明销量下滑的原因。大家仿佛商量好了一样,所说的原因都大致相同:商业萧条,资金不足,人们都希望等到总统大选揭晓以后再购物等。他非常愤怒地说:"停!我宣布会议暂停10分钟,先让我擦亮皮鞋。"接着,查姆斯吩咐坐在不远处的一名小工友将他的擦鞋工具箱取来,并要求他将自己的皮鞋擦亮,而查姆斯就站在桌子上不动,直到皮鞋被擦得锃亮。

查姆斯给那位小工友一笔小费,然后大声说道:"我希望你们都好好看看这位小工友,现在他拥有在我们公司擦鞋的特权。他的前任比他的年纪要大很多,尽管公司每星期给他5美元的薪水作为补贴,但他依旧很难从我们公司赚取足够的生活费。"

查姆斯继续说道:"但是,现在的这位小工友却能够赚到很好的收入,不仅不需要公司补贴,每星期还能够剩余一点钱,而他与他的前任无论是工作环境还是工作对象都没有任何变化。"

查姆斯接着问:"现在我问你们一个问题,那位前任工友不能拉到更多的生意,错在谁呢?是他的错?还是客人的错?"

销售人员几乎同时回答:"是那位小男孩的错!"

查姆斯提高声调问道:"那你们呢?现在推销收银机与一年前的情况没什么两样,但你们的业绩却在下跌,这又是谁的错呢?"

销售人员异口同声地答道:"是我们的错!"

见销售人员这样回答,查姆斯非常欣慰,他说:"我非常高兴,你们能够坦率地承认自己的错误。我告诉你们,只要你们尽全力,确保在此后的一个月里,每个人售出5台收银机,那么公司就会摆脱财务危机。你们愿意这样做吗?"

这时,所有人都一致表示愿意,而且之后他们也果然做到了。由此可以看出,只要承认错误,那些他们曾强调的借口,似乎根本就不曾存在过,全部烟消云散了;只要说出"这是我的错",人们就会马上担负起自己的责任,竭尽全力去完成任务,让企业走出困境。

不得不承认的是,有些人不愿意说"这是我的错",是心存这种幻想:"只要我一口否认,老板就很难将责任推到我头上,说不定随着时间的推移,老板会把这件事给忘掉。"

但是,你是否想过,原本是认错就能解决的事情,会因为你的沉默而增加了执行成本,老板会为此而付出更多的精力,整个项目也许会因此被耽误。所以,你的沉默必将是错上加错。当一切大白于天下时,你再被迫说"这是我的错",已经毫无意义。

其实,在工作中出现错误或失败并不可怕,可怕的是掩盖错误和推脱责任。承认错误并不是什么丢脸的事;相反,在某种意义上,它还是一种具有"英雄色彩"的行为;因为错误承认得越及时,就越容易得到改正和补救。而且,由自己主动认错也比别人提出批评后再认错更能得到别人的谅解。更何况一次错误并不会毁掉你今后的道路, 真正会阻碍你的,是那不愿承担责任,不愿改正错误的态度。

做一个勇于承担责任的人

在一个企业的内部,不同岗位的人拥有不同的岗位职责,每个人都不应该因为领导不在或者没有人监督,就放松了自己对岗位职责的要求。忠于职守是一个员工价值和责任感的最佳体现。

李良是个退伍军人,几年前经朋友介绍来到一家工厂做仓库保管员,虽然工作规定内容不繁重,无非就是按时关灯,关好门窗,注意防火防盗等,但李良却做得超乎常人的认真,他不仅每天做好来往的工作人员提货日志,将货物有条不紊地码放整齐,还从不间断地对仓库的各个角落进行打扫清理。

三年下来,仓库居然没有发生一起失火失盗案件,其他工作人员每次提货也都会在最短的时间里找到所提的货物。就在工厂建厂20周年的庆功会上,厂长按老员工的级别亲自为李良颁发了奖金5000元。好多老职工不理解,李良才来厂里三年,凭什么能够拿到这个只有老员工才有资格的奖项?

厂长看出大家的不满,于是说道:"你们知道我这三年中检查过几次咱们厂的仓库吗?一次没有!这不是说我工作没做到,其实我一直很了解咱们厂的仓库保管情况。作为一名普通的仓库保管员,李良能够做到三年如一日地不出差错,而且积极配合其他部门人员的工作,对自己的岗位忠于职守,比起一些老职工来说,李良真正做到了爱厂如家,我觉得这个奖励他当之无愧!"

可以想象,只要你在自己的位置上真正领会到"认真负责"四个字的重要性,踏踏实实地完成自己的任务,不论老板是否在场,都能兢兢业业,那么,你迟早会得到回报的。

无论是一个企业还是一名员工,要是在工作中对待所有的事情都抱着"我认真负责"的态度,那么可以肯定地说,这种企业会令任何人为之震惊,这种员工会赢得足够的尊敬与荣誉。

一个没有责任感的员工不会是一个优秀的员工,每个公司、每个老板都很清楚自己最需要什么样的员工,哪怕你是一名普通的员工,做着最普通的工作,只要你能担当起自己的责任,你就是公司中最受欢迎的人,也是老板最需要的员工。

无论何时何地,人们都喜欢勇于负责的人。哪怕是一个普通的员工,只要他具备了勇于负责的精神,他的能力就能够得到充分的发挥,他的潜力便能够不断地得到挖掘,在为公司创造出巨大效益的同时,也给自己的事业发展创造了更多的机会和可能。勇于负责的精神是一种全力以赴、善始善终的崇高精神,一旦这种精神主宰一个人的心灵,渗透进一个人的个性中,它就会影响一个人的行为和气质。这也是一种对自己负责、高度自律的特质。

有一天,一个在大学期间替人割草赚钱的青年打电话给杰克夫人说:"您需要割草吗?"

杰克夫人答道:"不需要,我已经有一位割草工了。"

青年又说:"我会帮您拔掉草丛里的杂草。"

杰克夫人答道:"我的割草工已经做了。"

青年又说:"我会帮您将草和走道的四周割齐。"

杰克夫人说:"我请的那人也已经做了,谢谢你,我不需要新的割草工人。"

接着,青年就将电话挂断了。这时,他的室友问:"你自己不就在杰克夫人家割草吗?为何还要打这个电话呢?"

青年说:"我只想知道自己做得到底好不好!"

在日常工作中,我们要多问自己:"我做得怎么样?"这就是责任。其实,工作本身就意味着责任。优秀的员工都知道如何为自己的行为负责,他们认为,自己做出了决定,就应该承受相应的责备和赞扬。然而,在有些时候,一个人在做决定时,的确会受到各种客观情况的影响。例如,信息闭塞、缺乏常识、时间不充足或精力不够集中等。假如你真的因此而犯错,就可以通过事实、证据与逻辑委婉地加以说明。不过,若责任真的在你,那你就要勇敢地把责任承担起来。

从某种角度来说,企业的任何一个部门都为企业承担着责任。同理,任何一个部门的员工都为部门担负着责任。一个人有缺点与错误并不可怕,可怕的是消极地对待缺点与错误。勇于承认错误和担负责任对企业与员工自己都不是坏事。在工作中,有些人生怕做错事或做不好事而表现得小心翼翼、害怕担负责任,在遇到自己一定要做的事情时,表现得优柔寡断或者过于依赖别人的建议,这种人注定要被淘汰出局。

其实,员工只要切实负责,即使偶尔犯了小小的错误,大部分明智的领导是不会责备的。唯有当一个人明知故犯并造成恶劣的后果时,人们才会谴责他。因此,作为员工就应该勇于承担责任,吸取教训,努力进取。

俗话说:"千里之行,始于足下。"任何伟大的工程都始于一砖一瓦的堆积,任何耀眼的成功也都是从一点一滴中开始的。勇于负责的精神同样也需要从小处着手,从细节着手。聚沙成塔,集腋成裘,成功之前所做的一切琐碎工作,都很容易让人厌倦。但是,这一砖一瓦、一点一滴的累积,都需要我们以勇于负责的精神去完成。

据统计,华盛顿邮局的退信部门每年要收到700万封无法投递的信件。这些信中,有几百万封连地址都没有写。很多信是来自商务写字楼的。你觉得,这些失误的职员们会得到升迁的机会吗?芝加哥一个大商行的经理说,他不得不在商行里安排很多纠察员,以及时解决那些因不求精确、经常犯错的习惯而带来的问题。

我们知道,一些不负责任的员工在工作中总是一味地追求工作的数量而忽视工作的质量。他们想做的很多,可是工作质量不高。他们没有认识到,做好哪怕一件事情,其意义也远远大于做成千上万件半途而废的工作。因此,他们往往不会有好的业绩,更不会赢得老板的赞赏。

在工作中,如果一个人是失败者,那么他多半是个不负责任的人。要知道,生活会以各种形式回报那些有责任感的人。如果你不希望失败,那么请你先从转变自己的思想和认识开始,努力培养自己勇于负责的工作精神。一个人只有具备了勇于负责的精神之后,才会产生改变一切的力量,也才能从根本上避免失败。勇于承担责任的员工,不仅会赢得尊重,还能为自己的前途铺平道路。

在工作中,如果能够多一些认真,学会勇于承担责任,那么,成功和荣誉绝对不会把你丢弃。我们中许多人之所以一事无成,都是因为在他的思想和认识中,缺乏对勇于负责精神的理解和掌握。他们常常以自由享乐、不负责任、不受约束的态度对待自己的工作和生活,最后只能落得个失败的下场。

逃避责任的人只会失败

强烈的责任感会让人表现得更加出色,但遗憾的是,许多员工都没能了解这一点,他们眼中看到的只有责任带给自己的沉重负担,因而选择了逃避,放弃了承担责任的义务。

诚然,寻找借口可以一时推卸掉责任,但是却因影响了执行而给他人留下了不好的印象。在执行中一遇到困难就千方百计寻找借口推卸责任,这种小花招虽然让你一时逃避了责任,但你有没有想过什么都不做的后果?

在困难面前消极逃避,你的工作能力自然得不到提高,长此以往,执行力也将大打折扣。只有迎难而上,积极应对,认真分析问题,找出解决的方法,并坚定不移地执行下去,才是正确的工作态度。当然,这需要你花费很大的精力,你可能要查阅大量的资料,可能要进行大量的市场调查,可能要加班加点坐在电脑前苦思冥想,可能要虚心向上司及有经验的同事请教,但这些都是你必须要做的。在一次又一次的攻克难关的过程中,你会积累起丰富的实践经验,个人的执行力自然会随之大为提高。况且,你的自信心也会随之不断增强,当你坚信有能力克服一切困难时,你就不会再找借口推卸责任了。

巴顿将军曾说过:"自以为是而忘了自己责任的人,一文不值,遇到这种军官,我会马上调换他的职务。一个人一旦自以为是,不负责任,就会远离前线作战,这是一种典型的胆小鬼的表现。唯有负责任的人,才会为自己从事的事业心甘情愿地献身!"

现实中有些人为了逃避责任,在问题面前不作任何决定,事事请教上司。一旦出现差错,他们就会理直气壮地说,是上司让我这么做的,言外之意我可是服从领导、绝对执行的好员工,一切责任都应该由上司负责,至少也应该由上司负主要责任。持有这种观点的人是非常可笑的,再自以为是付诸实施就是可悲的了。

你有没有想过,在所谓的服从领导、绝对执行的背后,就是能力低下和缺乏主动工作的精神。没有一个上司喜欢这样的员工,如果你是一个初入职场的新人,对于你的不耻下问,上司一般会不厌其烦地指导你;如果你老是事事请教,会浪费上司的时间和精力,打乱上司的工作安排,难免会引起上司反感,当你再把责任推到他头上时,自然就会为你不负责任的行为付出沉重的代价。

　　要知道逃避责任只会自食其果。不愿承担责任的员工，很难把自己的本职工作做到尽善尽美。因为他无论干任何事情都小心翼翼，唯恐会出现什么差池需要自己承担责任，所以就会丧失创造力。而员工的第一职责就是做好本职工作，只有把本职工作做到最好，才能得到企业的支持和领导的认可。如果不能把本职工作做好，最终的结果就是被公司辞退，这是毫无疑问的。

　　不管何时何地，勇于承担责任对个人、对企业、对国家、对社会都是不可缺少的品质。如果一名士兵想成为好军人，就一定要遵纪守法，有强烈的自尊心，为自己的部队与国家感到无比的骄傲，对同志与领导有高度的责任、义务感，对自己表现出的才能充满信心。这样的要求同样适用于公司的员工。习惯于逃避责任的员工，往往很难避免失业的厄运。

　　有一个年轻人因为一直找不到合适的工作，所以想给一位作家当抄写员。于是，他就向那位作家毛遂自荐。年轻人看起来完全能胜任这份抄写工作，谈妥条件后，那位作家就让他马上开始工作。然而这个年轻人却向外面看了看教堂上的钟，然后急忙对作家说："现在我不能在这里工作，因为到了午餐时间，我要去吃饭。"那位作家听了他的话说："噢，这样啊，那你就去吃饭吧！不过，吃完饭后你不必再来了。"作家觉得，这个年轻人曾经对自己说过，他因为无人雇佣而倍感沮丧。但是当他稍微有点起色时心中想到的却是提前去吃饭，而将自己曾经说过的话抛到了九霄云外。由此可以想象，他如何能够担负相应的工作中的责任呢？一个人对自己都不能负责，又如何能够做到对自己的工作负责呢？所以，最后还是决定不再留用这个年轻人。

　　所有的公司员工，都有维护企业利益与形象的责任和义务，如果在该负责任的时候逃避责任，就会让公司的利益受损。因为员工就是企业的代言人，员工的形象在某种程度上就代表着企业的形象。假如一家企业的员工有不负责任的表现，那么整个企业就会给人一种不负责任的感觉,这种企业又如何能在社会上立足呢?

如果你不想使自己陷入孤立之中,那么就不要逃避责任。每个人在工作中都难免会出现一些失误,重要的是出现失误后的态度。如果抱着"所有的错都是他人造成的"的态度,总是一味地抱怨他人,不从自己身上找原因,那么就会引起同事的不满,这会为以后的合作造成障碍。如有了错误,敢于承担,不逃避责任,这样才能赢得更大的成功,否则只会丧失成功。

凯玛特和沃尔玛是同一年成立的零售商店,凯玛特很快就做到了全美第一的位置。然而经过随后的40年较量,沃尔玛最终战胜了凯玛特,成为位居全球500强首位的公司,而凯玛特却被迫申请破产保护。一个广为流传的关于凯玛特的故事折射出了其中深层的原因:1990年在凯玛特的一次总结会上,一位高级经理认为自己犯了一个"错误",他向坐在身边的上司请示,这位上司不知如何回答,又向上请示,而上司的上司又转过身向上询问。这样一个小小的问题,一直问到总经理帕金那里。这位高级经理回忆说:"真是可笑,没有人发表意见,直到最高领导发话。"

怕承担责任而不作任何决定,最终葬送了一个公司。

其实,一个人在工作中犯错是很正常的事情。工作一时出现差错并不可怕,可怕的是不敢承认错误,找借口推卸责任。一个人惧怕承担责任,就不会有勇气提高自己的工作能力,积极寻找解决问题的方法,从而改正错误并更好地完成任务。殊不知,承认错误并改正错误,也是负责的表现。只要你勇于承认错误,不逃避责任,积极改正错误,就可以将公司的损失减少到最低,让执行流程得以继续进行。

有点远见的人都知道,只有敢于承认错误,积极担当责任,才能赢得同事的同情、理解以及尊敬,才会拥有良好的人际关系,别人才会喜欢与他一起做事,这样的人永远都不会陷入孤立无援的境地。

那些逃避责任的人,也永远都不会得到人们的尊重。

某报社有一位非常有才华的青年编辑,可这位编辑工作懒散,毫无责任意识。有一次,报社到了发稿时间,他却依然慢条斯理,最终影响了报纸的出报时间。当报社追究责任时,他却为自己找了很多理由,企图让报社来承担损失。可想而知,这位满腹才华的编辑几乎成了过街老鼠,同事们群起而攻之,最后这位编辑不得不自己承担责任。

这样的人想要得到尊重与提升几乎是不可能的,通常情况下,人们更喜欢去尊敬那些能力一般却尽职尽责的人。

一个尽职尽责的人做任何工作,无论他的薪水多么微薄,无论他的上级多么的不赏识,他都会在工作中积极地投入自己的全部精力与热情,并勇于承担责任,他就会为自己的工作成就感到骄傲与自豪,同时也会赢得别人的尊重。以主人翁的精神和胜利者的心态来对待工作,工作自然就会成为非常有意义的事。

无论你现在在哪个行业,或者日后去任何地方,总会发现很多人在逃避责任与寻找借口。这样的人缺乏的不仅仅是神圣的使命感,还有对敬业精神的深刻理解。他们的理解大多偏执、狭隘。如果我们想有所成就,那么就坚决不能与这类人为伍。这就需要我们每个人都必须严格要求自己,不能逃避责任,要时刻保持高度的责任感和工作使命感。

勇于承担责任,出现问题时不逃避责任,只有这样,我们在工作中才能一帆风顺;反之,如果一个人在应该承担责任时,总是选择逃避、推脱,那么等待他的只有失败。要知道,逃避责任的结果只有一个,那就是失败。

敢负责任的人最具魅力

负责任、尽义务是魅力的标志。几乎每个人做错了事都会寻找理由。对于责任,谁也不想主动去承担,而对于获益颇丰的好事,邀功领赏者就不乏其人。负责任的人是有魅力的人,他们对自己的言行负责,他们把握自己的行为,做自我的主宰。每一个有魅力的企业家,都应该让自己的员工增强责任感,就像培养他们其他优良品质一样。

其实,中国自古推崇责任、气节、操守,提倡做人立世要对自己的人生负责。古人讲"修身齐家治国平天下",就把修身做人摆在人生第一位。再如"太上有三不朽"——立德立功立言,也把做人看成是人生根本大事。作为中华民族社会良心、智慧化身的知识分子,历来就有忧国忧民、刚健自强、不屈不挠、经世治国的优良品质。孔子誉之为"士志于道"。历史上从曾参的"士不可以不弘毅",到李膺的"欲以天下致是非为己任";从陈蕃的"澄清天下之志",到顾炎武的"天下兴亡,匹夫有责",都可以看到那种"为天地立心,为生民立命,为往圣继绝学,为万世开太平"的风骨精神和人格力量,其对国家民族和对自己人生负责的精神脉络清晰可见,且历千年而不绝。

这些铁肩担道义的责任感令人肃然起敬,但救世和改造社会是要符合社会实际,需要具备一定条件的,不是人人都能为之。我们是平庸之辈,我们只要对自己的人生负责,我们只要自救和个人完善,这无须任何社会条件,只要你思考自己的人生使命,建立起真正属于自己的人生目标和生活信念,就能由此出发自觉选择并承担对社会和他人的责任。我不能想象,一个没有责任心,对人生随波逐流、稀里糊涂的人怎么会爱人生、爱生活、爱他人、爱事业呢？怎么会在日常生活中坚定地负起责任呢？这种人，往往把尽责看做是纯粹的付出，他们事事索求回报，他们甚至为别人而活着，太在乎自己"身边几个人"的看法评价，而消磨了自己的一生，这样的人又有何人格魅力可谈呢？

责任就是魅力，相应地，有所负责就是有所魅力，不负责任的行为就是缺乏魅力的行为。我们努力教育孩子成长为负责任的人，就是在帮助他们形成魅力。詹姆斯·麦迪逊独具慧眼，在《联邦主义者文集》第63节中给责任作了明确的界定：责任必须限定在责任承担者的能力范围之内才合乎情理，而且必须与这种能力的有效运用程度相关。缺乏魅力的人还不能完全具有承担责任的能力。

19世纪存在主义鼻祖之一的索伦·克尔凯郭尔，感叹芸芸众生中责任感的丧失。在《作者本人对自己作品的看法》这本书中，他写道："群体的含义等同于伪善，因为它使个人彻底地顽固不化和不负责任，至少削弱了人的责任感，使之荡然无存。"圣·奥古斯丁在他的《忏悔录》中也写道："这种屈服于同辈压力的弱化的责任感作为对青年时代破坏行为进行反思的主要内容。这全是因为当别人说'来呀，一起干吧！'的时候，我们羞于后退。"奥古斯丁和亚里士多德及存在主义者都坚持说人们应对自己的行为负责。

著名国学大师耕云先生在多所大学里反复强调："活在责任和义务里。"他一再告诫学子们：每个人都是社会的一分子，要尽到对社会的责任和义务；同时又是家庭的一分子，也要尽到对家庭的责任和义务。他认为，如果我们每个人都能对社会和家庭尽到应尽的责任和义务，那么我们这个社会就少了许多纷争和掠夺，少了许多奸险和罪恶，而多了一些安宁和祥和。

一个人生活在这个世上，就必须承担属于他的责任，履行属于他的义务。对家庭、对国家、对民族、对社会、对人类，你必须尽到责任和义务；对工作、对事业、对同志、对朋友、对子女，你必须尽到责任和义务。

　　主动承担责任的人,就会感到身上有一股无形的压力;有无形的压力,就会具备谋求做事的动力;具备谋求做事的动力,就会有信心把自己承担的责任承担到底。同理,主动履行义务的人,就会两肩担道义;两肩担道义,就会一身正气;一身正气,就会有力量把自己应尽的义务履行到底,充分展示一个最具魅力的自我。

　　敢负责任的人,还能创造一切的机会,随时随地无愧于事。只要敢于承担自己的责任,则自身的一举一动、一心一念,都不违背做人的责任,都可惊天地而泣鬼神,都会随时随地、全心全意地做事,圆满地做事。就像诸葛亮做人的要点,全在"鞠躬尽瘁,死而后已"一样。鞠躬尽瘁,就是以生命去尽职,去完成事业;死而后已,就是以死亡去尽责,去力行事业。不但完成自己的事,而且用死亡履行自己对社会的责任和义务。其实,这也正是一个敢负责任人的魅力之所在。

　　责任感能够使人更有激情。爱默生说:"一个人,当他全身心地投入到自己的工作之中,并取得成绩时,他将是快乐而放松的。但是,如果情况相反的话,他的生活则平凡无奇,且有可能不得安宁。"

　　高昂的激情来自强烈的责任感。一个具有高度责任感的人,会把工作看成追求和奉献,而把名利看得轻如鸿毛,满怀激情地投入工作;一个丧失责任感的人,会把工作当作一种负担,自然就会失去工作的乐趣。唤起满腔热情和坚韧毅力的良方之一就是责任感,而每一次拖延和迟缓都会销蚀人们的决心,削弱人们的意志。田家英同志曾经写过一首诗:"十年京兆一书生,爱书爱字不爱名。一饭膏粱颇不薄,惭愧万家百姓心。"这就是一种责任感的写照。

　　一个对自己工作充满激情的人,无论在什么地方工作,他都会认为自己所从事的工作是世界上最神圣、最崇高的一项职业;无论工作的困难是多么大,或是质量要求多么高,他都会始终一丝不苟、不急不躁地去完成它。有激情就意味着受到了鼓舞,鼓舞为激情提供了能量。赋予你所做的工作以重要性,激情也就随之产生了。

　　史密斯是一个汽车清洗公司的经理，这家店是12家连锁店中的一个，生意相当兴隆，而且员工都热情高涨，对他们自己的工作表现得很骄傲，都感觉生活是美好的……但是史密斯来此之前却不是这样的。那时，员工们已经厌倦了这里的工作，他们中有的已经打算辞职，可是史密斯却用自己昂扬的精神状态感染了他们，让他们重新快乐地工作起来。史密斯每天第一个到达公司，微笑着向陆续到来的员工们打招呼，把自己的工作一一排列在日程表上。他创立了与顾客联谊的讨论会，时常把自己的假期向后推迟……在他的影响下，整个公司变得积极上进，业绩稳步上升，他的精神改变了周围的一切，老板因此决定把他的工作方法向其他连锁店推广。

　　即使你的工作不那么充满魅力，但只要善于从中寻找意义和目的，也就有了激情；同时，你也将会赢得成功。

　　责任感是一个人对待任务、对待事情的态度。责任感的强弱决定了一个人对待工作是尽心尽责还是浑浑噩噩，并且又决定了他做事的好坏。责任不仅是一种品德，更是一种能力，而且是其他所有能力的统帅与核心。缺乏责任意识，其他的能力就失去了用武之地。

　　假如你非常热爱工作，那你的生活就是天堂；假如你非常讨厌工作，你的生活就是地狱。工作的责任在于细节，工作的责任在于习惯。一心渴望伟大、追求伟大，伟大却了无踪影；甘于平淡，认真做好每一件小事，魅力则自然而来，伟大也必将不期而至。

【九】

成功源于责任

世界华人成功学第一人陈安之说:"要想感动别人,先感动自己;要想征服困难,先征服自己;只有把自己发自内心喜爱的东西送给别人,才会物超所值,才叫负责任!"负有强烈的责任感,有积极的态度,并且毫无抱怨地去面对困难,克服困难,就能够获得成功。

责任体现在细节中

张瑞敏认为："没有激动人心的事发生，就说明企业运行过程中时时处于正常状态。"他的"不追求传奇"理念也正是"企业应该在任何时候都没有激动人心的事发生。"

对于海尔人来说，几乎没有激动人心的大事发生，一切似乎都是小事。但生意是怎么得来的呢？不过是细心一点、勤快一点、认真一点、精明一点、小事做好一点，等等。"一点"的事情很小，但随时随地做好又很难。当你走进偌大的海尔工业园，看不到激动人心的场面，听不到激动人心的声音，一切都是那样宁静、有序，每年数十亿的优质产品在高效、系统、严密的运动中，从这里流下生产线，走向大市场，又将利润返回到海尔大楼。

"小事"就是细节，关注细节是每一个员工的责任，也是每一个和公司利益相关的人必须做到的，在所执行的职责内应该认真做到客户无小事，公司无小事。

东京一家贸易公司有一位小姐专门负责为客商购买车票。她常给德国一家大公司的商务经理购买来往于东京、大阪之间的火车票。不久，这位经理发现一件趣事：每次去大阪时，座位总在右窗口，返回东京时又总在左窗边。

经理询问小姐其中的缘故。小姐笑答道："车去大阪时，富士山在您右边，返回东京时，富士山已到了您的左边。我想外国人都喜欢富士山的壮丽景色，所以我替您买了不同的车票。"

就是这种不起眼的细心事，使这位德国经理十分感动，促使他把与这家日本公司的贸易额由400万马克提高到1200万马克。他认为，在这样一个微不足道的小事上，这家公司的职员都能够想得这么周到，那么，跟他们做生意还有什么不放心的呢？

客户无小事，客户的事情再小，也与客户是否对公司100%满意这种完美结局紧紧联系在一起。每个客户都希望被合作方重视，直至每一件小事。在与他人的合作中，任何小的疏忽都会造成客户的不满，甚至可能产生十分严重的后果。因此，客户的每件小事都是大事，把每一件小事做到位，大事也会随之完整。希尔顿饭店的创始人、世界旅馆业之王康·尼·希尔顿是一个要求员工将责任体现在细节中的人。

一家企业的副总凯普曾入住过希尔顿饭店。那天早上刚一打开门，走廊尽头站着的服务员就走过来向凯普先生问好。让凯普先生奇怪的并不是服务员的礼貌举动，而是服务员竟喊出了自己的名字，因为在凯普先生多年的出差生涯中，在其他饭店住宿时从没有服务员能叫出客人的名字。

原来，希尔顿要求楼层服务员要时刻记住自己所服务的每个房间客人的名字，以便提供更细致周到的服务。当凯普坐电梯到一楼的时候，一楼的服务员同样也能够叫出他的名字，这让凯普先生很纳闷。服务员于是解释："因为上面有电话过来，说您下来了。"

吃早餐的时候，饭店服务员送来了一个点心。凯普就问，这道菜中间红的是什么？服务员看了一眼，然后后退一步做了回答。凯普又问旁边那个黑黑的是什么，服务员又上前看了一眼，随即又后退一步做了回答。她为什么后退一步？原来，她是为了避免自己的唾沫落到客人的早点上。

也许你会觉得这些都是不起眼的小事，但在商业社会中，是否注重细节的完美就体现在这些小事上。因为我们每个人所做的工作，都是由一件件小事构成的。把每一件小事做好，体现的正是你的责任感。而只有具备了强烈责任感的人，才能铸造完美的细节。

细节无处不在。从一件小事就能看出一个人是否有责任感。如一台拖拉机有五六千个零部件，要几十个工厂进行生产协作；一辆上海牌小汽车，有上万个零件，需上百家企业生产协作；一架"波音747"飞机，共有450万个零部件，涉及的企业单位更多；而美国的"阿波罗"飞船，则要2万多个协作单位生产完成。在这由成百上千，乃至上万、数百万的零部件所组成的机器中，每一个部件容不得哪怕是0.1%的差错，否则的话，生产出来的产品不单是残次品、废品的问题，甚至会危害人的生命。

正所谓"失之毫厘，谬以千里"，因此，要想保证一个由无数个零件所组成的机器的正常运转，就必须通过制定和贯彻执行各类技术标准和管理标准，从技术和组织管理上把各方面的细节有机地联系协调起来，形成一个统一的系统，才能保证其生产和工作有条不紊地进行。在这一过程中，每一个庞大的系统是由无数个细节结合起来的统一体，忽视任何一个细节，都会带来想象不到的灾难。

2003年2月1日美国"哥伦比亚"号航天飞机返回地面途中，着陆前意外发生爆炸，飞机上的7名宇航员全部遇难，全世界感到震惊。美国宇航局负责航天飞机计划的官员罗恩·迪特莫尔被迫辞职。此前，他在美国宇航局工作了26年，并已担任4年的航天飞机计划主管。事后的调查结果表明，造成这一灾难的凶手竟是一块脱落的隔热瓦。

"哥伦比亚"号表面覆盖着2万余块隔热瓦，能抵御3000摄氏度的高温，以免航天飞机返回大气层时外壳被高温所熔化。1月16日"哥伦比亚"号升空80秒后，一块从燃料箱上脱落的碎片击中了飞机左翼前部的隔热系统。宇航局的高速照相机记录了这一过程。

应该说，航天飞机的整体性能等很多技术标准都是一流的，但就因为一小块脱落的隔热瓦就毁灭了价值连城的航天飞机，还有无法用价值衡量的7条宝贵的生命。在这里，一个小小的细节上的错误，导致了毁灭性的后果。

"泰山不拒细壤，故能成其高；江海不择细流，故能就其深。"所以，大礼不辞小让，细节体现责任，细节决定成败。细节既能创造正效益，也会产生负效益。

一次，国内一位旅客乘坐某航空公司的航班由济南飞往北京，连要两杯水后又请求再来一杯，还歉意地说实在口渴，服务小姐的回答让她大失所望："我们飞的是短途，储备的水不足，剩下的还要留着飞上海用呢！"在遭遇了这一"细节"之后，那位女士决定今后不再乘坐这家公司的飞机。

在产品和服务越来越同质化的今天，细节的完美是企业竞争的制胜一招。有一家公司的墙上贴着这样一句格言："苛求细节的完美。"如果每个人都能恪守这一格言，我们的自身素质无疑会有大幅度的提高，也会避免很多失误与叹息。"天下大事，必作于细；天下难事，必成于易"。所以，无论做人、做事，都要注重细节，从小事做起。

责任是迈向成功人生的基石

蜜蜂的天职是采花粉，猫的天职是抓老鼠，人，同样有自己的职责，只有通过工作，才能完成自己的人生使命。责任，是人生成功的基石。

勇于承担责任能让人具有最好的工作状态，精力旺盛地投入工作，这是事业成功的关键，责任会给你带来回报，不负责则会让事业失败，甚至付出惨痛的代价。

很多人都羡慕当总统的人。作为一个国家的最高领导人,总统外出时有车队相随,威风八面;发表演讲时名流云集,一呼百应,场面甚是宏大壮观;出国访问任何一个国家都会受到最高规格的礼遇,享尽无限风光……这些,差不多所有人都会向往。不过,想一想总统身上担负的责任:国家安危、经济发展、民生劳苦……你还会羡慕吗?

也许你会说,总统距离我们太远了,羡慕也是不现实的。那你是否羡慕你身边的人呢,比如你的老板?

通常而言,老板都拥有一份自己的事业,对于所有在职场中摸爬滚打的人来说,最有吸引力的还是老板拥有自己的公司。如果想保持企业持续、健康的发展,老板一定要想尽各种办法做好战略规划,一旦战略有误,或许就会令企业陷入破产的困境。如果老板不愿意聘用职业经理人,那么他还要参与企业的具体管理,严格把关每一项运营计划并追踪计划的执行情况,甚至参与到执行的细节当中。此时也许你才会发现,做老板其实也很不容易。在老板风光的背后,是一份沉重的责任。而你没有像他一样取得成功,就是因为你担负的责任远比老板小得多。

有间在一个大湖中央的庙宇,庙中供奉着传说中菩萨戴过的佛珠链子,一位老主持带着几个年轻的和尚修行。一天老主持召集他们说:"菩萨链子不见了。"年轻的和尚们不敢相信,怎么可能呢,因为庙中唯一的门二十四小时有人轮流看守,外人根本进不来。

老主持以平静的口吻说:"只要拿的人能够承认错误,就把链子送给他,只要好好珍惜就行。"并给他们七天时间静思。

第一天没有人承认,第二天也没有人承认。原来互敬共处的和尚们多了猜疑与猜忌,甚至彼此间不再交谈,这样的气氛到了第七天,还是没人站出来。老主持看到这样的情况开口了:"各位都认为自己清白,表示你们的定力已够,佛珠不曾诱惑你们了,明天早上你们可以离开这儿了,修行可以告一段落了。"隔天早上,为了表示自己的清白,和尚们一大早就背着行囊，只剩一个双眼失明的瞎和尚还在菩萨面前念经，众和尚松了一口气，终于有人承认拿了佛珠，让冤情大白。

老师父分别向这些无辜的和尚道别后，转身问瞎和尚："你为什么不离开？链子是你拿的吗？"瞎和尚回答："佛珠掉了，佛心还在，我为修佛心而来！""既然没拿为何留下来承担责任，让别人误会是你拿的？

瞎和尚回答："过去的七天，怀疑很伤人心，自己的心，还有别人的心，需要有人先承担才能化解怀疑。"老师父从袈裟中拿出了佛珠："链子还在，只有你学会了承担！"

承担是一种责任，承担是一种义务，承担是一种美德。学会承担需要责任感，敢于承担需要勇气，善于承担需要智慧。承担责任是迈向成功人生的基石。

好好反思一下自己，看看自己在企业中的地位，你会有什么感触？对于任何一项工作，你都认真对待并担负起相应的责任了吗？特别是面对那些既复杂、难度又大，而且充满风险的工作，你是迎难而上还是寻找各种借口逃避？若是前者，你今天肯定比那些不敢或不愿担负责任的"逃兵"更成功。经过锻炼，你的能力会得到大大提升，能够解决很多他人解决不了的工作困难，尤其是你敢于担负重任的精神，会让上司认为不管将多么重要的任务交给你，他都很放心。所以，你肯定会得到上司的欣赏，在地位与经济收入得到相应提升的同时，你也将实现更大的自我价值。

当然，一个人担负的责任愈大，其付出就会愈多。这也是许多人不愿意担负重大责任的主要原因。他们不愿意将工作时间全部投入到工作当中，更不想下班以后还要考虑工作，因为那样会影响自己的休闲生活。毫无疑问，这样的人是不会取得很大成就的。也有一些员工，他们因为对自己的能力不自信，担心担负不了重任而陷入麻烦当中。事实上，所有人身上都有未发挥出来的巨大潜能。美国学者詹姆斯指出，一般人只发挥了自己蕴藏潜力的十分之一，和应该获得的成就相比，只是发挥了一小部分能量,只利用了身心资源的极小一部分而已。只要你决定担负起责任,并努力去做好自己的工作,一些你害怕不能完成的任务,也常常能够圆满完成。

可以说,一个缺乏责任感的民族是没落的民族,一个缺乏责任感的企业是没前途的企业,一个缺乏责任感的人将会是一个失败的人。工作中,只有我们意识到自身的责任,承担起我们的责任,我们才会取得事业的成功,责任,是事业成功的坚实基础,是事业成功的基石。

播种责任,收获人生

人生就是一个不断追求幸福的过程。我们不管是在学习、工作,还是在生活、娱乐,其实都是为了追求幸福。在现实生活中,有些人觉得自己能力不够强,能成就一番事业的机会和概率微乎其微;有些人抱怨自己的工作得不到他人的重视,或者工作很琐碎、很微不足道,无法给自己带来金钱,更无法实现人生价值。总之,他觉得无法从工作中寻找到幸福的答案。

然而,这只是因为他们没能正确地看待工作。对于一个饥饿的人来说,如果有人给他哪怕一小片干面包,他也会充满感恩之情。面包可以解决饥饿问题,而工作能解决生存和发展的问题,从这个角度讲,二者并无本质区别。事实上,没有卑微的礼物,只有不懂珍惜的人;没有卑微的工作,只有不懂得感恩的人。

况且,假如自己都认为自己的工作是不重要的,就不可能有责任心,不会竭力把它做好。自己既然做不好,别人就不会重视你的工作,给你以肯定和更多的资源与平台,这样,你也就离成功和幸福越来越远了。换句话说，一个人要想获得幸福，便要从学会感恩、担当责任开始。只有用一颗感恩的心在工作中播下责任的种子，你才有可能在收获的季节满载幸福之果而归。

有一个学习计算机的年轻人，大学毕业后就开始奔波着四处求职。暑假过去了，他依然没有找到理想的工作，并且眼看他身上的钱就要用完了。

终于有一天，他看到报纸上登出一则招聘启事，一家新成立的电脑公司需要招聘各种电脑技术人员20名，但需要经过考试。年轻人抓住机会报了名并潜心复习，后来终于在200多名报名者中脱颖而出。

走上工作岗位后，年轻人才真正认识到自身欠缺的知识太多。公司每晚要留值班人员，家住本市的同事都不愿意值班，他就索性搬到单位住，包揽了所有值班任务。每晚9点关门后，他就在办公室拼命钻研电脑知识，比读大学的时候还勤奋。工作两个月后，他就已经成为公司的技术骨干了。

这时，年轻人的生活依然是艰难的，试用期3个月，每月只有400元工资，勉强解决温饱。可是这份工作来之不易，他懂得知足常乐的道理。他努力工作，表现得相当优秀。两年后，他考取了国际和国内网络工程师资格证书，成为一名网络工程师，得到公司领导的器重和同事们的好评。几年过去，随着公司的发展壮大，不到30岁的他就凭借出色的业绩在这家公司拥有了很高的职位，并拥有一定股份，前景看好。当人们问起他的成功经验时，年轻人谦虚地说："其实也没什么，就是我懂得感恩。我知道这份工作来之不易，于是我每天都为自己能有幸拥有眼前的这份工作而感恩，为自己能进这样一家公司而感恩。这样，我便有了前进的动力，再苦再累的活也难不倒我了。"

这位年轻人拥有感恩这种良好的心态，同时感恩又衍生出奉献精神，当他以一种感恩图报的心情工作时，他自然会工作得很愉快，不仅工作效率提高,同时也在工作的过程中享受到了卓越工作带来的满足感。

某小区有一位年轻帅气的清洁工,他每天早晨拉着垃圾车经过小区楼下时,都会晃动手上的摇铃,当楼里的居民提着垃圾袋走向他时,他总是微笑着,站在垃圾车旁,优雅地做个"请"的姿势,就像在说"欢迎光临"。

他总是穿得很整洁,把清洁工作当成一件很体面、荣耀、骄傲的事。有时,人们会看见他用扫帚对准地上的烟蒂,摆出打高尔夫球的姿势,一杆把烟蒂挥入距离两三步远的簸箕内,还一脸微笑……

大家不知道他的名字,只知道他正值青春年华,原先他在省城一家宾馆里当迎宾先生,后来因为父亲病重,便回老家照顾父亲,同时兼职做了一名清洁工。

在与垃圾打交道时,他总能抱着一颗感恩的心,因为有事做是最重要的。被他优雅、自信、有礼的言行所感动,每次倒垃圾时,许多人都不忘说"谢谢"。对此,他很激动。他说他永远不会看轻自己,但仍然在乎别人的尊重与肯定。

这位年轻人不仅帮人们带走了生活垃圾,也净化了人们日渐蒙尘的内心。

古罗马斯多葛派哲学家们说过:没有卑微的工作,只有卑微的工作态度。如果一个人轻视他自己的工作,那么他就会将自己的工作做得一团糟;如果一个人认为他的工作辛苦、烦闷,那么他也绝不会做好工作,在这一工作岗位上也无法发挥他的特长。其实,任何一种工作都有它存在的价值;工作没有高低贵贱之分,最重要的是我们能否保持一颗感恩的心。

工作就好比是在栽种一棵苹果树,我们每天为它剪枝、修叶、浇水。等到了秋天,看着被果实压弯的枝条,在品尝酸甜的苹果的同时,我们应当去感恩那棵树,因为是树给了我们收获果实的机会。

同仁堂一路走来,300多年枝繁叶茂,秘诀正在于它一直秉持着"感恩文化与社会责任"为核心的企业理念,并不折不扣地执行着。同仁堂集团宣传部部长金永年先生举过一个例子,来证明同仁堂对感恩与责任的坚守。

2003年抗击"非典"过程中,同仁堂每卖出一服"抗非典方"就亏损2元钱,仅此一项就报亏600万元。"政府发布了限价令,规定每服药只能卖9元,可是药材的采购价格却数倍地疯涨,过去1千克金银花价格不会超过40元,"非典"期间却达到300元/千克的价位。"当时不少实力不济的药店纷纷放弃销售"抗非典方",而同仁堂的决策层却劝勉自己的员工说:"300多年来我们信奉'同修仁德,济世养生'的企业宗旨,国家有难之际也是我们回报社会之时。"

同仁堂的感恩,宣扬了他们的企业文化,并且体现了同仁堂作为一个大企业,非常重视自己肩上的责任与道义,为我们做出了良好的示范。它教会我们在生存的同时,不忘感恩与责任。

工作让我们找到了自己的位置,发挥着自己的作用,提升着自己的价值,让我们的每一天都变得充实起来,让我们的每一份付出都变得有意义起来。因为工作,我们知道自己还是健康的,还是有价值的。在服务他人与社会的过程中,我们体味着奉献精神的伟大……这些难道不是一种极大的幸福吗?哲人有言:"幸福不是指你拥有了多少东西,而是指你如何看待你所拥有的东西。"这话大抵可以作为工作本身便是种幸福的一个注脚吧。

感恩自己的工作,只要有一颗感恩的心,哪怕只有一点点,都能使我们受用终生。要明白,我们在工作中的付出只是在回报工作带给我们的幸福,仅此而已。

有一天，一个腿部有点残疾的人在匹兹堡的大街上行走，当时的人行道很滑，他一不小心滑倒了，帽子被风刮到了人行道前面一个男孩子的脚下。这个男孩子用力踢了帽子一下，把它踢到大街的中央去了。这时，另一个男孩子走过来，帮这位老人把帽子捡了起来，并且扶他回到了旅馆。老人记下了这个好心的男孩子的姓名，并且对他的善意之举表达了深深的感激之情。大约在一个月之后，有人给这个男孩送来了一张1000美元的支票。

那男孩只是做了一件微不足道的事情，只是一件举手之劳的小事，但是他的善行竟然马上得到了丰厚的回报。

善意的言行往往都是细微的，但是对于那些对人性已经绝望的灵魂来说，一句善良的话语可能会改变他们对整个世界的看法，可以拯救他们的灵魂。

用心才能见微知著

小处着眼，大处着手，在日常管理上，细节不仅指公司的各项作业规定，还包括桌面的整洁、服装仪容等。在人力资源管理上，抓住细节更可以推知人的品德与能力；在营销管理上，对细节的注重可以加深顾客对企业注重服务与质量意识的印象，而这一切都能决定企业管理的成败。

迪斯尼公司为观众和客人提供的优质服务，使游人在离开迪斯尼乐园以后仍然可以感受到。他们调查发现，平均每天大约有2万游人将车钥匙反锁在车里。于是公司雇用了大量的巡游员，专门在公园的停车场帮助那些将钥匙锁在车里的人们打开车门——这一切工作，无须给锁匠打电话，无须等候，也不用付费。迪斯尼公司的服务意识与其产品一样也极其注重"晃动的灯影"这样的细节。

所谓"晃动的灯影",实际是迪斯尼公司企业文化的一部分。这一词汇源自该公司的动画片《兔子罗杰》,其中有个人物不小心碰到了灯,使得灯影也跟着晃动。这一精心设计,只有少数电影行家才会注意到。但是,无论是否有人注意到,这都反映出迪斯尼公司的经营理念——臻于至善。

罗浮宫收藏着莫奈的一幅画,描绘的是女修道院厨房里的情景。画面上正在工作的不是普通的人,而是天使。一个正在架水壶烧水,一个正优雅地提起水桶,另外一个穿着厨衣,伸手去拿盘子——即使日常生活中最平凡的事,也值得天使们全神贯注地去做。

行为本身并不能说明自身的性质,而是取决于我们行动时的精神状态。工作是否单调乏味,往往取决于我们做它时的心境。每一件事都值得我们去做,而且应该用心地去做。

有位医学院的教授,在上课的第一天对他的学生说:"当医生,最要紧的就是胆大心细!"说完,便将一只手指伸进桌子上一只盛满尿液的杯子里,接着再把手指放进自己的嘴中,随后教授将那只杯子递给学生,让这些学生学着他的样子做。看着每个学生都把手指探入杯中,然后再塞进嘴里,忍着呕吐的狼狈样子,他微微笑了笑说:"不错,不错,你们每个人都够胆大的。"紧接着教授又难过起来,"只可惜你们看得不够心细,没有注意到我探入尿杯的是食指,放进嘴里的却是中指啊!"

教授这样做的本意,是教育学生在科研与工作中都要用心。相信尝过尿液的学生应该终身能够记住这次"教训"。

其实在企业中也需要养成用心做事的习惯,用心做事的价值在于,它是创造性的、独一无二的、无法重复的。韦尔奇在管理学基础理论上并无振聋发聩的东西,但是他在GE公司20年管理实践中身体力行的、为人们津津乐道的一些管理细节却令人敬佩。这些细节包括手写"便条"

并亲自封好后给基层经理人甚至普通员工，包括能叫出1000多位通用电气管理人员的名字，还包括亲自接见所有申请担任通用电气58个高级职位的人等。在世界最令人钦佩的公司中，很少有哪家公司的老板能做到这些。

飞机像一只滑翔的大鸟降落在东京国际机场，一家知名汽车生产公司的总工程师高桥踌躇满志地走下舷梯，他此行肩负重任。随着汽车业日趋成熟，高桥所在公司扩大了与日本一家生产高档轿车公司的合作。他此行的目的就是与日方谈判，为他们提供轿车及附件。如果谈得顺利，公司将获得巨大的经济效益。

高桥只有40多岁，却已是知名的汽车专家，日方显得很慎重，派出年轻有为、处事谨慎的副总裁兼技术部课长百惠前来迎接。豪华气派的迎宾车就停在机场的到达厅外。高桥办完通关手续，走出大厅，来到举着欢迎他的小牌子的人面前，与百惠一行见面。宾主寒暄几句后，百惠亲自为高桥打开车门，示意请他入座。

高桥刚一落座，便随手"砰"地关上车门，声音极响，百惠甚至看见整个车身都微微颤了一下。百惠不禁愣了一下："是旅途的劳累使高先生情绪不佳，还是繁复的通关手续让他心烦？他可是株式会社的贵客，得更加小心周到地接待才行。"

一路上，百惠一行显得十分热情友好，甚至到了殷勤的程度。迎宾车停在株式会社大厦前的停车坪里，百惠快速下车，小跑着绕过车后，要为高桥开车门。但高桥却已打开车门下车，又随手"砰"地关上车门。这一次，比在机场上车时关得还要响，似乎用力还要重得多。百惠又愣了一下。

日方安排的洽谈前的考察十分紧张，株式会社董事长兼总裁铃木先生还亲自接见，令高桥感到非常满意。会谈安排在第三天。在接下来的两天里，百惠极尽地主之谊，全程陪同高桥游览东京的名胜古迹和繁华街景,参观公司的生产基地。高桥显得兴致很高,可回到下榻酒店,他关上车门时又是重重的"砰"的一下。

百惠不禁皱了一下眉。沉吟了片刻,他终于边向高桥鞠躬,边小心地问道:"高先生,敝社的安排没什么不妥吧? 敝人的接待没什么不周吧? 如果有,还望先生海涵。"高桥显然没什么不满意的,说道:"百惠先生把什么都考虑得非常周到细致,谢谢。"说这话时,高桥是满脸的真诚,百惠却显得若有所思……

第三天到了,接高桥的车停在株式会社大楼前,他下车后,又是一个重重的"砰"。百惠暗暗地咬了咬牙,暗中向手下的人吩咐几句后,丢下高桥,径直向董事长办公室走去。高桥正感到有些莫名其妙,百惠的手下客气地将他让到了休息室,说:"百惠课长说是有紧急事要与董事长谈,请高先生稍等片刻。"

董事长办公室里,百惠语气严肃地对铃木说:"董事长先生,我建议取消与这家公司的合作谈判! 至少应该推迟。"

铃木不解地问:"为什么?约定的谈判时间就要到了,这样随意取消,没有诚信吧? 再说,我们也没有推迟或取消谈判的理由啊!"百惠坚决地说:"我对这家公司缺乏信心,看来我们株式会社前不久对该公司的考察走了过场。"铃木是很赏识这个精干务实的年轻人的,听他这么说,便问:"何以见得?"

百惠说:"这几天我一直陪着这个高总工程师。我发现他多次重重地关上车门,开始我还以为是他在发什么脾气呢,后来才发现,这是他的习惯,这说明他关车门一直如此。他是这家知名汽车公司的高层人员,平时坐的肯定是他们公司生产的好车。他重重关上车门习惯的养成,是因为他们生产的轿车车门用上一段时间后就易出现质量问题,不容易关牢。好车尚且如此,一般的车辆就可想而知了……我们把轿车和附件给他们生产,成本也许会降低很多,但这不等于在砸我们自己的牌子吗?请董事长三思……"

一个关车门的动作,可谓微不足道,相信无论是在生活中还是工作中都不会有人注意它,但恰恰是这种别人眼里的微不足道,被百惠抓到了,并通过进一步的细致分析,揭出了这一习惯性动作背后可能隐藏的深层问题,从而帮助公司避免了可能遭遇的重大损失。

作为员工,我们必须把百惠当做榜样,切实做到用心做事。用心做事,就是指用负责、务实的精神,去做好每一天中的每一件事;用心做事,就是指不放过工作中的每一个细节,并能主动地看透细节背后可能潜在的问题;用心做事,就是要让自己比过去做得更好,比别人做得更好。

这就好比我们从外面观察一个大教堂的窗户,大教堂的窗户布满了灰尘,非常灰暗,光华已逝,只剩下单调和破败的感觉。但是,一旦我们跨过门槛,走进教堂,立刻就可以看见绚烂的色彩、清晰的线条,阳光穿过窗户在奔腾跳跃,形成了一幅幅美丽的图画。任何时候都要牢记:只有用心,我们才能见微知著。

负责任就是从细节做起

少了一个铁钉,丢了一只马掌,少了一只马掌,丢了一匹战马。少了一匹战马,败了一场战役,败了一场战役,失了一个国家,所有的损失都是因为少了一个马掌钉。无论做什么事情,细节万万不可忽视,否则就有可能付出极其惨痛的代价。

在伟大的雕塑家加诺瓦即将完成他的一项杰作时,有一个人在一旁观察。艺术家的一刻一凿看上去是那么的漫不经心,于是,他就以为艺术家只不过是在做样子给他看而已。但是,艺术家跟他说:"这几下看似不起眼,好像没什么,但正是这一刻一凿才把拙劣的模仿者与真正大师的技艺区分开来。"

我们都很敬佩已故总理周恩来的胆识和谋略，但他那种关照小事、成就大事的本领，更值得我们学习和借鉴。

当年，尼克松访华的时候就敏锐地发现，周恩来具有一种罕见的本领，他对一些事情的细节非常认真。因为他发现，周恩来总理在晚宴上为他挑选的乐曲正是他所喜欢的那首《美丽的阿美利加》。

后来，在来访的第三天晚上，客人被邀请去看乒乓球和其他体育表演。当时天已下雪，而客人预定第二天要去参观长城。周恩来总理得知这一情况后，离开了一会儿，通知有关部门清扫通往长城路上的积雪。

周恩来总理做事是精细的，同时他对工作人员的要求也是异常严格的，他最容不得"大概"、"差不多"、"可能"、"也许"这一类的字眼。有一次北京饭店举行涉外宴会，周恩来总理在宴会前了解饭菜的准备情况时，问："今晚的点心什么馅？"一位工作人员随口答道："大概是三鲜馅的吧。"这下可糟了，周恩来追问道："什么叫大概？究竟是，还是不是？客人中间如果有人对海鲜过敏，出了问题谁负责？"周恩来总理正是凭着一贯提倡注重细节、关注小事的作风，赢得了人们的称赞。

生活其实是由一些小得不能再小的事情构成的。可我们总是倾心于远大的理想和宏伟的目标，总觉得那些微不足道的小事不过是秋天飘落的一片片树叶，没有声响；我们总是忽略了不该忽略的小事情、小细节，从而在接踵而至的小事面前穷于准备，忙于应付。事实上，随着经济的发展，专业化程度越来越高，社会分工越来越细，真正所谓的大事实在太少。

因此，多数人所做的工作还只是一些具体的事、琐碎的事、单调的事，他们也许过于平淡，也许鸡毛蒜皮，但这就是工作，是生活，是成就大事不可缺少的基础。所以无论做人、做事，都要注重细节，从小事做起。一个不愿做小事的人，是不可能成功的。要想比别人优秀，只有在每一件小事上比功夫。不会做小事的人,也做不出大事来。

日本狮王牙刷公司的员工加藤信三就是一个活生生的例子。有一次,加藤为了赶去上班,刷牙时急急忙忙,没想到牙龈出血了。他为此大为恼火,上班的路上仍是非常气愤。

来到公司,加藤为了把心思集中到工作上,硬把心头的怒气给平息下去了,他和几个要好的伙伴提及此事,并相约一同设法解决刷牙容易伤及牙龈的问题。

他们想了不少解决刷牙造成牙龈出血的办法,如把牙刷毛改为柔软的狸毛、刷牙前先用热水把牙刷泡软、多用些牙膏、放慢刷牙速度等,但效果均不太理想。后来他们进一步仔细检查牙刷毛,在放大镜底下,发现刷毛顶端并不是尖的,而是四方形的,加藤想:"把它改成圆形的不就行了!"于是他们着手改进牙刷。

经过试验取得成效后,加藤正式向公司提出了改变牙刷毛形状的建议,公司领导看后,也觉得这是一个特别好的建议,欣然把全部牙刷毛的顶端改成了圆形。改进后的狮王牌牙刷在广告媒介的作用下,销路极好,销量直线上升,最后占到了全国同类产品的40%左右,加藤也由普通职员晋升为科长,十几年后成为公司的董事长。

牙刷不好用,在我们看来是司空见惯的小事,所以很少有人想办法去解决这个问题,机遇也就从身边溜走了。而加藤不仅发现了这个小问题,而且对小问题进行了细致的分析,从而使自己和所在的公司都取得了成功。

看不到细节,或者不把细节当回事的人,对工作缺乏认真的态度,对事情只能是敷衍了事。这种人无法把工作当做一种乐趣,而只是当做一种不得不接受的苦役,因而在工作中缺乏热情。而考虑到细节、注重细节的人,不仅认真地对待工作,将小事做细,并且注重在做事的细节中找到机会,从而使自己走上成功之路。

老子曾说:"天下难事,必做于易;天下大事,必做于细。"它精辟地指出了想成就一番事业,必须从简单的事情做起,从细微之处入手。相类似的,20世纪世界最伟大的建筑师之一,密斯·凡·德罗在被要求用一句话来描述他成功的原因时,他也是只说了五个字"魔鬼在细节"。他反复地强调,如果对细节的把握不到位,无论你的建筑设计方案如何恢宏大气,都不能称之为成功的作品。

可见对细节的作用和重要性的认识古已有之,中外共见。也就是所谓"一树一菩提,一沙一世界",生活的一切原本都是由细节构成的,如果一切归于有序,决定成败的必将是微若沙砾的细节,细节的竞争才是最终和最高的竞争层面。在今天,随着现代社会分工的越来越细和专业化程度越来越高,一个要求精细化的管理和生活时代已经到来。因此,要担负起自己的责任,做好自己的工作,就必须从细节做起。

责任感助你成功

美国著名心理学家艾尔森博士曾就人们对自己所从事的职业喜欢情况做了一次问卷调查。世界100名各领域的杰出人士给出的答案令人非常惊讶,其中61人认为,他们所从事的职业并不是自己最喜欢做的事。

不喜欢这个职业为什么却能做出如此辉煌的业绩呢?在和一位特级教师交流时,他的一番话使艾尔森博士有了清楚认识。

他说:"今天的教师中,有很多人都不喜欢教师的职业,包括我自己。但是我既然选择了这个职业,那我就要认真对待,这不仅是对所从事的工作负责,也是对自己负责。"多么简单的话,却又是多么有深意。

有3个人去一家公司应聘采购主管。他们当中一人是某知名管理学院毕业的,一名毕业于某商院,而第三名则是一家民办高校的毕业生。在很多人看来,这场应聘的结果都是很容易判断的,然而事情却恰巧相反。应聘者经过一番测试后,留下的却是那个民办高校的毕业生。

在整个应聘过程中,经过一番测试,他们在专业知识与经验上各有千秋,难分伯仲,随后招聘公司总经理亲自面试,他提出了这样一道问题,题目为:

假定公司派你到某工厂采购4999个信封,你需要从公司带去多少钱?

几分钟后,应试者都交了答卷。第一名应聘者的答案是430元。

总经理问:"你是怎么计算呢?"

"就当采购5000个信封计算,可能要400元,其他杂费就30元吧!"答者对应如流。但总经理却未置可否。第二名应聘者的答案是415元。

对此他解释道:"假设5000个信封,大概需要400元左右,另外可能需用15元。"

总经理对此答案同样也没表态。但当他拿第三个人的答卷,见上面写的答案是419.42元时,不觉有些惊异,立即问:"你能解释一下你的答案吗?"

"当然可以,"该同学自信地回答道,"信封每个8分钱,4999个是399.92元;从公司到某工厂,乘汽车来回票价10元;午餐费5元;从工厂到汽车站有1.5公里路,请一辆三轮车搬信封,需用4.5元,因此,最后总费用为419.42元。"

总经理不觉会心一笑,收起他们的试卷,说:"好吧,今天到此为止,明天你们等通知。"

这道显然是专门用来考查求职者细节的试题。在这里,一个不经意的细节就决定了面试的成败。

很多"聪明"的人对小事不屑一顾,经常以"做大事者"自居,实际上,这些人往往是眼高手低之辈，这就是为什么松下幸之助让新来的员工从扫厕所开始其职业生涯，他相信：一个人连扫厕所这样的小事都做不好的话，其他的所谓大事也不会干好。小事是大事的根基，小事做不好，大事就不存在！因此，工作中无小事，小事就是大事，把小事做到位，大事自然就做好了。

新奥集团的廊坊燃气收费组有个有名的"五姐妹"，其中一位是小杨。一天她到客户家里收费，她轻轻地敲了敲门，门没有开，她仍然轻轻地敲，门还是没有开。

当她正准备返回时，门开了。女主人说："不好意思，我还以为没有人呢，你怎么不大声敲门呢？"杨静说："知道你家有婴儿，怕吵醒她。"女主人惊奇地问她："你怎么知道我家里有小孩？"杨静说："从客户资料上看到的。"这种细心和爱心令女主人又感动又佩服。

不仅如此，"五姐妹"经过细心研究，发现用中指去敲门声音最好听，因此就坚持用中指敲两下门。年复一年，中指都磨出了厚茧子。在"五姐妹"手里都有个性化的客户档案，上面记录着每家客户什么时间比较方便、有什么爱好、需要特别注意哪些方面等，用来为客户提供满意的服务。

优质的服务哪里来？不会从什么大的事情上来，一定是从最小的事情上来。所以，万科企业强调："我们1%的失误，会造成100%的损失。"

中国有句古话叫"在其位，谋其政"。我们不但要"在其位，谋其政"，更要尽到自己的责任，努力把工作做好做优。人在这个世界上，确实很难做到事事顺心。不说那些成名成家的人了，就看看自己身边的人，又有多少人是在从事自己所喜欢的职业。但是不管你喜欢不喜欢，那工作是自己必须面对的，任何人都没有理由草草应付。如果整天抱怨自己，以"做一天和尚撞一天钟"的态度对待工作，不如正视现实，去做一个负责任的"撞钟和尚"。

【十】

责任成就卓越

　　美国著名励志作家阿尔伯特·哈伯德曾说:"所有成功者的标志,就是他们对自己所说的和所做的一切负全部责任。"可见,责任不仅是一种可贵的职业精神,更是成就卓越事业的原动力。它能够让人消除胆怯、克服困难,战胜一切艰难险阻,拥抱辉煌的成功。

责任不分大小,工作没有小错

责任不分大小,工作没有小错。只要你是一个勇于承担责任的人,首先就应该从避免小错误开始。

在工作中,无论是谁,他们都有着自己的职责范围。有些人负责一些比较重要且引人注目的工作,也有些人负责一些不被重视的琐事。假如说,你负责那些项目,恰好就是经常被人们忽略的琐事,你可能就会非常容易感到沮丧。而沮丧的情绪,可能就会让你忽视自己的职责,如此一来就很容易出错,而一旦出错自己的信心便会受到打击:"我这是怎么啦,连这么不起眼的小事情都干不好!"

时装大师皮尔·卡丹曾经说过:"真正的装扮就在于你的内在美。越是不引人注目的地方,越是要注意,这才是最懂得装扮的人。因为只有美丽而贴身的内衣,才能将外表的华丽装扮更好地表现出来。"将皮尔·卡丹的装扮理论运用在工作上,也是一样的富有哲理——越是不引人注意的地方就愈要好好表现,这才是成功的关键所在。

很多事实证明,事业上的成功源于"细",阿基米德从洗澡水溢出澡盆这一细节得到灵感,发现了浮力定律;牛顿从苹果由树上掉下这一细节得到启示,提出了万有引力定律;丰田汽车把精细化的生产管理落实到细节之中,创造了辉煌的业绩;海尔公司始终坚持"精细化、零缺陷"的经营理念,使一个亏损的企业发展成为世界家电品牌……

责任不分大小,每一个员工都有自己应当承担的责任,也是每一个与公司利益相关的人必须做到的。每一个员工在所执行的职责内,都应该认真做到,避免工作中小错误的产生。客户的事再小,也与客户是否对公司100%满意这种完美结局紧紧地联系在一起。所以，要对自己强调："我们1%的失误，对客户而言，就是100%的损失。"每个老板都希望自己的员工重视他们的任何一件小事，因为任何一个小的疏忽，都会造成客户的不满，甚至可能产生十分严重的后果。因此，客户的每件小事都是大事，只有把每一件小事做到位，大事也才会随之完整。

一个成功的员工，往往会把自己的优秀体现在一个个细节中，他们会对每一个细节都精益求精，不允许出半点错误。只有那样，才能够给顾客带来一种体贴入微的舒心感。而他的成功，也往往是从重视这一个个细节中获得的。老子曾说："天下难事，必做于易；天下大事，必做于细。"他精辟地指出了，若想成就一番事业，必须从简单的小事做起的道理。

对大部分人来说，工作都是由无数小事构成的。士兵所做的工作，就是每天的队列训练、战术操练、巡逻以及擦拭枪械；饭店服务员每日的工作就是对客人微笑、回答客人提出的问题、打扫房间以及整理床单。而我们每日所做的或许就是接听电话、整理报表和绘制图纸。我们在工作中犯的错误，也许都是非常小的错误，因而不会太在意，甚至有些错误完全会被忽略掉。因此，在很多时候我们都没有去主动承认自己的错误，承担起自己的责任。有时候我们心里会这么想，要是自己犯了严重的错误，肯定会承认的，这么小的一点错误就不用那么认真了吧。如果是这样，那绝对是大错特错。如果你了解那些成功的人，你就会发现，他们都有一个共同的认识：工作中没有小错。

哈尔·尼达姆是一名裁缝，他学成了手艺之后就离开了师父自己开了一家制衣店。他不仅手工活做得好，而且价格也很便宜，周围的人都愿意去他的店里做衣服，因此他天天都很忙。有一次，一位老太太去他那里定做了一套礼服，他做完以后才发现，袖子比老太太定做的长了半寸。老太太马上就会来拿这套礼服了，已经没有再修改礼服的时间了。

没过多长时间,老太太来到了店里。她穿上了礼服,在镜子前转来转去,对尼达姆的手艺非常地赞赏。

当她要付钱的时候,尼达姆说:"太太,我不能收您的钱。非常抱歉,我将您礼服的袖子做长了半寸。要是您能再给我一点时间,我会将它修改好的。"老太太此刻就要穿着礼服去参加一个晚会,因此根本就没有时间再进行修改了。老太太表示,自己非常满意这套礼服,就要付钱离开。虽然她不在乎那半寸,可尼达姆无论如何都不肯收老太太的钱。正是哈尔·尼达姆这种敢于承认错误、勇于承担责任的工作态度,让他后来成了一位世界闻名的高级服装设计大师。

哈尔·尼达姆之所以能够取得成功,就在于他从不因为错误小而不当回事,相反,他总是认真地对待每一个小错误,不放过任何能将事情做得尽善尽美的机会。

在现代社会中,有很多眼高手低的年轻人,不愿意脚踏实地地工作。即使他们在工作中出现了一些小的问题,也不愿意去深究,总是抱着得过且过、无所谓的态度。长此以往,当出现大的错误时,他们便会习惯性地推卸责任。试想,这种人在事业上还会获得成功吗?

生活中的一切,原本就是由一些小事、一些细节构成的。如果一切归于有序,决定成败的必将是微若沙砾的小事、细节。因此,细节的竞争才是最终和最高的竞争层面。在今天,随着现代社会分工的越来越细和专业化的程度越来越高,一个要求精细化管理的时代已经到来。因此,要担负起自己的责任,做好自己的工作,就要从小事做起、避免在细节上出错。

任何一个想在职场中有所作为的人,都要时刻意识到:责任不分大小,工作没有小错。一个勇于承担责任的人,首先应该从避免小错误开始。

责任是卓越的原动力

责任既是一种精神,也是一种卓越的原动力。责任能够让人战胜胆怯,一个人的责任感可以令他人知道什么是责任,也能够让人知道付出和获得的快乐,懂得成功的真谛。

有位人力资源部的经理在对员工进行培训时,讲述了自己的一段亲身经历。他对企业的员工说,自己一生都无法忘记那次经历,而且他也要组织企业内所有的员工,接受这样一次训练。他想让员工明白,什么才是责任。

那是一次野外拓展训练,很多不认识的人共同组成了一个集体。我们需要完成4项任务,其中每一项任务都需要团队来共同完成。要是有一人未能完成,那么整个集体也就都输了,而且每一项任务都非常艰难。但是结果还不错,我们这支队伍已顺利完成了其中的3项,只剩下最后一项了。这项任务要求队员爬到10米高的一个立柱上,然后站在立柱的最顶端的一个圆盘上,接着向斜前方纵身一跃,凌空抓住离自己1米多远的一根横木,这样就算完成了任务。听那儿的管理者说,有不少人站在圆盘上都不敢站立起来,有的甚至都吓哭了,更谈不上完成任务了。

所有队员都没有足够的把握,能够完成这项任务,甚至不少人都没有充足的勇气。但这个任务必须完成,否则,之前的一切努力都白费了。在别的队员几乎喊破喉咙的呐喊加油声中,第一个人最终成功了。大家都彼此打气,一个接一个地完成了任务。

最后是一位娇小的女生。在女孩刚爬上10米高的立柱时,看见她的双腿一直在发抖,而且愈抖愈厉害。大家知道,我们要输了。可大家还是给了她最坚决、最热烈、最振奋人心的支持、鼓励与指导,因为当时输赢早已不重要了,只是大家不想丢下她自己。这是大家的责任,她是我们集体中的一员,我们有责任带她一起走。

就在我们的心都已提到嗓子眼儿时,她已蹲在圆盘上了。对她而言,即使站立起来也已是一件非常艰难的事。大家一直在拼命地喊着加油,尽管我们都明白,对于站在10米高的她来说,大家的声音已经是非常的微小, 甚至根本就听不清我们在喊什么。可我们能够做的就只有这些了,而且我们一定要将自己能够做到的做好,这是我们的责任。

没想到,她最后竟然又站起来了。大家知道,一个人站到上面真的非常不容易,没有依靠甚至有点孤独,虽然只是一瞬间,但是每个人都停止了呼吸。

似乎等了好长时间,她奋力纵身一跃。大家都紧闭双眼。感觉在那一瞬间,我们比她还要紧张。她终于成功了,接着就听到了大家雷鸣般的掌声。不仅仅是因为胜利,最主要的是我们完成了任务。我们没有丢下她,她也没有令我们失望。

之后,那位女生对我们说,她有轻微的恐高症,"不过,我不能放弃,我的放弃会让整个团队输掉。"她的这句话,犹如锤子般重重地砸在了大家的心上,我们知道,那是责任的力量。

后来,我们这支队伍获得了最终的胜利,而且只有我们这支队伍完成了所有的任务,也是目前为止第一支赢得最后胜利的队伍。活动的组织者给我们颁发了勇士勋章。勋章上写着:责任即荣誉。

可以说,责任既是一种精神,也是一种卓越的原动力。责任能够让人战胜胆怯,一个人的责任感可以令他人也知道什么是责任。一个人担负起责任,并时刻保持一种高度的责任感,同时也会感染别人树立起自己的责任感。

尽管担当责任并不是为了做给其他人看，可只要你做到了这一点，就会影响到别人。也许其他人没有你做得好，可一旦去做了，人们就能够看出他已意识到自己的责任了。这就是责任的力量。

Lucy与Maria是一对姐妹。在一个风雪交加的午后，Maria从家中的邮筒里拿出一封信，但这封信却不是她们家的。这封信上明显地写着：K市大河沿路60号，可Maria家住在K市小河沿路60号。

于是Maria问："姐姐，这该怎么办呢？"

姐姐Lucy说："等邮递员下次来时再送走吧。"

"但是姐姐，邮递员要等到3天之后才来呢？如果有什么急事的话，那不就耽误了吗？"

"那你说应该怎么办，爸妈又不在家。"

她们不知道应该怎么办才好。如果亲自送去，外面的风雪又很大，两个人都有点害怕。毕竟妹妹Maria才9岁，而姐姐Lucy也只有11岁而已。如果不送，万一别人有什么急事耽误了，那可就麻烦了。

姐姐Lucy说："我认为还是该送去，尽管我们不认识他们，可我们收到了人家的信，理应给人家送去，这也是我们应当做的，你觉得呢？"

Maria说："姐姐，我也是这么想的，那我们一起去吧。"

于是，姐妹俩穿好了衣服，拿着这封信就走入了风雪之中。姐妹俩也不清楚大河沿路究竟有多远，于是，只好一边走一边打听。

有一个陌生人这样对他俩说："哎，我说孩子们呐，下这么大的雪还出来干什么呀？大河沿路离这远着呢，怎么不让爸爸妈妈带你们去啊？从这往前走，到第五个路口向右拐，然后再打听。"

两个孩子深一脚浅一脚地互相扶着往前走，因为雪实在太大了，她俩根本看不清前面的路。

姐姐问："Maria，我们肯定能将信送到的，对吗？"

妹妹坚定地说："我也是这么想的，姐姐，我们肯定能的！"

不知道走了多久，姐妹俩终于来到了大河沿路60号，她们非常地高兴。

Lucy按响了门铃，开门的是一位年轻地女人，她问："你们好啊，有什么事吗？"

"请问这是大河沿路60号吗？"

"不错，有事吗？"

"噢，是这样的，女士，我们家住在小河沿路60号，邮递员将你们家的信送到了我家，我们给您送来了，怕您有什么急事。"姐姐Lucy说。

这位女士向外看了看："就你们俩，没有大人吗？"

然后，她感激地看着姐妹俩，一直说谢谢。

一个月后的一天，一位陌生的男士来到了Maria的家中。她们的父母并不认识这位男士。他说："我家住在大河沿路60号，一个月之前，我的信被误送到了你们家，是你的两个女儿冒着大雪送到我家的。幸亏有她们俩帮忙，当时，我父亲病得非常严重，急需要一笔钱，那封信是让给家里送钱的，迟了的话，我父亲就活不成了，非常感谢你的孩子们。"

这时，爸爸妈妈都笑了，其实他们并不知道自己的孩子做了一件如此伟大的事。

这位男士掏出了一封信，"这儿有一封你们家的信，要是没有两个孩子的这种责任感，我觉得自己不可能给您送过来，肯定要等到邮递员来拿走，您的孩子让我知道了什么是责任。"

日常生活中，有的事情你可能本不必去做，可责任心要求你去做，甚至要求你做一些自己难以完成的事情。要是你能够完成，获得的不只是心理上的坦荡与安然，你的精神与责任也会感染到其他人，然后他人就会因你的感染而更有责任感。作为一种卓越的原动力，责任具有传递的效果。

同样，公司也需要这种责任感的传递。在一家公司里，并非每个员工都能够对自己的工作具有强烈的责任感。但是如果自己身边的同事，甚至整个公司的环境,都是一种充满责任感的氛围,那么其他员工也会被这种精神所感染,进而能担负起自己的责任。因为,他们会发现,担负责任并非一件非常困难与痛苦的事。相反,承担起自己的责任,还会让他有一种自豪感,因为他在这家公司里和别人一样重要、必不可缺。与其逃避责任,还不如大胆地担当起来,没准自己的勇敢就会变成自己成功的契机。

责任能够成就卓越

我们生活的社会环境与周围的一切都息息相关。我们对社会有责任,对家庭有责任,对朋友有责任,对工作更有责任。一旦你接受了一项任务,责任就像血液一样溶入你的身体,即使你不想承担,你也无法与之分开。如果你对责任视而不见,那么可以肯定地说,你的工作任务就会一塌糊涂,甚至会导致事业一败涂地,永远与成功无缘。一个没有勇气承担责任的人,意味着对自己的工作不重视,也绝不可能会尊重自己、尊重别人。

比尔·盖茨说过这样一句话:"人可以不伟大,但不可以没有责任心。"一个人有了高度的责任感,才能在工作中勇于负责,在细节中善于追求完美。正是基于这样一种选人、用人标准,比尔·盖茨才成就了微软一流的业绩,打造出了声名显赫的商业帝国。

世界石油大王洛克菲勒最初来到石油公司工作时,既没有学历,也没有技能,被分配去检查石油罐盖是否被自动焊接好。这是一个最简单,也是最枯燥的活儿,公司同事戏言,这是个三岁小儿也能做的事。洛克菲勒忍无可忍，要求公司给他换一个工种，但他的申请被回绝了。他无计可施，只好把这个工作做好再说。很快他就发现，要焊好一个石油罐盖，只需要38滴焊液即可，而不是现在的39滴。经过认真地试验，他发明了新的38滴型的焊机，仅此一项，他每年就为公司节省了5亿多美元！从此，年轻的洛克菲勒迈出了成功的第一步。试想一下，如果洛克菲勒当初就放弃了努力，撇开了责任，那么就不会有今天的世界石油大王了。

与成功、卓越相反，一个人经常会遇到的是挫折、失败。你有才华、有抱负，但却常感到英雄无用武之地。应该说，这种境况的确是一种非常令人痛苦的。在这种情况下，不同的人会有不同的态度。有一种人，他们会消沉下去，他们会放弃自己的责任；还有一种人，他们会悄无声息地开始努力，主动地承担起责任，用业绩来证明自己。其结果也是显而易见的，前一种人，等待着他们的就是彻底的失败；而后一种人，命运总是在他们不断地努力之下，把成功的机会慷慨地赐予他们。

承担责任的同时，如果你感到沉重和压力，那么，也许你还没有理解到责任的含义。责任本身就意味着无私、真诚和爱。当你承担责任时，你正是在给予别人爱与无私，这样，你就会为你所做的一切而感到骄傲。你一定要有勇气，你不要放弃压在你身上的责任，你应该坚强地坚持下去，走向成功。这样做，别人不会嘲笑你，而是会尊重你。

一个人应该为自己所承担的责任感到骄傲，因为你已向别人证明，你已经尽到了自己的努力，你是一个值得信赖的人，你对工作有坚强的信念；而且，一个人承担的责任越大，就证明他的价值越大。我们应该为自己所能承担的责任而自豪。能够证明自己的最好的方式，就是承担责任；承担责任，就能证明自己的存在，证明自己的价值，证明自己对这个社会有所贡献。

有个小故事，大意是这样的：

在非洲的沙漠里，生长着一种叫依米的植物。这种植物只长着一根细长的根茎，却能直插入深深的地底。靠着这条根，它能吸收到生长、开花所需要的水分和养料。因此，它能够在荒漠中孤独地生长着、生长着。一直要过五年的时间，它才能长到开花的时候。等到它的生命到了第六个年头时，它终于蓄足了养分，开出了一朵美丽而稀有的花。它的花朵有四瓣，每瓣的色彩却不相同，分别是由红、黄、白、蓝组成，异常漂亮。

然而，令人感叹不已的是，这种经历了六年才开的花，却只能开两天！两天过后，整株花儿就会完全枯萎。与此相似，夏天在枝头高歌的蝉，也是经历了长达两年的地下黑暗生活，而在烈日底下的日子，却还不到两个星期，之后依然是面临着死亡。

六年和两天，两年和两个星期，这是多么悬殊的对比啊！然而，不论是为了两天的辉煌，还是为了两周的欢唱，这六年或两年的默默无闻都是值得的。没有六年的努力，就没有两天的美丽；没有两年的修炼，也就没有两周的高歌。如果失去了这美丽和高歌，生命该是多么的暗淡无光啊！

依米六年的努力，蝉儿在地下两年的修炼，可以被看做一种痛苦的埋没。而正是因为这种痛苦的埋没，成就了依米的辉煌，成就了鸣蝉的高歌。两者的生命历程虽然悲壮，但依然十分有价值，因为即使是一瞬间的辉煌，也远胜于一辈子的平平庸庸。在自己的生命中，依米和鸣蝉，都在用自己无悔的努力，证明那最光辉的一瞬，那才是自己唯一的选择。它们证明自己的方式，也都只有一个，那就是：承担责任！

据统计显示，在全球超级富豪中，有三分之一的人父亲早逝、家境贫穷，他们也都无一例外地承担起保护，并养活自己的母亲和弟妹的责任。被评为"全球华人首富"的李嘉诚，14岁时父亲去世，弟妹年幼，母亲是一个柔弱的家庭主妇。他只有想方设法找到一份工作，才能够赚到钱，维持家庭的生计。

有位哲人说，人的身体里有一万台发动机，一旦需要，它们可以全部为你开动。一个人一旦有了爱心和责任心，就能生出一股无穷的力量，朝着想要实现的目标努力，哪怕要经历挫折、痛苦和磨难，也在所不辞。只要自己想到要尽一份责任，就会变得无所畏惧。李嘉诚早年家境贫困，但正是那份特殊的责任感，才使他拥有了不断奋斗的原始动力，促使他最后成长为一代豪杰。

真正的成功者，都有着强烈的责任感，都有着绝不言败的个性，他们不会为自己的弱势寻找借口。因此，我们要像他们一样做到不说苦、不说累，每时每刻都以积极的态度，勇敢地面对现实，用坚强的责任心去铸就卓越！

尽职尽责才能缔造完美工作

麦金莱总统在得克萨斯州的一所学校进行演讲时，对学生们说："比其他事情更重要的是，你们需要尽职尽责地把一件事情做得尽可能完美。与其他有能力做这件事的人相比，如果你能做得更好，那么，你就永远不会失业。"

在一家皮毛销售公司，老板派出去3个员工去做同一件事：去供货商那里调查一下皮毛的数量、价格和品质。

第一个员工出去了不到5分钟就回来了，他并没有亲自去调查，而是向下属打听了一下供货商的情况，就赶着回来做汇报。30分钟后，第二个员工回来汇报，他亲自到了供货商那里，并询问了皮毛的数量、价格和品质。第三个员工90分钟后才回来汇报，原来他不但亲自到供货商那里了解了皮毛的数量、价格和品质，而且还根据公司的采购需求，将供货商那里最有价值的商品,做了详细的记录,并且和供货商的销售经理取得了联系。

在返回途中,他还去了另外两家供货商那里,了解皮毛的商业信息,将3家供货商的情况做了详细的比较,并制定出了最佳购买方案。

第一个员工只是在敷衍了事,草率应付;而第二个充其量只能算是被动听命;真正尽职尽责地行事的只有第三个人。简单地想一想,如果你是老板你会雇用哪一个?你会赏识哪一个?如果要加薪、提升,作为老板你更愿意把机会留给谁?如果你想做一个成功的、值得老板信任的员工,你就必须尽量追求精确和完美。认认真真、兢兢业业地对待自己的工作,才是成功者的必备品质。

事实上,各行各业都需要全心全意、尽职尽责的员工。因为尽职尽责,才是培养敬业精神的土壤。如果在你的工作中失去了职责和理想,你的生活就会变得毫无意义。所以,不管你从事什么样的工作,平凡的也好,令人羡慕的也好,都应该尽心尽责,以求得不断进步。即使你的环境困苦,如果能够全身心地投入工作,最后你获得的不仅有经济上的宽裕,还会有人格上的自我完善。

尽职尽责还需要持之以恒。功亏一篑的事情在这个世界上太多了。比如说,开水烧到99℃,你就想着差不多了,不用再烧了,很抱歉,那样你永远也喝不到真正的开水。在这种情况下,百分之九十九的努力也是等于零。

在生活中,无论做什么事情,都要沉下心来,脚踏实地地去做。一个人把时间花在什么地方,就会在那里看到成绩,只要你所付出的努力是持之以恒的。这是非常简单却又实在的道理。可是,许多员工还是会三天打鱼,两天晒网,这样永远也不会看见成就的。工作虽然累,但是如果你认真地、尽心尽力地去做,总是会让你找到天堂的。

也许你是一个不错的员工,老板会信赖地指派你去办个小差事,你能保证把任务完成吗?是的,也许你可能会完成。但如果你前往办事的地方,是个有名的旅游胜地,你会不会忘了要尽职尽责呢？或者你谈判的地方,是个充满了诱惑的娱乐场所,你会不会放松你的责任心呢？

事实上,太多的员工在接到一项新的任务时,都会有压力和厌烦感。有时候他们不能克制自己,那是因为,他们会抵御不住外界的诱惑,不能把精力投入到工作中去。能否努力克制自己的私欲,才是尽职尽责的员工和平庸员工之间的巨大差别。青年人应该记住:即使天塌了下来,也要克制住自己。

在实际的工作当中,很多人都认为自己的工作已经做得很好了。但是,你真的已经发挥出了自己最大的潜能,把事情做得尽善尽美了吗？其实,每一个人都拥有难以估量的巨大潜能,只有以尽职尽责的态度去工作,才能够把自身的潜能最大限度地发挥出来,进而把事情做得完美。

有一个刚刚进入公司的年轻人,自认为专业能力很强,对待工作也十分随意。有一天,他的上司交给他一项任务,让他为一家知名的企业做一个广告宣传方案。

这个年轻人自以为才华横溢,仅用了一天的时间,就把这个方案做完了,并交给了上司。他的上司一看不行,就让他重新起草了一份。结果,他又用了两天时间,重新起草了一份,交给上司看了之后,觉得虽然不是特别完美,但也还能用,就把它呈报给了老板。

第二天,老板把年轻人叫进了自己的办公室。问他:"这是你能做的最好的方案吗？"年轻人一怔,没敢回答。老板轻轻地把方案推给了他,年轻人什么也没说,拿起了方案,就折回了自己的办公室。

然后,他调整了一下自己的情绪,又修改了一遍,重新交给了老板。老板还是那一句话:"这是你能做的最好的方案吗？"年轻人的心中有点儿忐忑不安,还是不敢给予一个肯定的答复。于是,老板让他还是拿回去重新斟酌,认真修改。

这一次，当他再次来到老板办公室时，手里拿的是他费尽心思、苦思冥想了一个星期，经过彻底修改后的方案。老板看着他的眼睛，依然问的是那一句话："这是你能做的最好的方案吗？"这次，年轻人没有回避，而是信心百倍地回答说："是的，我认为这是最好的方案。"老板说："好！这个方案批准通过。"

有了这一次的工作经历之后，年轻人明白了一个道理：只有尽职尽责地工作，才能够把工作做得尽善尽美。以后，在工作中，他便经常叮咛自己：不要分心，一定要尽职尽责地对待自己的工作。结果，他变得越来越出色，受到了上司和老板的器重。

职场上就是这样，有些员工本来具有出色的能力，却因为缺乏尽职尽责的工作精神，在工作中经常出现疏漏，结果让自己逐渐地平庸下去；而另外一些人，刚一开始在工作中表现得并不出色，但是他们明白自己的情况，为了改变自身的境况，他们会全身心地、尽职尽责地将自己投入到工作之中，想尽一切办法把自己的工作做得完美。这种人，往往会在事业上取得成就。

无论做什么事都需要尽职尽责，这对事业上的成败起着决定性的作用。一个成功的经营者曾说过："如果你能真正制好一枚别针，那应该比你制造出粗陋的蒸汽机赚到的钱更多。"然而，这么多年来，却没有多少人能够领会到这一点。

一旦领悟了，并能全力以赴地工作，就能消除工作中的辛苦，就掌握了获得成功的原理。即使你的职业是平庸的，如果你能处处抱着尽职尽责的态度去工作，也能获得个人的成功。如果你想做一个成功的、值得上司信任的员工，你就必须尽量追求精确和完美。尽职尽责地对待自己的工作，才是成功者的必备品质。

责任让你成为不可替代的员工

当一个人高度负责完成自己的工作时,这就说明,他在这个行业内已经是不可替代的。一个人工作时所具有的精神,不但对于工作的效率有很大影响,而且对于他本人的品格,也有重要影响。工作不仅是一个人人格的表现,也是他的兴趣、理想的展现,只要看到了一个人所做的工作,就如见其人。

塞内加曾说:"只有少数人以理性指导生活。其他人则像湍流中的泳者——他们不确定自己的航程,只是随波逐流。"

美国著名的建筑大师之一莱特,在他毕生作品中,最杰出而又脍炙人口的,也许要算坐落于日本东京抗震的帝国饭店。这座建筑物,使他名列当代世界一流建筑师之林。1916年日本小仓公爵率领了一批随员代表日本政府前往美国礼聘莱特,要他设计一座不畏地震的建筑。莱特随团赴日,将各种问题进行了一番实地考察。他发现日本的地震是继地震而来的波状运动,于是就断定许多建筑物之所以倒塌,实际上是因为地基过深、地基过厚。过深、过厚的地基会随着地壳移动,建筑物势必会坍塌下来。

他决定将地基筑得很浅,使之浮在泥海上面,从而使地震无从肆虐。

莱特决定尽量利用那层深仅8英尺的土壤。他所设计的地基,是由许多水泥柱组成,柱子穿透土壤支撑在泥海上面。可是这种地基究竟能不能支持偌大一座建筑物呢?莱特费了一整年的工夫,在地面上遍击洞孔从事试验。他将长度8英尺、直径8英寸的竹竿插进土里,随即抽出来以防地下水冒出，然后注入水泥。他在这种水泥柱上压以铸铁，测验它能负担的重量。结果成绩至为惊人，根据帝国饭店预计的总重量，他算出了地基所需的水泥柱数，在各种精确数据支持的情况下，大厦动工了。而且，筑墙所用的砖，也经过他特别的设计，厚度较一般加倍。

1920年帝国饭店正式完工，莱特返回美国。3年之后，一次举世震惊的大地震，突袭东京与横滨。当时莱特正在洛杉矶创建一批水泥住宅，闻讯坐卧不安，一直等待着关于帝国饭店的消息。

一连数日毫无消息，直到某天凌晨3时左右，莱特旅店寓所里的电话铃声狂鸣起来。"喂！你是莱特吗？"听筒内传来一阵令人沮丧的声音，"我是洛杉矶检验报的记者。我们接到消息，帝国饭店已被地震毁了。"

数秒钟后，莱特坚定地回答道："你若把这消息发出去，我包你会声明更正。"

10天之后，小仓公爵拍来了一通电报："帝国饭店安然无恙，从此将成为阁下的天才纪念品。"帝国饭店在整个灾区中竟是唯一未受损害的房屋！

小仓公爵的贺电，顷刻间传遍了全球，莱特成了妇孺皆知的名流。

一个人无论从事什么职业，或者在哪个领域工作，其实并没有多大关系，他们可以选择忽略，也可以选择把事情做得最好，我们永远也不知道有谁正在注视着这一切。

格蕾丝·莫里·赫柏便是一例。

赫柏的工作令电脑编程工作为之改观。电脑程序使用代码以前，只能用数字或者二进制码来编写，这使得写码和改错非常困难、枯燥。为此，她开始怀疑为什么代码必须是数字，并提出一种完全不同的方案。

虽然大家都觉得她疯了，认为肯定行不通，但她还是坚持着。最后，她发明了计算机编程语言COBOL，终于能把那无数行的数字变成了英文单词。这是个惊人的突破，使她成为获得《计算机科学》年度奖的巾帼第一人。

赫柏所做的事情并没有谁来指派，也不是她岗位职责的一部分，但她还是做了，并取得了骄人的成就。她的努力不仅给社会，也给自己带来了巨大的收获。她在工作中实现了自己的价值，也使自己成为这一领域不可替代的员工。

无论你目前从事哪一项工作，每天一定要给自己一个机会，使你能在平常的工作范围之外，从事一些对其他人有价值的服务。

当你付出的比预期的要多时，自然而然地，人们就会注意到你，你也会得到一些意想不到的收获。例如，当你到餐馆吃饭时，谁会得到多一点的小费——是那个只记下你所点的菜，并给你端上来的服务员，还是那个给你指出菜单上最好的菜、为你推荐佐餐好酒，并在你犹豫是否要点某个甜品时先拿一点，让你尝尝味道的服务员？当然会是第二个，由于第二个服务员让你可以更好地享受用餐的乐趣，他自然就会得到慷慨的小费。

优秀的人才，总是为社会所需要。你能为自己做出的最好推荐，就是以正确的心态做出最优秀的工作。如果你能找出更有效率、更好的办事方法，你就能提升自己在老板心中的地位。老板会邀请你参加公司的决策会议，你也将会被调升到更高的职位，因为你已变成一位不可取代的重要人物。

责任就是要注重细节和小事

每一个具有高度责任心的人，都会将小事看得与大事同等重要，认真对待工作中的每一个细节，努力将小事做好，因而他们也更容易取得成功。

在企业中,总有一些只想做大事的员工,他们觉得只有做大事才能体现自己的能力,才会使自己显得风光无限。具体到一项计划,他们总是想做那些显得重要、表面上风光的事情,因此在对待一些小事与细节的时候,就马马虎虎、敷衍了事。

实际上,一项计划是由许多细小的工作具体组成的,而任何一项细小的工作又都是由很多细节共同组成的。执行一项计划时,只有做好那些细小的工作,做好每一处细节,才会获得好的绩效。

被人们称为世界上最成功的推销员的乔·吉拉德认为,作为一个专业的推销者,对于细节的观念,是非常重要的。一个成功的专业推销员,必须具备一种注重每个细节的精神。注重细节,使乔·吉拉德创造了12年销出13000多辆车的吉尼斯世界纪录。其中一年曾经卖出1425辆,在同行中传为美谈。这些都是和他注重细节的工作精神是分不开的。

有一天,一位中年妇女从对面的福特汽车行走进了吉拉德的汽车展销室。她说自己很想买一辆白色的福特车,就像她表姐开的那辆,但是那个经销商让她一个小时后再去,所以自己先到这里看一看。

吉拉德非常热情地欢迎她的到来,那位妇女很兴奋地告诉他:"今天是我55岁的生日,想买一辆车,作为生日礼物送给自己。""夫人,祝您生日快乐!"吉拉德很热情地祝贺她,之后轻声交代了助手几句。

随后,吉拉德领着这位妇女从一辆辆的新车面前慢慢走过,并不时细心给她介绍。在来到一辆雪佛莱车前时,他说:"夫人,您对白色情有独钟,瞧这辆轿车,也是白色的。"就在这时,助手走了进来,把一束鲜花交给了吉拉德。他把这束漂亮的鲜花送给这位妇女,再次对她的生日表示祝贺。

那位妇女感动得热泪盈眶:"先生,太感谢您了!已经很久没有人给我送过礼物了。刚才那位福特汽车的销售商,看到我开着一辆旧车,一定以为我买不起，所以当我提出要看看车时，他就推托要出去收一笔钱，我只好上您这来等他。现在想一想，也不一定非要福特车不可。"就这样，这位妇女就在吉拉德这里买了一辆白色的雪佛莱轿车。

一个成功的员工，往往会把自己的优秀体现在每一个细节之中。他们对细节的关注，会给顾客带来一种体贴入微的舒心感。而他的成功，也往往是从重视这一个个细节中获得的。

世界零售业第一巨头沃尔玛获得的成功，和他们追求完美的细节服务密切相关。以员工微笑的标准为例，沃尔玛规定，每一位员工都要对3米之内的客人微笑，甚至还设定了一个量化的标准，即微笑时要露出8颗牙齿。

不放过任何一个细节，也是麦当劳的经营手段。为了确保产品的质量，他们对生产的汉堡包的所有具体细节，从经营管理到具体产品的选料、加工等，甚至包括多久必须清洗一次卫生间、煎土豆片的油温等，都做了相当详细具体的规定与说明。以和汉堡包一起出售的炸薯条为例，用做原料的马铃薯，是经过专门培植并精心挑选的，而且储存适当的一段时间，以便调整淀粉与糖的含量，最后才会被放进能够调温的炸锅里油炸。炸好之后7分钟之内若没有卖出去，薯条就会被处理掉，不再销售给客人，这就确保了炸薯条的质量。

为了确保各项规定能够真正地实施，麦当劳分店的经营者，一定要先去位于伊利诺依州的麦当劳汉堡包大学接受为期10天的培训，取得"汉堡包"学位以后才能正式营业。任何麦当劳快餐店销售的汉堡包，都要严格地执行规定的质量与配料标准。正是这些近乎苛刻的细节要求，才最终确保了麦当劳产品的质量，使其获得了广大消费者的喜爱。

不重视细节，不注重做好每一项细小的工作，就很容易出现漏洞，从而影响到整个计划。

在一次探月行动中，美国的飞船已经到达月球但却着不了陆，最终不得不以失败而告终。之后，科学家们在查找原因时发现，原来是一节价值30美元的电池出现了问题。在起飞之前，工程人员在检查时，着重检查了每一个"关键部位"，却忽略了这个小小的细节。结果，就是因为一节30美元的电池，数十亿美元的投资都打了水漂，科学家们的心血也都白白浪费了。

实际上，无视细节或不将小事当回事的人，就是对工作不负责任。每一个具有高度责任感的人，都会将小事看得与大事同等重要，认真对待工作中的每一个细节，努力将小事做好，因而也更容易取得成功。

哈佛大学机械制造系的高才生史蒂芬，非常希望能进入维斯卡亚公司工作。在20世纪80年代，维斯卡亚公司是美国最著名的机械制造商，产品行销全球，并代表着当时重型机械制造业的最高水平。很多人毕业之后到这家企业求职都遭到了拒绝，其遭到拒绝的原因也非常简单——这家企业的技术人员岗位都已经满了，根本不再需要任何技术人才。不过，让人垂涎的待遇与足以炫耀的地位，却依旧向那些有志的求职者闪烁着十分诱人的光环。

最终，史蒂芬进入了该企业，只是他做的并不是技术人员，而是到车间内打扫废铁屑。可他并未轻视这项工作，非常勤恳地重复着这种既简单又辛苦的工作。他不只将铁屑打扫得十分干净，而且还利用清洁工处处走动的特点，细心地观察了整个企业中每个部门的生产情况，并且一一作了详细的记录。一旦发现技术上的问题，就仔细钻研解决的方法。

维斯卡亚公司在20世纪90年代初被退回了很多订单，原因是产品质量出现了问题，为此企业遭受了巨大的损失。于是，公司董事会召开紧急会议，商讨对策。在会议进行了一多半，却依然没有任何眉目时，史蒂芬突然闯进了会议室，要求见总裁。

史蒂芬在会议上，将出现这个问题的原因做了让人信服的分析，并就工程技术上的问题提出了自己的观点，接着他拿出自己对产品进行改造的设计图。这个设计很先进,刚好保留了原来产品的优点,同时也解决了当前出现的弊病。

总裁以及董事会的各位董事,在看到这个尽职尽责的清洁工居然如此精明懂行的时候,就很诧异地询问起他的背景。随即,史蒂芬就被提升为负责解决生产技术问题的副总裁。

一个重视细节,将小事做细、做好的员工,无论走到哪家公司工作,都会得到老板的赏识。因为具备了这种责任感,一项计划的执行才会落到实处,才会得到预期的效果。基本上,任何一家公司,都会将此作为招聘人才的一个重要标准。

策划编辑：郑海燕

责任编辑：郑海燕　张　燕　孟　雪　李甜甜　张　蕾　高　旭　李　姝

装帧设计：肖　辉　王欢欢

责任校对：周晓东

图书在版编目（CIP）数据

中国资本主义发展史. 第三卷，新民主主义革命时期的中国资本主义 ／
　许涤新，吴承明主编. — 北京 ：人民出版社，2025. 7
　（人民文库. 第二辑）
　ISBN 978－7－01－024403－7

Ⅰ.①中… 　Ⅱ.①许…②吴… 　Ⅲ.①资本主义经济-经济史-中国
　Ⅳ.①F129

中国版本图书馆 CIP 数据核字（2022）第 007998 号

中国资本主义发展史（第三卷）

ZHONGGUO ZIBEN ZHUYI FAZHAN SHI（DISANJUAN）

——新民主主义革命时期的中国资本主义

许涤新　吴承明　主编

人民出版社 出版发行

（100706　北京市东城区隆福寺街 99 号）

北京新华印刷有限公司印刷　新华书店经销

2025 年 7 月第 1 版　2025 年 7 月北京第 1 次印刷
开本：710 毫米×1000 毫米 1/16　印张：49. 25
字数：740 千字

ISBN 978－7－01－024403－7　定价：248.00 元

邮购地址 100706　北京市东城区隆福寺街 99 号
人民东方图书销售中心　电话（010）65250042　65289539

N